JN144886

中国料理
人気メニューと技
27店の現代における表現

旭屋出版

中国料理
人気メニューと技
27店の現代における表現

目次

本書をお読みになる前に

- 本書は、弊社刊行の「新版　中華料理店」第10～12集より記事及び写真を抜粋し、加筆修正を行ってまとめると共に、新たに取材・撮影した内容を加えて1冊に編集したものです。

- 紹介している料理の中には、現在は提供をしていないものや常時提供していないものもあります。その製法やアイデアが読者にとってよりよいメニューづくりの参考になるものとして掲載しております。

- 料理名や自家製合わせ調味料の表記は、取材したお店の慣例に従っています。また、材料欄の材料・作り方の表記に関しても各店の方法に従っています。お店での作り方を紹介しているため、分量が出ていない料理もありますのでご了承ください。

- タレ・ソースなど、まとめて仕込みを行うものは、基本的に作りやすい分量でご紹介しています。必要に応じて適宜調整してお作りください。

- 大さじ1＝15ml、小さじ1＝5mlです。材料欄の分量部分に「適量」「適宜」とあるものは、材料の状態やお好みに応じて、ほどよい分量をお使いください。

- 料理の作り方中での加熱時間、加熱温度などは、各店で使用している機器での設定を表したものです。

- 料理の材料欄での揚げ油の分量は基本的には省略しています。

- 各店の営業時間、定休日などのショップデータは、2017年1月現在のものです。

中国料理
人気メニューと技
27店の現代における表現

店それぞれの特色が料理やメニュー構成に反映された、個性ある中国料理店が増えたといわれるようになった。
それは、先人たちが築き上げてきた本場の伝統中国料理、また、日本人に合うように展開した日本における中国料理、これらの技術や文化が後進につながれ、そして、現代ならではの技と感性が加わり、さらなる発展をとげている証拠ではないだろうか。
一方で、中国料理の体系化された調理技術の奥深さも、各地域に根付く伝統郷土料理の魅力も底知れず、いまだ探究がやむことはない。

こうしていま、中国料理の表現の幅は広がりを見せ、伝統料理や稀少な郷土料理の継承や追究から、他料理を融合させる自由な発想まで、色とりどりの魅力が生まれている。
本書に登場する27店は、各店が現代解釈した中国料理を表現している。その人気メニューのレシピと技を解説すると共に掘り下げていきたい。

老虎菜 ラオフーツァイ

オーナーシェフ　**花田剛章**

1976年山梨県生まれ。専門学校卒業後、東京第一ホテル堺などを経て香港・台湾で約半年間研鑽。『サンビキノコブタ』（兵庫・三宮）、帝国ホテル 大阪、『吉芳』（兵庫・灘）を経て2009年10月に独立開業。

記憶に残る〝香り〟を重視

JR摂津本山駅から徒歩13分の住宅街に、2009年にオープン。その人気から2012年にはランチを休日限定とし、ディナーに注力。2014年には兵庫・住吉に2号店を展開するなど成長を続け、現在も予約のとれない店として知られるのが『老虎菜』だ。

店主の花田剛章氏は国内のホテルやレストランを中心に研鑽。レストラン時代に師事した台湾人オーナーシェフの薦めで香港でも経験を積み、帰国後は小規模店で経営を学ぶなど、さまざまな業態の店で修業を重ねてきた。

「鍋から皿へ、熱々を即座にテーブルへ運びたい」「料理を選ぶ楽しさも提供したい」という考えから、料理は単品が中心。グランドメニューは約30品を揃え、酢豚や餃子などスタンダードな料理に食材づかいのヒネリを加えて独自性を出している。加えて、18品前後を並べる黒板メニューでは「多様な中国料理を知ってもらいたい」と、中国各地の古典料理や地方料理をベースにした一品をラインナップ。「中国料理が面白い時代」と花田氏が考える、1900年〜1940年代の料理古書を中心に紐解き、昔の味に寄り添いつつ、スパイスの使い方や味わいのバランスに手を加えている。

同店の料理の特徴は、鮮明な主素材と豪快な見た目、はっきりと際立たせる香りである。「料理の要素の中では〝香り〟が最も記憶に残ると考えています。店の外でも当店の味を思い出してもらえるよう、香りの印象を重視しています」と花田氏が話すよう、スパイスやハーブを多用したり、火加減など技術で引き出す香りを大切にする。また、この他、大胆な盛り付けやメリハリのある味でインパクトを出している。

そして、料理と共に柱となって店を支えるのが、フランス菓子店勤務の経歴を持つスタッフ、服部 萌氏によるデザートだ。「開業前に視察した中国料理店のほとんどのデザートが、杏仁豆腐など決まったものしかないことに疑問を感じた」と、同店ではフランス菓子をベースに中国食材を組み込んだ独自性のあるデザートを常時13品も用意。「シェフの料理が、インパクトのあるものが多いため、食後に爽やかに楽しめるものを意識しています」と服部氏。食感や温度差を楽しませるなど、できたてを提供するレストランの〝デセール〟らしさも大切にしているという。

これら料理とデザートの2本柱を掲げる同店が目指すのは、前菜からデザートまで、昂揚感や期待、楽しさが末広がりになって食事を終えること。狙い通り、その2つは店の強みとなり、30〜60代の近隣住民や阪神間の顧客を中心に集客。ほぼ全てのお客がデザートまでしっかり堪能している。

サービス力が店づくりの武器

一方「店の魅力とは、料理2割、サービス8割」と考えるほど、同店が大切にしているのが接客サービスだ。予約時の細やかなヒアリングはもちろん、お客の身なりや仕草、来店目的、メンバー構成などによって、会話や距離感、提供のタイミングやスタイルなど臨機応変にサービスを変化。アルバイトは雇用せず、スタッフ全員を社員で構成するのも責任感とチームワークを強固にするためだという。

そんなサービス力の高さが垣間見えるのが、料理の売り方。同店では前述の通り、グランドメニューと黒板メニューを用意するが、中でも黒板メニューの3〜4品は日替わりの魚料理中心とし、仕入れによって献立を構成。単品売りの場合、ロスにつながりやすく、日替わりの生鮮食材を避けがちだが、同店では口頭でプレゼンテーションすることで日替わりの料理を売り切り、常に新鮮な食材を扱い、同時に日替わり料理の楽しさも訴求。これを「接客は単品売りという弱みを強みに変えることができる武器」と話す花田氏。〝作りたい・提供したい料理を出す〟という理想の店づくりを接客力が支え、そのバランスが店の個性となり、集客につながっている。

料理とデザートの柱に接客力を加え、単品で勝負

素朴な見た目と豊かな香り、大胆な技術に強く感銘

仔羊のキャレ十三香粉炒め

仔羊のキャレ十三香粉炒め

調理師専門学校時代の恩師である小林武志氏が営む『御田町 桃の木』(東京・三田)で食し、その素朴な見た目と豊かな香り、シンプルかつ大胆な技術に感激した一品。小林氏から教わったレシピを忠実に再現しつつ、お客の目を惹く演出と炎で余分な油脂をとばす意図から、仕上げに汾酒をふるアレンジを加えた。今では“主素材を際立たせた力強い見た目と香りを大切にする料理”をコンセプトに掲げる同店の代表的な一品となっている。ハーブやスパイスでマリネした羊肉を主軸に、副素材はねぎと香菜のみ。極強火で水分をとばしながら加熱し、“火の香りを移す”と言われる“芫爆(エンバオ)”の技術を用い、予め火を通しておいた羊肉と予め合わせておいた副素材・調味料を一気に炒めて仕上げる。2500円(税抜)

材料(1皿分)

熟成ラムラック…2本
塩…適量
胡椒…適量
強力粉…適量
A
- 十三香粉…小さじ1/4
- 花椒(粒)…適量
- フェンネルシード…適量
- 八角…適量
- ローリエ…適量
- ピーナッツ油…適量
- 青ねぎ…適量

青ねぎ(斜め切り)…適量
香菜の軸…適量
B
- 椒塩(花椒粉と十三香粉を混ぜた塩)…小さじ1/3
- 濃口醤油…小さじ1/3
- 黒酢…小さじ1/2
- 紹興酒…小さじ1
- 黒胡椒…適量

C
- 朝天辣椒…4個
- 益都唐辛子…3本
- ローリエ…3枚
- 八角…3個
- フェンネルシード…3g

白絞油…適量(羊がかぶる量)
ねぎ油…適量
汾酒…大さじ1

作り方

1 ラムラックに塩、胡椒をふり、保存袋にラムラックとAを全て入れ、冷蔵庫で24時間マリネする(a)。
2 1をバットに取り出して香辛料を除き、塩、胡椒をして、強力粉をふる。
3 鍋に白絞油を弱火で熱し、2のラムラックを加えて加熱する。色づいたら返し(b)、蓋をして火を止めて2分蒸し焼きにする(c)。
4 3を再び返して強火にかけ、パチパチと油の音が鳴ったら再び火を止めて2分蒸し焼きする。
5 弱火で加熱し、ラムラックの脂を鍋肌に押し付けるようにして余分な脂を抜く(d)。
6 ラムラックを鍋から取り出し、残った油は別皿に取りおいておく。
7 トレーに青ねぎ、香菜の軸を合わせ、そこにBを加えて味を決めておく(e f)。
8 弱火で熱した鍋にねぎ油を引き、Cを炒める(g)。香りが出てきたら強火にし、7を一気に加える(h)。青ものに火が通ったら、6のラムラックと油を鍋に戻し入れて炒め合わせ、汾酒をふって火柱が立ったら火を止めてすぐに盛りつける(i j)。

a

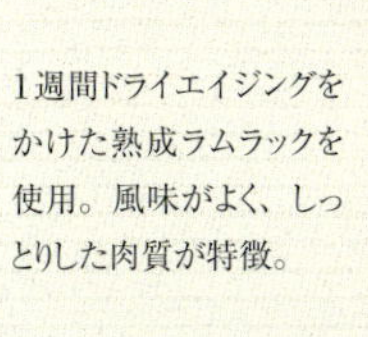

1週間ドライエイジングをかけた熟成ラムラックを使用。風味がよく、しっとりした肉質が特徴。

b

揚げ焼きする感覚で、白絞油は肉がかぶるくらい、たっぷりの量を使う。

c

表面は揚げ焼きにして焼き固め、中は両面を返しながら蒸し焼きに。中心までゆっくり火を入れてロゼ色に仕上げる。

d

ラムラックの脂の部分を鍋肌に押し付けて余分な脂を抜くことで、しつこさの無い味わいに。

e

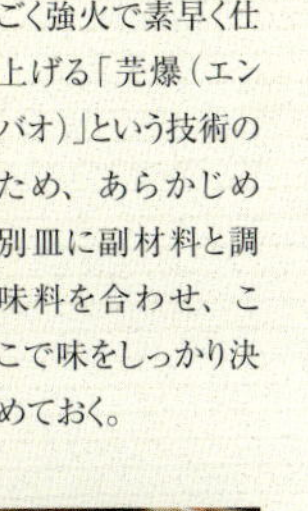

ごく強火で素早く仕上げる「芫爆（エンバオ）」という技術のため、あらかじめ別皿に副材料と調味料を合わせ、ここで味をしっかり決めておく。

f

g

香辛料の香りがたつまで加熱し、強火にして香菜とねぎを加える。

h

i

ラムラックと油を戻し、アルコール度数の高い汾酒を振り、炎と共に油脂をとばし、香り付けする。

j

老虎菜

韃靼蕎麦と豚足の前菜

中国・四川の特産物として有名な韃靼蕎麦に、プリプリの豚足を散らし、辣油をかけて食べる郷土料理の前菜。中国の料理書で知り、日本では主食や締めとして楽しまれる蕎麦を前菜として楽しむこと、そして辣油で食べるというふたつの意外性に面白さを感じて取り組むことに。おもに、中国料理を食べ慣れた常連客に向けて提供している。作り方のポイントは、蕎麦にかける辣油が味の主軸となるため、香りのよい油を作ることが重要。同店ではカシューナッツ、花椒、ローリエ、八角、白胡椒、フェンネルシード、桂皮などを使って香り高く仕上げ、食べやすいよう辛味は控えめに。辣油は香りがフレッシュなうちに使い切り、2日に一度の頻度で作っている。1200円(税抜)

材料(1皿分)

豚足(※)…90g
韃靼蕎麦…90g
万能ねぎ…適量
A
- 辣油(※)…120g
- 濃口醤油…大さじ1
- 上白糖…大さじ2/3
- 塩…小さじ2/3
- ごま油…大さじ1/3
- 黒酢(保宁醋)…大さじ1と2/3

※滷水で炊いた豚足
豚足…3本
清湯…適量
塩…適量
砂糖…適量

1 豚足は毛を炙り、掃除しておく。
2 圧力鍋に1を入れ、豚足がかぶるくらい清湯を注いで塩と砂糖を加え、蓋をして強火にし、鍋のおもりが上がって蒸気が出始めたら弱火に落として40分炊く。
3 炊き上がったら豚足を取り出し、粗熱を取ってから骨をはずす(a)。約1.5cm角に切ってスープごと保存容器で冷蔵保存しておく。

※辣油
韓国唐辛子粉(甘口)…300g
カシューナッツ(煎ったもの)…100g
花椒(粒)…20g
ローリエ…3g
八角…15g
白胡椒(粒)…12g
フェンネルシード…5g
益都唐辛子…20g
朝天辣椒…15g
桂皮…20g
白絞油…2ℓ

1 アルミの中華鍋に白絞油2ℓを中火で加熱し、120℃になったらカシューナッツを加える。カシューナッツからフツフツと気泡が出てきたら韓国唐辛子以外の材料を全て加え、均一になるよう玉杓子でかき混ぜてから20分間130℃で炊く(b c)。
▶色彩を鮮やかに仕上げたいのでアルミの中華鍋を使う。
2 網で1から材料を全て引き上げる。
3 2に韓国唐辛子粉を加えて110℃で加熱し、少し焦げて赤黒くなったら火を止める(d)。
▶ここでの焦がし方で香ばしさが、温度で唐辛子の香りが変わってくる。高温で加熱するとより焦げて香ばしさと辛味が出る。低温だと辛味が控えめになりフレッシュ感が出る。『老虎菜』では低温で写真くらいの赤黒さまで焦がし、ほんのり辛いフレッシュ感のある辣油にしている。
4 ボウルに移し、ラップをして常温におき、翌日漉して完成。

作り方

1 豚足は使う分量を保存容器から網などに取り、湯をかけてゼラチン質を溶かしておく。
2 ボウルにAの材料を全て混ぜ合わせておく。
3 韃靼蕎麦を約5分茹でて冷水でしめ、皿に盛りつける。
4 3に2をかけて1を盛りつけ、小口切りにした万能ねぎを散らす。

a

b

c

d

日本人になじみ深い蕎麦を四川式の前菜で

韃靼蕎麦と豚足の前菜

ベリーと木姜油のムース

「中国食材を組み込んだフランス菓子」を店の柱の一つに掲げる同店ならではのデセール。料理がスパイシーかつインパクトのあるものが多いことから、食後に爽やかに楽しめるデザートを作ろうと、クスノキ科の種に含まれる精油でレモンのような香りが特徴の〝木姜油〟に着目した。木姜油は油なので、「ソースにしたらドレッシングに、アイスにしたら脇役になってしまう。メインにするには…」と思案し、香りを邪魔しないメレンゲを加えたムース仕立てとし、軽やかな口当たりを魅力に。木姜油を食した際にレモングラスを連想したことから、それと相性が良いフランボワーズをムースの底に忍ばせ、さらにフランボワーズのソースを組み合わせた。また、焼きメレンゲを重ね、ムースの冷たい食感と焼きメレンゲの常温の温度差やパリパリの食感をプラス。ホワイトチョコでまろやかな味わいも足して、できたてでしか味わえないデセールらしさを演出する。９５０円(税抜)

材料

●木姜油のムース（仕込み量）

イタリアンメレンゲ
- グラニュー糖…150g
- 水…50g
- 卵白…150g

木姜油…17g
牛乳…500g
卵黄…95g
グラニュー糖…35g
薄力粉…50g
板ゼラチン…15g
フランボワーズ（フレッシュのホール）…セルクル1台につき5粒

●仕上げ（1皿分）

木姜油のムース…1台
ベリーのソース（※）…適量
焼きメレンゲ（※）…1枚
ホワイトチョコの粉末（※）…適量
食用バラの花びら…適量

※ベリーのソース
生クリーム…42g
A
- カシスピューレ…95g
- クレーム・ド・カシス…45g
- ハチミツ…45g
- レモン汁…45g
- 水あめ…93g

1 ボウルにAを全て合わせ、混ぜ合わせる。
2 生クリームをとろみがつく程度まで泡立てる
3 1を130g取り、2の生クリームを混ぜ合わせる。

※焼きメレンゲ
卵白…172g
グラニュー糖…169g
粉糖…71g

1 グラニュー糖と粉糖を合わせておく。
2 ボウルに卵白を入れ、泡立て器でかき混ぜてコシを切ってから1を一気に加える。1回混ぜて卵白と糖類をなじませたら湯煎にかけて人肌まで温める。
3 2を温めながらさらに混ぜ合わせ、砂糖がしっかり溶けたら湯煎からはずし、ハンドミキサーで十分立てまでしっかり泡立てる。
4 天板にオーブンシートを敷き、丸抜きのすりこみ型をおく。
5 3を絞り袋に詰め、4の型に適量ずつ絞り、パレットナイフでならし、型をはずす。
6 温度94℃、湿度0%のスチームコンベクションオーブン（オーブン機能）で2時間焼成する。
7 焼き上がったら粗熱を取り、シリカゲルを入れた保存容器に入れて常温保存する。

※ホワイトチョコの粉末
ホワイトチョコレート（タブレット）…330g
マルトセック（SOSA社・凝固剤）…63g

1 ホワイトチョコレートを湯煎で溶かす。
2 チョコが溶けたらマルトセックを加えて混ぜ合わせる。混ぜているとボロボロしてくるので、好みの質感になったら手を止める。保存容器に入れ、冷蔵保存する。

作り方

木姜油のムース

1 イタリアンメレンゲを作る。鍋にグラニュー糖と水を合わせ、弱火にかけて112℃まで加熱する。
2 卵白は湯煎にかけて人肌まで温めておく。
3 2を湯煎にかけながら泡立て器でコシを切るように泡立て、均一に混ざってきたら湯煎からはずし、さらに混ぜながら、糸をたらすように1を少量ずつ加える（a）。
4 ハンドミキサーに持ち替え、十分立てまで泡立てる（b）。温かいままおいておく。
▶メレンゲの泡立ての見極めは、ツヤが出て、ツノが垂れずにピンと立ったままの状態になるまで。
5 板ゼラチンを氷水（分量外）に浸けて戻しておく。
6 別のボウルに卵黄とグラニュー糖を合わせ、軽く混ぜて砂糖を溶かし、空気を含ませないようすり合わせるようにして、白くもったりするまでゴムべらで混ぜる。
7 6にふるった薄力粉を加え、さらに混ぜ合わせる。
8 小鍋に木姜油と牛乳を合わせ、中火にかけて沸騰直前で止める。
9 7に8を3回に分けて少しずつ混ぜ合わせ、泡立て器で底を起こすように混ぜ合わせる。混ぜ合わせ続けると、とろみが出てから引き締まった感覚になり、再び緩んだ感覚になったところで手を止める。
10 5のゼラチンの水を絞り、9が熱いうちに加えて混ぜ合わせる。
11 10に、温かい状態の4のイタリアンメレンゲ1/3量を加えてゴムべらで混ぜ合わせる。生地がふわっとしたら残りのイタリアンメレンゲを加えて混ぜ合わせる。
12 直径5.5cm×高さ4cmのセルクルをトレーにおき、底にフランボワーズ5粒をバランスよく並べ、絞り袋に入れた11を絞ってパレットナイフでならす。冷蔵庫で冷やし、固まれば完成。

仕上げ

1 器にベリーのソースを敷く。
2 木姜油のムースをバットにおき、セルクルをガスバーナーで炙り（ムースに炎が直接あたらないように注意）、セルクルをはずす。1に盛りつける。
3 2のムースの上に焼きメレンゲを重ね、ホワイトチョコの粉末をおき（c）、食用バラの花びらを飾る。

a

b

c

木姜油のムースで爽やかに口をリセット

ベリーと木姜油のムース

自然派中華
cuisine クイジン

店主 **芝田恵次**

1977年大阪府羽曳野市生まれ。辻学園 調理・製菓専門学校卒業後、横浜『重慶飯店』、東京・田無『中国家庭料理 墨花居』、横浜『エピセ』など関東で計13年修業。帰阪して神戸や大阪で計2年修業し、2015年3月に独立開業を果たす。

野菜の個性と魅力を創出

うま味調味料不使用に徹する野菜中心の料理と驚きのある料理が話題となり、30～40代の女性を中心に集客。昼は主婦、夜はオフィスワーカー、休日は家族客で8坪・12席が常に賑わうのが『自然派中華 クイジン』だ。

同店は2015年3月にオープン。住宅地である神戸市住吉に店を構える。店主の芝田恵次氏は横浜中華街の名店を経て、近郊農家と直接関わりながら野菜を多用する中国料理店で修業。その経験がきっかけとなり、野菜に着目するようになった。生産者と直に関わる素材への向き合い方、旬の野菜を中国料理に反映させる面白み、野菜の個性を活かす味に惹かれ、「新鮮な野菜が手に入る土地で、いろいろな野菜を使う料理を提供したい」と長年独立を目指してきた。

野菜の使い方としては、野菜に注目が向くよう、家庭では使われない珍しい野菜を積極的に使い、存在感をアピールする。また、「牛頬肉の黒酢煮」(P17)のように牛蒡をソース、里芋をピュレにしたり、「南瓜と金木犀の焼きアイス」(P22)のように南瓜は皮や種まで丸ごと楽しむデザートにしたりと、野菜をサラダや付け合わせとして使うだけではなく、形を変えて個性を出している。

付け合わせの場合もボイルやフリットなど、野菜に異なる調理法を施して一皿に複数盛り込み、飽きさせない工夫をする。加えて、食事全体を通して添える野菜の種類のかぶりを避けて、多品目の野菜を摂れるよう気も配る。そのため、野菜は30種以上を常備。ランチだけでも20～30品目を盛り込むため、昼と夜で常に新鮮な野菜を回転させている。

味づくりで重視するのは「何を食べているかわかる味」。主素材や野菜の風味が活きるよう、通常はラードを使って炒める料理でも、米油ベースのねぎ油を使ったり、揚げた後は湯で油を落とす工程をきちんと行うなど、軽さを意識する。足りないパンチは鶏ガラやモミジ、昆布、野菜で作る清湯の旨味で補う。料理の仕上げは、赤ワインビネガーや黒酢など6～7種の酢や柑橘など果物を使い分け、味が重くなりすぎないよう酸味を大切にしている。

「驚き」で記憶に刷り込む

同店の最大の特徴が、テーマに掲げる「驚きのある料理」だ。例えば前菜の定番「クラゲの甘酢漬け」は、金木犀の香りをきかせたハイビスカスティーの甘酢でクラゲをゼリー寄せにした一品に。甘酢をゼリーにすることでコリコリ&プルプルの楽しい食感を作り、ハイビスカスの美しい赤色も魅力に打ち出す。トマトのコンポートや茹でたそうめんかぼちゃなど、添える季節の野菜も食べ応えを出し、「見て食べて楽しい料理」に仕立てる。さらに「麻婆豆腐」なら、南部鉄器のココットで提供し、蓋を開けると大きな山東唐辛子がまるごと入った見た目でインパクトを演出。パスタのような「上海蟹味噌と金時人参の餡かけ翡翠和えそば」(P20)の見た目然り、素材の組み合わせ、調味、盛りつけに「驚き」を盛り込み、記憶に残る印象を付ける。

メニューはアラカルトを基本とし、四川料理を中心としたグランドメニュー約50品と季節料理が並ぶ黒板メニューを用意。黒板メニューとデザートは月に1度変更し、なかでも麺は毎回新作を2～3種、デザートは新作を4～6種揃え、ファンをつかんでリピートにつなげている。料理は2～3人前のポーションとし、中心価格帯は900円前後に設定。「コストパフォーマンスを感じて普段遣いしてもらいたい」と考える。現在、原価率は30～33%で推移。自然な造りの調味料や国産にこだわる生鮮食材に原価をかけるが、主とする野菜は、近隣の産直所にて、低価格で手に入る「旬の野菜」を選ぶことでバランスをとっている。

いずれは生産者と直接関わって作る野菜を提供できるような郊外型の店を持つのが芝田氏の目標だ。

見せ方・使い方で魅力を高めた、野菜主軸の料理

野菜のソースで季節感を出し、オリジナル性を高める

牛頬肉の黒酢煮 ゴボウのソース

牛頬肉の黒酢煮ゴボウのソース

「冬向けの煮込み料理」を提供したいと考え、女性向けに脂の少ない牛ホホ肉を使うと決め、柔らかさを魅力にするため、豚バラ肉を赤米と一緒に煮て柔らかく仕上げる広東料理「豚肉の赤米煮」をアレンジ。まず、赤米で牛ホホ肉をマリネして柔らかさを出してから、香辛料をきかせた黒酢煮に。そこに野菜のソースを組み合わせ、オリジナル性を高めた。また、赤米でマリネする際には赤ワインの香りを加え、ワインに合う味も意識する。一方、ソースはごぼうを主軸とし、トマトの酸味を足してバランスをとる。むいたごぼうの皮も揚げてトッピングに使い、素材をまるごと楽しむ仕立てに。さらに「ホクホクした食感が欲しい」と旬の里芋のピュレを添えた。香辛料の複雑な香りが迫る牛ホホ肉に、マイルドなごぼうのソースとやさしい口当たりの里芋のピュレがからみ、ゴボウチップの軽い食感がアクセントになっている。野菜のソースはこの他、カブや白菜など、主張しすぎない野菜を使って展開している。1360円(税込)

材料(仕込み量)

牛ホホ肉…1kg
玉ねぎ…1/2個
A
- 赤米…10g
- 赤ワイン…50ml
- ニンニク…適量
- 生姜…適量
- 長ねぎ青い部分…適量

三温糖…大さじ2
水…600ml
清湯…600ml
B
- 八角…適量
- 桂皮…適量
- 陳皮…適量
- ローリエ…適量

C
- 黒酢…200ml
- オイスターソース…大さじ2
- 紹興酒…100ml
- 三温糖…50g
- 濃口醤油…大さじ2
- 中国醤油…大さじ2
- 白胡椒…少々

(以下1皿分)
エリンギ…適量
舞茸…適量
黒酢…少々
山椒油…少々
ゴボウのソース(※)…50ml
サトイモのピュレ(※)…30ml
黄色カリフラワー…1房
ブロッコリー…1房
菊芋…適量
ゴボウチップ(※)…適量
長ねぎ(小口切り)…適量
花椒粉…適量

※ゴボウのソース
ごぼう…2本分(1袋)
長ねぎ(粗みじん)…50g
生姜(粗みじん)…10g
トマト(ざく切り)…1/2個分
A
- 水…200ml
- 清湯…200ml
- 日本酒…30ml
- オイスターソース…大さじ2
- 醤油…小さじ1
- 白胡椒…少々
- 塩…少々
- 三温糖…大さじ1

水溶き片栗粉…適量
ねぎ油…大さじ2

1 ごぼうはよく洗い、ピーラーで皮をむく。ざく切りにし、酢水(分量外)にサッとくぐらせて水洗いする。むいた皮はトッピングに使うのでとっておく。
2 強火にかけた鍋にねぎ油を熱し、1と長ねぎ、生姜、トマトを加えて炒める。ねぎと生姜の香りが出てきたらAを加えて沸かし(f)、沸いたらボウルにあけてラップをかけ、蒸籠で約20分蒸す。
3 2をミキサーで攪拌する。粗熱がとれたら保存容器に入れ、冷凍保存する。
6 注文ごと使う分量を小鍋にあけ、清湯(分量外)を適量加えてのばす。水溶き片栗粉でとろみをつける。

※ゴボウチップ
「ゴボウのソース」の作り方1で出た皮を酢水にサッとくぐらせて水洗いしてアク抜きし、180℃の油でカリッとなるまで揚げる。

※サトイモのピュレ
里芋…500g(皮付きの状態)
清湯…適量
塩…5g
日本酒…大さじ2
砂糖…5g
長ねぎ(みじん切り)…2本分
ねぎ油…大さじ2

1 里芋は皮をむいてボウルに入れ、かぶるくらいの清湯を注ぎ、蒸籠に入れて約20分蒸す(g)。
2 小鍋にねぎ油を中火で熱して1をあけ、塩、酒、砂糖で味を調え、煮詰める感覚で炒め煮する(h)。仕上げにねぎを加え、火を落として和える。

作り方

1 牛頬肉の黒酢煮をつくる。Aの赤米はミキサーで粉砕し、ニンニクと生姜はたたいて香りを出す。
2 牛ホホ肉はやや大きめのひと口大に切る。ボウルに牛ホホ肉とAを全て入れ、なじむまでもんでラップをかけて半日冷蔵する(a)。
3 2の牛ホホ肉を調理する前にもう一度もみ、Aとなじませる。
4 200℃の油で3を揚げる。色が黒っぽくなって表面がかたまれば引き上げる(b)。
5 沸騰させた湯に4を入れ、油を流したら、すぐにザルに上げる(c)。
6 中華鍋に三温糖を入れ、中火にかけて熱し、カラメルを作る(d)。
7 6が溶けたら水を少し加えてのばし、5を戻し入れ、肉がひたひたになる程度に水と清湯を同割で加える。ザルにBの香辛料と2で使ったAの薬味を入れてザルごと鍋に入れ香りづけしながら、Cの調味料を全て加える(e)。
8 続いて7にくし切りにした玉ねぎを加え、中火で30分煮込む。
9 8をボウルにあけ、ラップをして蒸籠に入れて約120分蒸す。蒸し終わったら取り出し、常温で冷ます。
10 冷めたら1皿分150gずつ小分けにし、冷凍しておく。営業前にいくつか冷蔵して解凍し、オーダーが通ったら蒸籠に入れて温める。
11 エリンギと舞茸は適当な大きさにし、180℃の油で素揚げし、カリッとなったら上げる。
12 中火にかけた小鍋に10と11を合わせ、黒酢、山椒油を加えて味を調える。
13 皿にゴボウのソース、サトイモのピュレ、12を重ね、茹でた黄色カリフラワーとブロッコリー、油通しした菊芋を添え、ゴボウチップを飾る。長ねぎを散らし、花椒粉をふる。

香辛料や調味料と牛ホホ肉をまず鍋で約30分炊いて調味と香り付けを行ってから、蒸籠で蒸すことで、煮汁が煮詰まりすぎて味が濃くなることなく加熱できる。

<ゴボウのソース>

ソースはごぼうの風味を活かすことがおいしさのポイント。この後、蒸籠で煮汁を煮詰めないよう加熱するので、鍋では材料を合わせて沸かす程度の加熱に留め、ごぼうの風味を逃さない。

<サトイモのピュレ>

里芋はお玉で潰しながら、マッシュポテトのように水分がなくなるまで煮る。やや粗く素材感を残したペースト状にする。

<牛頬肉の黒酢煮>

牛ホホ肉を、タンニンが豊富な赤米を粉砕したものと赤ワイン、香味野菜に半日漬け込み、肉に香りをつけて柔らかくする。こうすることで、ワインにも合う味わいに。

高温の油で揚げて牛ホホ肉の表面を固め、旨味を閉じ込めるイメージ。

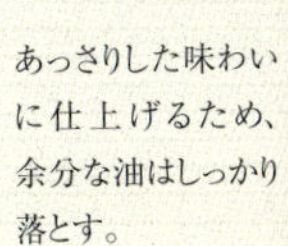

あっさりした味わいに仕上げるため、余分な油はしっかり落とす。

煮汁にカラメルを加えることで、コクと香ばしさをプラスする。

上海蟹味噌と金時人参の餡かけ翡翠和えそば

麺料理が名物の同店。「汁なし麺」のバリエーションとして開発した。白身魚とすりおろした人参を炒めて、蟹を表現する四川のもどき料理から、蟹とすりおろした人参を組み合わせた餡かけ麺を発想。上海蟹の蟹味噌を使うことでさらに価値を高めた。味付けは塩味にして蟹や人参の風味を前に出し、オイスターソースを少し加えてコクを出す。麺は餡の赤色に対して緑色と決め、人参餡の風味を邪魔しない、ほうれん草のペーストで和える。和えそばはダマになりやすく、また細麺だと混ぜにくいため、製麺所で一番太いたまご麺の平打ち麺を選び、パスタのような見た目を意識。コシのある麺に、蟹の風味が香り人参の甘みが出た甘めの餡がからむ。芝田シェフが掲げる「驚きのある料理」のコンセプトを、色彩やパスタのような見た目で表現した麺料理だ。１１００円(税込)

材料(10皿分)

上海蟹のミソ(冷凍)…150g
紅ズワイ蟹の身肉(冷凍)…250g
金時人参…2本
人参…2本
ねぎ油…200ml
長ねぎ(粗みじん)…1本分
生姜(粗みじん)…30g
A
- 日本酒…200ml
- 塩…15g
- 三温糖…30g
- 白胡椒…少々
- オイスターソース…大さじ1

(以下1皿分)
平打ち中華麺…130g
ほうれん草ペースト(※)…45ml
清湯…15ml
太白ごま油…少々
ブロッコリー…適量
菜の花…適量
仕上げ
- 清湯…150ml
- 塩…適量
- 水溶き片栗粉…適量
- 黒酢…少々

※ほうれん草ペースト
ほうれん草…2束
ねぎ油…300ml
生姜…20g
塩…10g
砂糖…10g
花椒粉…1g

1 ほうれん草は塩適量と重曹適量(共に分量外)を入れた湯で茹でる。
2 氷水にとってザルに上げ、水気を絞る。
3 2とねぎ油、生姜をミキサーでまわす。
4 3を中火にかけた小鍋に入れ、沸くまで加熱する。沸いてきたら塩、砂糖、花椒粉を加えて味を調え、氷水を当てて冷ます。

作り方

1 上海蟹味噌と金時人参の餡を作る。上海蟹ミソと紅ズワイ蟹は冷凍のまま蒸籠に入れて蒸し、解凍しておく。
2 金時人参と人参は皮をむき、フードプロセッサーのおろし機能で細めにおろす。
▶人参らしい色を出すため、色の濃い金時人参も同割で使う。
3 強火にかけた小鍋にねぎ油を熱し、2を加え、色鮮やかになって甘みが出るまでしっかり炒める(a)。
▶多めの油でよく炒めて、人参の色と甘みを出すのがポイント。米油ベースのねぎ油を使い、あっさりと仕上げる。
4 3に1と長ねぎ、生姜、Aの材料全てを加え、ひと煮たちさせる。やや濃いめの味に調え(b)、粗熱をとってから保存容器で冷蔵保存する。
▶煮すぎると風味が飛ぶので、ここでの加熱は調味料をなじませる程度。
5 料理を仕上げる。平打ち麺を沸騰した湯に入れて約5分、かために茹でる。
6 ほうれん草ペーストを1皿分ボウルにとって清湯でのばし、湯煎にかけて軽く温める。温まったら太白ごま油を加える。
▶ほうれん草のペーストは色が飛びやすいので、提供直前に温めて和えるようにし、また、熱を入れすぎないよう注意する。
7 麺は茹で上がったら流水でぬめりをとり、再び温める。和え野菜のブロッコリーと菜の花も茹でる。
8 注文ごとに4の餡を1皿分小鍋にとり、清湯でのばして塩で味を調える。水溶き片栗粉でとろみをつけ、黒酢を加えて仕上げる。
9 6のほうれん草ペーストを入れたボウルに7の麺と野菜を入れ、和える(c)。
10 9を器に盛り付け、8を約70gかける。

a

b

c

見た目と色彩で遊び、バリエーションを広げる

上海蟹味噌と金時人参の餡かけ 翡翠和えそば

南瓜と金木犀の焼きアイス ココナッツアイスと共に

デザートメニューの中でも人気の「焼きアイス」シリーズ。その冬メニューとして提供。甘みの強い栗かぼちゃを、身はキンモクセイが香るアイスクリームに、皮はジャスミン茶の粉末と合わせてチュイルに、種は飴がけをして仕上げに飾り、まるごと楽しむ趣向に。アイスクリームは提供直前に表面を焼いてキャラメリゼし、かぼちゃと相性のよいココナッツのアイスクリームをソース感覚でトッピングする。アイスクリームの味のイメージは「カボチャプリン」。最初に作った際にアイスがかたすぎたので、砂糖をふってバーナーで焼き、クレーム・ブリュレを模したのが「焼きアイス」誕生のきっかけだ。今ではアイスクリームにするとかたくなる、紫芋やトウモロコシといったでんぷん質の多い素材で展開。野菜を多用する同店のコンセプトをデザートまで反映させ、店の特徴をアピールする。４６０円(税込)

材料(仕込み量)

栗かぼちゃ…正味900g

A
- 全卵…2個
- 卵黄…3個分
- 牛乳…300ml
- 生クリーム…200ml
- きび砂糖…150g
- 桂花陳酒…100ml
- 桂花醤…30g
- 塩…5g

(以下1皿分)

グラニュー糖(シナモンスティックを一緒に保管して香りをつけたもの)…適量

ココナッツミルクアイス(※)…1スクープ

カボチャの皮とジャスミン茶のチュイル(※)…1枚

カボチャの種の飴がけ(※)…適量

柘榴酢と赤ワインのソース(※)…少々

※ココナッツミルクアイス

A
- ココナッツミルクパウダー…180g
- 水…300ml
- 牛乳…400ml
- 生クリーム…200ml
- グラニュー糖…60g

コンデンスミルク…300g

1 鍋にAを入れて中火にかけ、沸いたらコンデンスミルクを加え、混ぜたらすぐに氷水に当てて急冷する。

2 1をアイスクリーマーにかけ、30〜40分かけて固める。

※カボチャの皮とジャスミン茶のチュイル

A
- かぼちゃの皮(蒸したもの)…200g
- 卵白…3個分
- グラニュー糖…100g
- ジャスミン茶葉(粉末)…5g

薄力粉…100g

バター…50g

1 Aをミキサーでなめらかになるまで撹拌する。

2 1をボウルにあけ、そこにふるった薄力粉を2回に分けて混ぜる。

3 室温に戻したバターを2に加えてよく混ぜ合わせる。

4 天板にオーブンシートを敷き、3をうすく広げ、180℃で15分焼く。

5 焼けたら熱いうちに好きな形にカットする。

※カボチャの種の飴がけ

かぼちゃの種…1個分

水…200ml

グラニュー糖…100g

ハチミツ…30g

八角…2個

1 洗ったかぼちゃの種はオーブンシートを敷いた天板に並べ、140℃のオーブンで20分焼く。

2 沸騰させた湯にグラニュー糖、ハチミツ、八角を入れてシロップを作る。

3 熱い2に1を漬け、一晩おく。

4 3をザルにあけ、160℃の油でこんがり揚げる。

※柘榴酢と赤ワインのソース

ざくろ酢…300ml

赤ワイン…200ml

ハチミツ…50ml

1 すべての材料を鍋に合わせ、煮詰める。

作り方

1 かぼちゃは種を取り除き、身と皮に分け、串がスッと通るまで蒸籠で蒸す。種は飴がけを作るので洗ってとっておく。蒸した皮はチュイルに使う。

2 ボウルにAを全て合わせ、1のかぼちゃの身とAをミキサーで撹拌する。

3 深めのバットにシリコンペーパーを敷き、2を流し入れる(a)。

4 蒸籠に入れて強火にし、湯気がたったら中弱火に落とし約80℃で50分蒸す。

▶強火で蒸すと、すが入ってしまうため、中弱火に落とし蒸籠内を80℃にして加熱する。

5 蒸し終わったら粗熱をとり、冷凍する。

6 注文ごとにカットし、表面が隠れるくらいにグラニュー糖をふりかける。表面をガスバーナーで焼く(b)。

▶アイスがかたい場合は、電子レンジに数秒かけたり、温かい場所に数分おいて調整する。表面がカリカリになるまで香ばしく焼くことがおいしさに。

7 器に6を盛り、ココナッツミルクアイスを重ねる。カボチャの皮とジャスミン茶のチュイルとカボチャの種の飴がけを飾り、柘榴酢と赤ワインのソースをかける(c)。

a

b

c

野菜をまるごと楽しむ〝焼く〟アイス

南瓜と金木犀の焼きアイス　ココナッツアイスと共に

1984年兵庫県小野市生まれ。高校卒業後、ホテル日航大阪、ウエスティン都ホテル京都、ホテル日航姫路の中国料理レストランを経て2014年8月、30歳で独立。25歳で『ハジメ』の料理に出合い、ガストロノミーに開眼。独学で調理法を学ぶ。

Vel ROsier ベル ロオジエ

オーナーシェフ **岩崎祐司**

ガストロノミーに感銘を受けて

最新調理機器を駆使した繊細な火入れや華やかな見た目、複数のソースで楽しませる複雑な味わい。まるでフランス料理のようにして、口にすると中国料理らしさを感じさせる料理を多皿のコースで展開する『ベル ロオジエ』。モダンフレンチともヌーベルシノワとも異なる料理が話題となり、40～60代の女性を中心に支持を集めている。

同店は兵庫・西宮市の高級住宅地、苦楽園に2014年8月にオープン。オーナーシェフ岩崎祐司氏が目指すのは〝ガストロノミー〟へとより深く昇華した中国料理。「中華のベースを残しつつ、フランス料理でも、中国料理でもない、初めて食べた味」を目指す。

岩崎氏の転機は約7年前。素材の味を邪魔するのではと、うま味調味料を多用するような中国料理に疑問を感じていた時に、当時グルメガイドブックの3つ星を獲得したフレンチレストラン『ハジメ レストラン ガストロノミック オオサカ ジャポン(現：ハジメ)』(大阪市)に出合った。素材が活きた火入れ、一皿で多彩な味を楽しませる趣向、温度差の表現法などに衝撃を受けた岩崎氏。たちまちガストロノミーの世界に惹かれ、モダンフレンチやスパニッシュを食べ歩いたり、専門書を読んで実践したり、研究を重ねた。

中国料理を意識しすぎない

「素材の味をしっかり伝えたい」と考える岩崎氏。調理で重視するのは、火入れと素材の品質。さらに「五感を刺激する料理」をテーマに掲げ、素材のテクスチャーにもこだわる。

材料は毎日市場で仕入れ、当日中に使う・熟成するなどして、冷凍保存をせず状態の良いうちに使う。現在、厨房に中華レンジはなく、スチコン、ウォーターバス、オーブン、鉄板、ガスを使い分けて緻密な火入れをし、素材の旨味を引き出すと共に従来の中華と異なる印象を打ち出しているという。

多皿のコース構成や素材の味を生かすために、塩味を控えるのも料理の特徴。どの料理も華やかな見た目からは意外なほど、やさしく繊細そのもの。足りない力強さは基本のスープに上湯を使うことで補い、さらにフランス料理の野菜のスープ、ブイヨン・ド・レギュームも併用して奥行きを出す。

一方、淡い調味を支えるのが、多種類の副素材。「一皿で多種の味が楽しめ、組み合わせ次第で変化する複雑味が、私が惹かれたガストロノミーの魅力」と話す岩崎氏。例えば「黒醋猪肉排」(P25)のように豚ロースのロティに、ソースやピュレを4種類おくことで、豚肉と黒酢のソースを食べれば中国料理に、豚肉とバルサミコ酢を食べればフランス料理になるといった趣向を展開。また「菜花塩水蝦」(P30)のカリフラワーのようにピュレやフリット、生食など、ひとつの素材の様々な表情を皿に盛り込み、変化をつける。

中国料理とフランス料理のバランスにおいては「無理に全ての料理を中国料理に落とし込むことはせず、作りたいものを作っていきたい」と話す。「黒醋猪肉排」のように分解再構築した中国料理、「沙律三文魚」(P28)のようにほんのり感じる燻製香やソースだけで中国料理を演出する料理、「菜花塩水蝦」のように定番中国料理を火入れで表現しながら味は中国料理らしからぬものなど、コースの中に様々な趣向の料理を織り交ぜてメリハリを出し、それがフレンチを食べ慣れたお客に支持される理由にもなっている。

コースは、昼は約8品の5千円、夜は約10品の1万円と食材の品質が上がる1万6千円を用意。魚介や野菜を多用して季節感を出している。どの料理も複雑なため仕込みは多いが、原価率は35％で管理。シェフ自ら買物をして歩留まりの良い食材を意識したり、ロスを防止してバランスをとる。

将来の目標は「世界のベストレストランにランクインすること」。「中国料理人の志望者が少ない今、このような中国料理の形もあると示して、若手を牽引したい」と岩崎氏は話す。

ガストロノミーへとより深く昇華させた中国料理を

分解再構築で定番を洗練させ、緻密な火入れで魅せる

黒醋猪肉排 黒酢の酢豚 Vel ROsier スタイル

黒醋猪肉排

黒酢の酢豚
Vel ROsier スタイル

中国料理の定番である酢豚を「美しく見せたい」という考えから生まれた一皿。"分解再構築"の考えのもと、ロティする豚ロース肉、ピュレ・ドライチップ・グリルの３種の玉ねぎ、ピュレにしたパプリカ、黒酢のソースを一皿にまとめ上げた。豚肉は旨味の多い赤身肉、ロースを使い、220℃の高温で一気に火を入れ、45℃で休ませることをくり返して旨味を引き出すよう焼く。また、ソースには和三盆、黒糖、三温糖、マスコバド糖（精製していないミネラルが豊富なキビ糖）の４種の砂糖と黒酢、もろみ酢、米酢の３種の酢を使うことで複雑味とコクのあるソースに仕上げている。5000円（税込・サ別）ランチコースの一品

材料（1皿分）

豚ロース肉（ひょうご雪姫ポーク）…80g
黒酢ソース（※）…大さじ1
焦がしタマネギ ピュレ（※）…大さじ1
皮付き玉ねぎ（※）…1/8個
ペコロス（※）…1個
ドライオニオンチップス（※）…1枚
パプリカソース（※）…小さじ1
バルサミコ酢（煮詰めたもの）…小さじ1
ミニターツァイ…適量
ピーテンドリル（スナップえんどうの新芽）…適量
ツリーマスタード（ベビーリーフ）…適量
藻塩（淡路島産）…適量
オリーブ油…適量
バター…適量

※黒酢ソース
沖縄産もろみ酢…300g
鹿児島産黒酢…300g
米酢（ミツカン「白菊」）…180g
和三盆…100g
黒糖…100g
マスコバド糖…50g
三温糖…50g
水…200ml
濃口醤油…200g

1 全てボウルに合わせ、湯煎にかけながら砂糖が溶けるまで混ぜ合わせる。

※焦がしタマネギ ピュレ
玉ねぎ…4個
ハチミツ…少々
上湯…適量

1 玉ねぎは薄切りにし、飴色になるまで炒める。飴色になったらハチミツを加えて軽く焦がし、上湯をひたひた程度加えて弱火で再び飴色になるまで煮詰める。パコジェットのビーカーに入れて冷凍し、粉砕してなめらかにする。

※皮付き玉ねぎ
玉ねぎは皮付きのまま八等分のくし切りにして、180℃のオーブンで30分、その後バターを引いたフライパンで表面をこんがりと焼く。

※ペコロス
皮をむいたペコロスを180℃のオーブンで20分ロースト後、オリーブ油を引いたフライパンで表面を焼く。

※ドライオニオンチップス
薄くスライスした玉ねぎを110℃のオーブンに1時間入れ、乾燥させたもの。

※パプリカソース
パプリカを真っ黒になるまで焼き、皮をむいて種を取り除き、ミキサーにかける。

作り方

1 豚肉は約4kgの塊を扱いやすいよう4つに切り分け、脂とスジの間に包丁を入れ、形を整えながら脂を落としていく(a)。
2 スジに対し、斜め格子状に隠し包丁を入れる(b)。
3 2名分に切り分け、ペーパーで巻いて冷蔵保存しておく。
4 強火のプラックにおいたフライパンにオリーブ油を引き、脂が付いた面から全面焼く(c)。まんべんなく白っぽくなったら火からあげる。
5 220℃のガスオーブンで30秒、45℃のスチームコンベクションオーブンで10分焼くことを3時間繰り返す(d e)。仕上がりは水分を含んだ弾力を感じる触り心地(f)。3時間後にちょうど肉を提供するよう逆算し、人数分をここまで仕込んでおく。
6 仕上げを行う。強火のプラックにおいたフライパンにバターを落とし、表面をこんがりキツネ色になるまで焼く(g)。
7 半分にカットし、ロゼ色の面を上にして盛り付け、塩を強めに打つ(h)。
8 豚肉の手前に黒酢ソースを流し、焦がしタマネギ ピュレ、ペコロス、皮付き玉ねぎ、ドライオニオンチップス、パプリカソース、バルサミコ酢、ミニターツァイ、ピーテンドリル、ツリーマスタードを盛り付ける。

a

乾燥を防ぎ、しっとり仕上げるため、脂は完全に落とし切らず、薄皮1枚程度残す。

b

表面のスジに対して斜め格子状に隠し包丁を入れ、焼き縮みを防ぎ、火の通りをよくする。

c

脂がついた面は薄いきつね色になるまでフライパンで焼き、香ばしさを出す。他の面は油脂をまとわせて乾燥を防ぐ感覚で白っぽくなる程度まで焼いて引き上げる。

d

e

220℃のオーブンに30秒入れることで一気に肉の温度を上げて火を入れ、45℃のスチコンで10分休ませながら温めることを3時間繰り返すことで、肉にストレスなく火入れする。

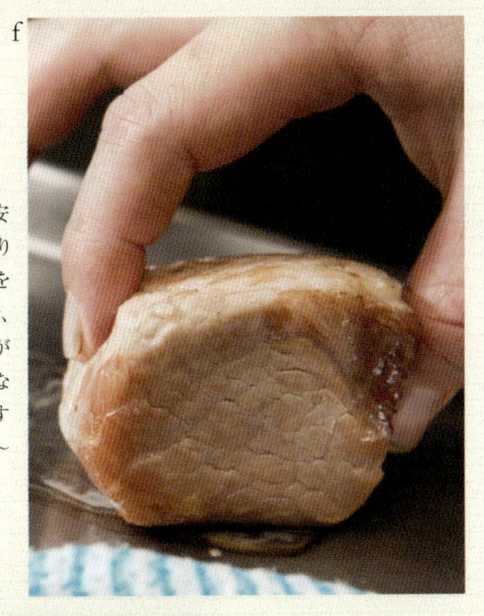
f

焼き上がりの目安は触るとやや張りがあり、水分を含んだ触感で、表面から肉汁があふれ出てこないこと。目指す中心温度は57～58℃。

g

提供前にバターを落としたフライパンで焼き、バターの風味をつけると共にメイラード反応で香ばしさと旨味を上げる。こんがりきつね色になるまで全面焼く。

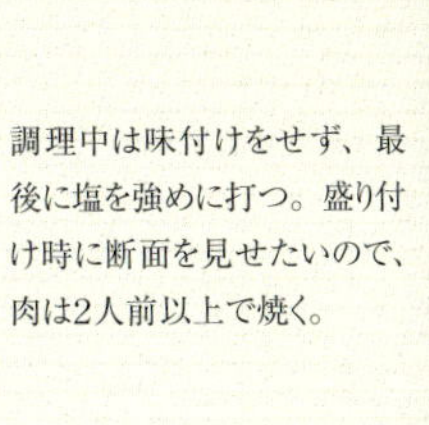

h

調理中は味付けをせず、最後に塩を強めに打つ。盛り付け時に断面を見せたいので、肉は2人前以上で焼く。

沙律三文魚
自家製スモークサーモンのサラダ仕立て

元々ランチのコース料理で提供していた「スモークサーモン」をブラッシュアップ。前菜での提供を前提にサラダ仕立てにし、口溶けと温度の多彩さを楽しませる料理に。ノルウェーサーモンをハムに見立て、レタスはソルベに、クルトンは油條に、黒胡椒は泡とし、セロリとバジルのソースで風味を高めてシーザーサラダをイメージした。また、サーモンはウォーターバスで火入れすることで、刺身と火が入った状態のちょうど中間を狙い、ねっとり溶ける口溶けに。まさにモダンフレンチのような一品だが、ほんのりプーアル茶の甘い燻香が香るサーモンや花椒が香るバジルソース、杏露酒シロップ漬けにしたプチトマトなどで時折、中国料理らしさを感じさせる。1000円(税抜・サ別)ディナーコースの一品

材料(1皿分)

塩〆サーモン(1皿分は50g)
- サーモン…半身
- 塩…100g
- グラニュー糖…50g

燻煙材
- プーアル茶葉…適量
- 生米…適量
- 氷砂糖…適量

オリーブ油…30ml
セロリソース(※)…小さじ1
バジルソース(※)…小さじ1
ミモレットチーズ…3g
モッツァレラチーズ…3g
レタスのソルベ(※)…大さじ1
黒胡椒の泡(※)…小さじ1
プチトマトの杏露酒漬け(※)…1個
紅芯大根スライス…1枚
レディース大根スライス…1枚
黒大根スライス…1枚
油條…適量
プチセロリ…適量
ベーコンパウダー(※)…少々

※セロリソース
ヴィネグレット・フランセーズ*…500ml
長ねぎ白い部分…1本
玉ねぎ…1/2個
香菜…2本
セロリ…2本

1 ヴィネグレット・フランセーズ、長ねぎ、玉ねぎ、香菜をミキサーにかける。
2 セロリをミキサーにかける。
3 1と2を同割で合わせ、ミキサーで撹拌する。

*ヴィネグレット・フランセーズ
- ソースマヨネーズ★…24g
- 玉ねぎ(すりおろし)…100g
- 練りマスタード…6g
- りんご酢…120ml
- サラダ油…750ml
- 塩・胡椒…各適量

★ソースマヨネーズ
卵黄(L)1個分、練りマスタード15g、白ワインビネガー30mlを合わせ、ここにサラダ油250mlを撹拌させながら混ぜ合わせていく。塩・胡椒各適量で味を調える。

1 ソースマヨネーズ、玉ねぎすりおろし、練りマスタード、りんご酢を混ぜ合わせておく。
2 撹拌させながら、1にサラダ油を混ぜ合わせていく。
3 塩、胡椒で味を調える。

※バジルソース
山椒ドレッシング
- 練りマスタード…150g
- 濃口醤油…500g
- 酢…200g
- 日本酒…220g
- 砂糖…250g
- 塩…40g
- ごま油…100g
- 花椒粉…10g

ヴィネグレット・フランセーズ(上記参照)…1000g
玉ねぎ…200g
長ねぎ白い部分…100g
香菜…少々
バジルの葉…50g

1 山椒ドレッシングを作る。材料すべてを合わせてミキサーで撹拌する。
2 ヴィネグレット・フランセーズ、玉ねぎ、長ねぎ、香菜をミキサーで撹拌する。
3 1と2それぞれ300gとバジルの葉50gをミキサーにかける。

※レタスのソルベ
レタス…2個
ほうれん草の葉…1束分

1 レタスとほうれん草の葉をミキサーにかけ、パコジェットビーカーに注いで冷凍する。使う際に必要な分だけパコジェットで粉砕する。
▶レタスはパコジェットで粉砕することで繊維が残ることなく、口溶けのよいソルベに。鮮明な緑色にするため、味に影響が出ない程度のほうれん草を加える。

※黒胡椒の泡
牛乳…200ml
黒胡椒…少々

1 鍋に注いだ牛乳に黒胡椒を細目に挽き、中火で加熱して沸いたら鍋に蓋をして粗熱がとれるまで常温におく。
2 1を布で漉す。
3 2を60℃にし、クリーマーで泡立てる。

※プチトマトの杏露酒漬け
プチトマト…10個
杏露酒…100ml
水…200ml
グラニュー糖…100g

1 沸かしてアルコールを飛ばした杏露酒に水とグラニュー糖を加えてシロップを作る。シロップが冷めたら湯むきしたプチトマトを漬け、冷蔵庫で2日おく。

※ベーコンパウダー
ベーコンスライスを80℃で10時間乾燥させてからミルサーで粉砕したもの。

作り方

1 塩〆サーモンを作る。半身のサーモンを腹と背に分けて骨を抜き、扱いやすいよう1/2に切って4等分にする。
2 1をバットに並べ、合わせた塩と砂糖をまんべんなくまぶす。
3 2にラップをかけて6時間冷蔵する。
4 3のサーモンは流水で流し、水気を拭いておく。アルミホイルで作った器にプーアル茶、氷砂糖、生米を入れて中華鍋の中央におき、中火にかける。氷砂糖が溶けて煙が上がり、白煙が広がってきたらサーモンを網にのせて鍋にセットして蓋をする。
5 茶葉や生米が焦げると苦い香りが付くため、4を弱火に落として1分加熱し、火を止めて30秒おく。
6 保存袋に表面をコーティングする程度のオリーブ油と5を入れて真空包装にし、40℃のウォーターバスに40分浸ける(a)。
▶サーモンの色が変わりだし、触ると身に指が沈む程度の弾力になるが出来上がりの目安。
7 冷凍したレタスのソルベをパコジェットで粉砕する(b)。
8 6のサーモンを50gにカットして器に盛り、セロリソースとバジルソースを流す(c)。ミモレットと冷凍したモッツァレラをおろし、黒胡椒の泡、プチトマトの杏露酒漬け、紅芯大根、レディース大根、黒大根、油條、プチセロリ、ベーコンパウダーを盛り付ける。
▶2種類のソースで味と香りのメリハリをつける。同系色に整えることも料理を美しく仕上げるポイント。
9 8を提供し、ゲストの前で7をかける。

a

b

c

シーザーサラダをイメージした前菜で口溶けと温度の多彩さを表現

レタスのソルベは一番冷たいうちに提供するため、お客の目の前で盛り付ける。サプライズの演出にもなり、喜ばれている。

沙律三文魚

菜花塩水蝦
車海老の冷製とカリフラワー

塩茹でするエビを楽しむ広東料理の定番「塩水蝦」を昇華させた一皿。70℃でしっとり火入れしたエビを主軸に、エビと相性がよく、旬のカリフラワーを合わせた。岩崎シェフがテーマとする〝テクスチャー〟を楽しませる料理とし、カリフラワーはフレッシュのスライスとみじん切り、強力粉をまぶして揚げるフリット、生クリームやゼラチンを使ってふんわり仕上げるピュレを用意。さらにコクを加える卵黄をコンフィとし、カリフラワーのピュレやエビとは異なる〝ねっとり、しっとり〟した食感に仕上げ、テクスチャーに奥行きを出した。仕上げに塩気を加えるため、ウニ、ゲランドの塩、金華ハムを散らし、オリーブ油を垂らして風味を付ける。ひと口食べ進めるごとに異なる、食感や味わいが印象的だ。10000円(税抜・サ別)ディナーコースの一品

材料(1皿分)

塩水蝦(1皿分は1尾)
- 車エビ…5尾
- 上湯…300ml
- 鷹の爪…1本
- 長ねぎ青い部分…少々
- 生姜…1片
- 紹興酒…少々
- 鶏油…少々
- 塩…10g
- 砂糖…5g

カリフラワー ピュレ(※)…大さじ1
カリフラワー みじん切り…1房分
カリフラワー スライス…2枚
カリフラワー フリット…2房
卵黄のコンフィ(※)…1個
生ウニ…1/4個分
金華ハム(みじん切り)…2g
ゲランドの塩…少々
マイクロコリアンダー…適量
貝のエキスの泡(※)…大さじ1
菊の花…1片
オリーブ油…少々

※カリフラワー ピュレ
カリフラワーの房…2株分
玉ねぎ薄切り…1個分
ブイヨン・ド・レギューム*…300ml
ローリエ…1枚
バター…50g
板ゼラチン…8g
塩…少々
生クリーム(八分立て)…200ml

1 玉ねぎをバターで3時間シュエする(ごく弱火で汗をかくようにじんわり水分を出しながら炒める)。
2 1にカリフラワーの房を加え、しんなりするまで炒めたらブイヨン・ド・レギュームとローリエを加えて強火で一度沸かし、弱火で20分炊く。
3 2をミキサーにかけて裏漉しし、熱いうちに戻した板ゼラチンと塩を加えてよく混ぜ、冷めたら八分立ての生クリームを合わせる。

*ブイヨン・ド・レギューム
水…4ℓ
玉ねぎ…400g
人参…300g
ポワロー…200g
セロリ…100g
タイム…2本
ローリエ…2枚
岩塩…5g
白ワイン…100ml
白粒胡椒…小さじ1

1 全てを寸胴鍋に入れ、弱火で40分炊いて40分常温でおいた後、布で漉し、一度強火で沸かしてアクを取り除く。

※卵黄のコンフィ
卵黄…1個分
オリーブ油…適量

1 カップに卵黄を落とし、オリーブ油を卵黄にかぶる程度注ぎ、68℃のスチームコンベクションオーブン(オーブンモード)で45分加熱する。

※貝のエキスの泡
アサリ…500g
水…500g
白ワイン…100ml
昆布…小2枚
大豆レシチン…全量の10%

1 アサリを鍋に入れて白ワインを加え、中火にかける。
2 1が沸き、アサリの口が開いたら昆布と水を加えて煮る。
3 貝だしの味がしっかり出たら火からおろしてザルで漉す。
4 3でとれただしに大豆レシチンを加え、バーミックスで攪拌。攪拌し続けると泡立ってくるので、泡を盛り付けに使う。

作り方

1 塩水蝦を作る。活けのエビを氷水で2時間締め、加熱した際に反らないよう串を打つ。
2 70℃の湯に1を入れる(a)。やや赤くなり、火が八割通ったらバットに引き上げて串を抜き、常温においておく。
▶たんぱく質が熱変性する温度帯の58〜59℃よりやや高い70℃から余熱で火を入れるイメージ。最初に数秒ボイルすることでエビ自体の温度を70℃にし、続く工程で70℃の上湯に浸すことで火を入れつつ味を含ませていく。
3 中華鍋を中火にかけ、鶏油、紹興酒、鷹の爪、長ねぎの青い部分、生姜、上湯を入れたら強火で沸かし、塩と砂糖を加えて混ぜ、沸いたら火を止める。これを70℃まで落とす(b)。
4 3を2のバットに注ぎ、粗熱がとれるまで常温でおく。粗熱がとれたらラップをして1日冷蔵する。
5 4のエビの頭をとって殻をむき、一口大に切って器に盛り付ける。カリフラワーのピュレ・みじん切り・スライス・フリット(c)、卵黄のコンフィ、生ウニ、金華ハム、ゲランドの塩、マイクロコリアンダー、貝のエキスの泡、菊花を盛り付ける。カリフラワーのピュレのまわりにオリーブ油を垂らす。

a

b

c

菜花塩水蝦

中国菜
火ノ鳥 ヒノトリ
オーナーシェフ　**井上清彦**

1978年大阪府生まれ。神戸国際調理師専門学校（現・神戸国際調理製菓専門学校）卒業後、大阪『東頂山』、神戸『小小心縁』、京都『膳處漢ぽっちり』を経て、東京・六本木『SILIN火龍園』、六本木『孫』、富士見台『源烹輪』で修業。京都『百香居』を経て2015年6月独立。

北京・広東の古典を再構築

『中国菜 火ノ鳥』で提供するのは、オーナーシェフ井上清彦氏が中国の古書を紐解いて作る北京料理と広東料理の古典料理。日本ではなかなか食べることのできない珍しい料理とその味わいが口コミで広がり、30～50代の食通を中心に集客。一ヶ月先まで予約で埋まり、夜営業に1.5回転～2回転する人気を誇る。

井上氏は、関西での中国料理修業を経て「広東料理をしっかり学びたい」と上京。六本木『SILIN火龍園』『孫』、富士見台『源烹輪』で計6年の経験を積んで帰阪し、2015年6月、オフィス街の北浜で独立を果たす。

井上氏が古典に目覚めたきっかけは、福建省出身のオーナーが営む神戸『小小心縁』で修業していた時代にある。シェフから借りた一冊の本に載っていたのは「百花鶏」（P33）。インパクトのある見た目、皮を剥ぎ鶏の身を入れ替える、今まで見た事も手がけた事もない、手の込んだ調理法に圧倒され、古典料理に興味を抱くようになった。

店で提供する「古典料理」とは、新しいもので約40年前、古くは約100年前の料理だ。参考にするのは、50年前に出版された料理研究家の書籍や古い名菜集など、井上氏が国内外の古書店を巡って集めた本。そこから、今では作られなくなった料理や技術的に難しいものを中心に選んでいる。

古書にはレシピが載っていることもあるが、分量が不正確なためそのまま作ることは無く、研究を重ねる。例えば「百花鶏」なら、本来は粉でつないだエビのすり身だけを鶏皮に詰めるが、忠実に作ると弾力が強すぎて口が疲れると考え、鶏肉を加えてジューシーに、里芋でやわらかさを表現。現代の味覚にマッチするよう、原典からずれない程度に自分なりに解釈し、アレンジを加えて古典料理を再構築している。

味の面で目指すのは「旨味を引き出した料理」だ。鮭に塩と花椒をまぶして干した「塩干」やサンマを塩と高粱酒に漬けて干す「塩漬けサンマ」といった乾物、米麹、発酵唐辛子、発酵調味料に漬けた野菜や肉、魚などを多用して旨味を出す。うま味調味料はほぼ使わず、「荷葉蒸飯」（P36）のように乾物を多用して旨味を深めたり、基本のスープを老鶏と豚スネ肉でとる毛湯とし、力強さを加えてバランスをとる。

また、北の料理や山東料理はしっかり塩をきかせるが「塩味は強すぎると主素材の味が薄くなる」と考え、やや控えめを意識し、主素材を重視する。さらに、素材は料理一品につき1～3種に絞ることやあしらいの無い盛り付けなどは、主素材を際立たせる古典料理の特徴を汲んだスタイルだ。

コースもアラカルトも注力

提供メニューは、約1ヶ月ごとに変わる6500円～のおまかせコースと40品程のアラカルトを用意する。

来客の8割がオーダーするコース料理は全9品。膳に豆皿が8種並ぶ前菜から盛り上げ、中盤では誰もが知るエビチリを、ケチャップや砂糖を使わない山東式にして店の特徴をアピール。また、最後まで盛り上げたいとの思いから、「荷葉蒸飯」のような演出が楽しい締めの料理を出すのが特徴だ。

一方、アラカルトは定番を33品、コースの料理を「本日の料理」として5品ほど提供。中心価格帯は1500円。コースが多いためロスは出るが「メニュー表から選ぶ楽しみは中国料理の醍醐味」とコースの一本化はせず、アラカルトの提供にこだわっている。

原価率は40％前半～半ばと高く、試作も多いため材料費が上がってしまうが、13坪・14席を厨房・ホール併せて2名でまわすことで、人件費を抑えてバランスを図る。また、2名でコース、アラカルトに対応できるように、コースは前菜、点心、蒸し物などを多く配して鍋を使う料理を抑え、円滑なオペレーション体制を整えている。

「原価も手間もかかりますが、伝統や技術をつなぐ意味でも提供していきたい」と井上氏は古典料理への想いを話す。

古典料理を現代に甦らせ、認知を広げて後世に繋ぐ

1900年代前半の広東古典料理の名菜を再構築

百花鶏　ひな鶏の海老すり身詰め焼き

百花鶏

ひな鶏の海老すり身詰め焼き

1920年代、「広州四大酒家」と謳われた『文園酒家』の名菜として知られた料理で、エビのすり身を塗りつける技術＝「百花」を鶏の皮に施した料理。井上シェフは丸鶏から剥いだ皮に詰め物をする同料理に修業時代に出合って古典料理に開眼。同店を代表する大切な料理といえる。古書のレシピではエビのすり身だけを詰めるが、なめらかさとやわらかさを追求し、鶏ミンチとすりつぶした里芋を加えることでしっとりジューシーな食感に仕上げた。また、つなぎに小麦粉を入れるとかたくなることから、エビを包丁で叩いてすり身にすることで粘りを出し、小麦粉を使わずともまとまるレシピとした。口にするとエビの旨味と食感、ジューシーな肉、パリパリの皮の食感が重層的に響く繊細な味わい。飾り気のない武骨な姿とのギャップに驚く。2800円(税込)

材料(6皿分)

ヒナ鶏(丸鶏)…6羽

A
- 鶏肉(丸鶏のものを使用)…500g
- エビ…500g(むき身の状態)
- 里芋…150g
- 塩…11g
- 砂糖…11g
- 胡椒…適量

ねぎ油…10g

ごま油…10g

小麦粉…適量

水あめ…適量

作り方

1 ヒナ鶏6羽は毛を取り、首側から尻側まで大きく縦に切り込みを入れる。

2 皮と身の間に親指を入れながら、破らないよう皮をはいでいく(a)。

3 手羽や足周りは皮が薄く破れやすいので、足はハサミで関節を落とし(b)、手羽は粘膜と皮の間に包丁を入れ(c)、最後は慎重に手で関節をはずす(d)。はずした皮は破れないよう丁寧に扱い、バットにとっておく(e)。

4 さばいたヒナ鶏の肉は500gを包丁でたたき、ミンチにする。残りは他の料理やスープに使う。

5 エビは頭と足、殻をはずして身を包丁で叩き、粘りがしっかり出るまで細かく叩く。

6 里芋は皮をむいてから水から茹で、やわらかくなったらザルに上げてボウルに入れ、手の平でボウルに押しつけて潰す。

7 4、5、6、塩、砂糖、胡椒をしっかり混ぜ合わせる。ねぎ油、ごま油を加え、混ぜ合わせてから2時間冷蔵して引き締める。

8 3の鶏皮を広げてペーパーで内側の水分を拭き取り、小麦粉をまぶして7のすり身を1羽につき200g詰めていく。手足はすり身を軽く詰めてから(f)、皮を握って押し込むように詰める(g)。胴の部分は1.5～2cmの厚さで平たく塗り付けていき、皮をかぶせ鶏の形に戻す(h i)。

9 8を一度、2時間以上冷蔵して引き締める。

10 温めたガスオーブンに9を入れ、上火、下火を中火にし、10分焼く。

11 10分経ったら取り出し、温めてやわらかくした水あめを表面にまんべんなく塗り(j)、上火を消して下火を強火に上げ、5～6分色をみながら焼く(k)。

12 11をザーレンに移し、200℃の白絞油をかけて飴をパリッと固める(l)。

13 食べやすく切って器に盛り付ける。

a

首から尻まで大きく縦方向に切り込みを入れ、皮と身の間に指を入れ、身をなぞるようにして皮をはいでいく。

b

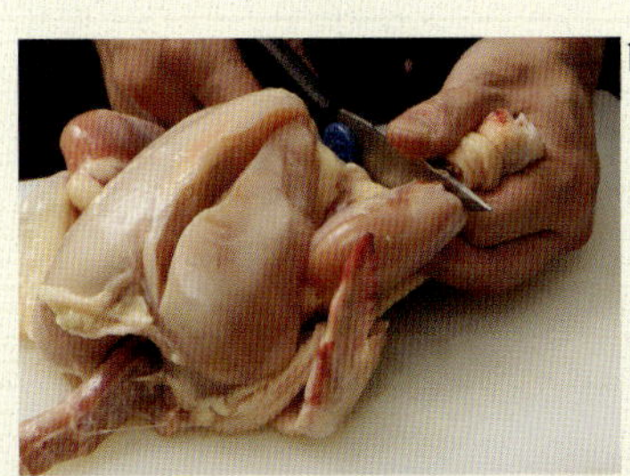

c

手羽まわりや足の関節から皮をはずすのは一番の難関ポイント。足は関節をハサミで落とし、手羽は粘膜と皮の間に慎重に包丁を入れて最後は手で関節をはずし、皮をはぐ。

d

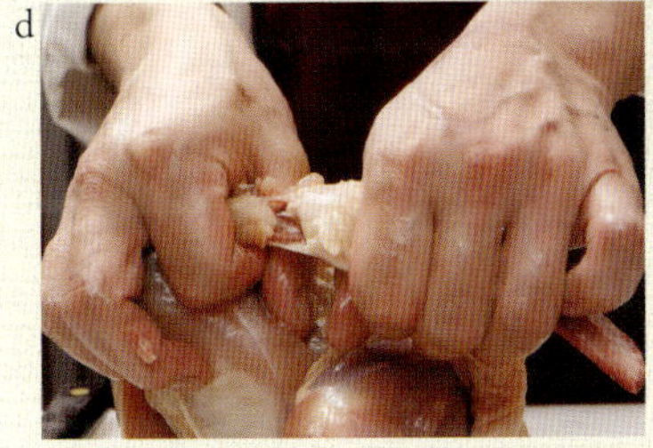

e

皮が少しでも破れるとそこから詰め物がはみ出してどんどん破れ目が広がるため、皮を破らないようはぐことが最大のポイント。細心の注意を払う。

f

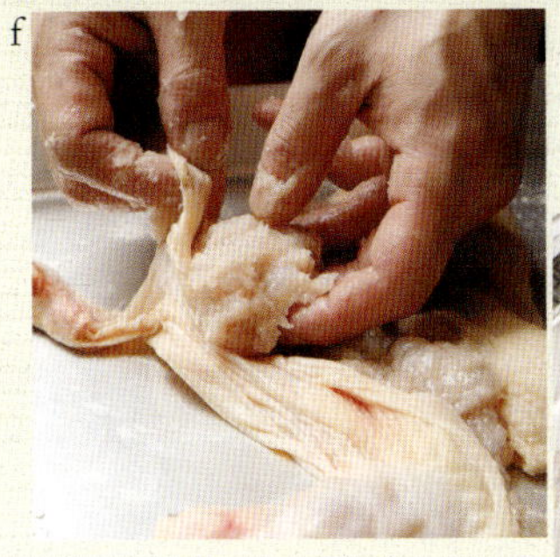

g

手足にすり身を詰める際は適量をかたまりにして袋状になった手足に入れ、握りながら先まで送り込むようにして詰めていく。ホイップクリームを絞り出す時の要領。

h

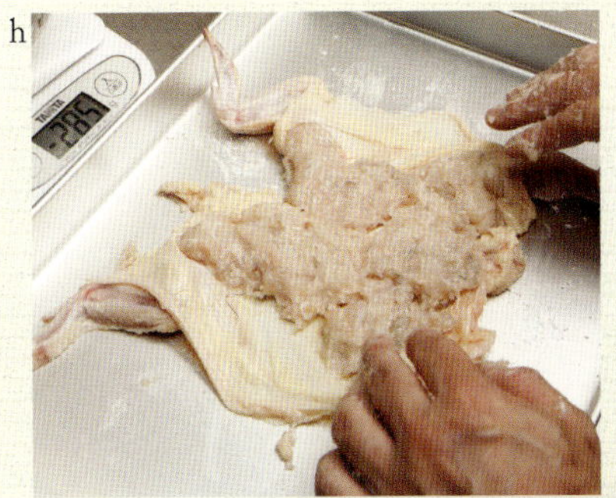

皮の胴体部分にはすり身をまんべんなく塗りつける。最後は両側から皮を閉じて中心で合わせる。すり身にはつなぎの小麦粉を入れないのもポイント。入れると蒲鉾のようなかたさになる。

i

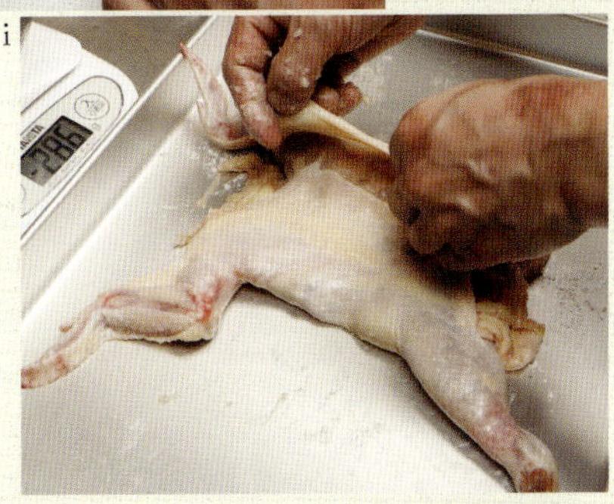

j

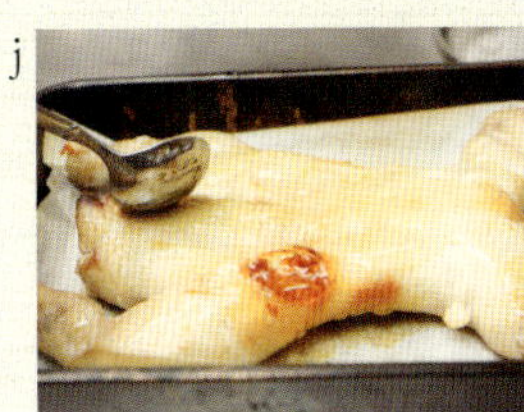

k

焼きは2回。下焼きで全体に火を通し、水あめを塗ってから本焼き。表面をこんがり色付けるイメージ。

l

仕上げは200℃に熱した白絞油を何度もかけ、パリパリの食感に。北京ダックのようなやや深いキツネ色になるまで油をかける。

荷葉蒸飯
福建省風 干物のおこわハスの葉包み

乾物をよく使う福建省山間地域のおこわ料理。昔は水草で編んだ籠に蒸したご飯を入れ、腰に下げて出かける「弁当」として食べていた。食べる頃には水草の香りがご飯に移り、その香りも味わいだったことから水草を蓮の葉に替えてアレンジした。具材は干しエビ、干し貝柱、干し椎茸、干し肉、腸詰と、地物の山海の乾物を使用するのが福建式の特徴。同店では「最後まで迫力のある料理を提供し盛り上げたい」という考えから締めの料理として提供する。お客の目の前で蓮の葉を開くと、さらに人数分の蓮の葉ご飯が包まれている趣向で、最初に葉を開いた時は葉の香りを、二度目は乾物の香りを楽しんでもらう狙い。また、副材料を加えて季節感を出すことも。その際も、伝統にならって海鮮などの生ものは入れず、松茸や栗、芋など山の素材を入れている。6500円(税込)のコースの一品。単品は1個800円(税込)

材料(仕込み量)

もち米…1kg

A
- 干しエビ…40g
- 干し椎茸…20g
- 干し貝柱…50g
- 干し肉(※)…120g
- 腸詰…230g

B
- オイスターソース…30g
- 上白糖…20g
- 醤油…25g
- 紹興酒…15g
- 中国たまり醤油…20g
- ねぎ油…30g
- 胡椒…適量

糖水(20%)(※)…適量
ハスの葉…2枚

※干し肉
豚バラ肉を醤油、酒、香辛料に1日漬けて、翌日再びしっかり混ぜ合わせてもう1日漬け、2週間ほど換気扇の下に吊るして干す。使う前に30分蒸して戻す。

※糖水
熱湯100mlにグラニュー糖20gを溶かしたもの。保水と甘みを補う目的でもち米に打つ。

作り方

1. 干しエビは水に15分浸け、ザルに上げる。干し椎茸は一晩水に浸けて戻して片栗粉で洗い、水、ねぎ、生姜(各分量外)と共に1時間蒸す。干し貝柱は水に一晩浸けて、水に浸した状態で40分蒸す。
2. ハスの葉は一晩水に浸けて戻し、沸かした湯で1時間炊き、流水に1時間さらして臭いを取る。
3. もち米は軽く洗い、1時間水に浸けておく。
4. 3のもち米をザルに上げ、布を敷いた蒸籠に広げ、15分蒸す。15分経ったら蒸籠の蓋を開け、糖水大さじ4〜5をふりかける。火が入りやすい端と底の米の場所を入れ替えるようにして軽く混ぜながら再びもち米を蒸籠に広げ、再び15分蒸す。
5. もう一度4に糖水大さじ4〜5をふりかけ、端と底の米の場所を入れ替えるようにして軽く混ぜながら再びもち米を蒸籠に広げ、再び10分蒸す。
6. Aの干しエビ、干し椎茸、干し肉、腸詰を4mm角に切り、干し貝柱は手でほぐして紐状にする(a)。
   ▶乾物からしっかり旨味が出るため、うま味調味料は使わない。
7. 5が蒸し上がったらボウルにあけ、もち米が熱いうちに6とBを全て入れて木べらである程度混ぜ、具がまわったら手で米をほぐしながらさらに混ぜる。粘りが出ないよう、米が熱いうちに手早くしっかり混ぜ合わせる(b)。
   ▶火傷するほど熱いため、小さなボウルに冷水を用意し、手を冷やしながら行う。ビニール手袋の下に軍手を着けることも。
8. 戻したハスの葉を1/4に切り、7をコース用は100g、単品用は60g包む(c)。
9. 提供人数分の8をさらにハスの葉で包み、蒸して温める。温まったらお客の目の前でハスの葉を開く。

a

b

c

ハスの葉で包んだ状態で提供し、目の前で葉を広げると、ハスの葉の香りが辺りに充満。さらに包まれている個包装したハスの葉ご飯を、お客が各々開けば乾物の香りが迫る趣向だ。

荷葉蒸飯

醃脂湯浸魚
赤ハタの山東風
塩漬け背脂煮込み

魯菜、沿岸部の料理で、井上シェフが修業先で学んだ一品。塩漬けにした豚の背脂を加えたスープをまわしかけながら鮮魚を煮込み、動物性の油脂の旨味と魚から出た旨味を鮮魚に含ませる。また、砂糖は一切使わず、塩、酒、白胡椒だけの味付けが特徴。シンプルな味付けだが、ふわりとほどける白身魚の淡泊な身にからむスープは旨味が濃厚ながら上品で、繊細さが光る。塩漬け背脂は数日乾燥させるとやや黄みを帯びるため、純白でクリアな豚ロースの背脂を同割で使い、スープを白く仕上げて見た目に美しく仕上げた。鮮魚は3～4名でシェアできる体長25～30㎝を選び、赤ハタや黄ハタ、黒ムツなどをよく使う。時価（写真は600g3500円・税込）

材料（1皿分）

アカハタ…1尾700g
大根…50g
塩漬け背脂（※）…30g
豚ロース肉の背脂…30g
ニンニク…1片
生姜…25g
長ねぎ白い部分…1本分
塩…適量
白胡椒…適量
片栗粉…適量
紹興酒…大さじ1
毛湯…600ml
鶏油…適量
香菜…適量
ねぎ油…大さじ3

※塩漬け背脂
豚の背脂を、塩、花椒、ニンニク、香菜の茎と一緒に10日間漬け込み、3～4日風干ししたもの。

作り方

1 大根、塩漬け背脂、ロース肉の背脂、生姜は細切りにする(a)。ニンニクはスライスする、長ねぎは薄い斜め切りにしておく。
▶美しく仕上げるためすべてを細切りに揃える。
2 大根と塩漬けの背脂は軽く茹でこぼし、それぞれのアクと臭みを抜いておく。
3 アカハタはウロコを引いて内臓とエラを取り除いて洗い、水気を拭き取る。両面に格子状に、深く隠し包丁を入れる(b)。
▶切れ目はやや深めに入れて、スープを含ませやすくする。
4 3の両面に塩、胡椒をまんべんなく打って下味をつけ、片栗粉を厚くなりすぎない程度にまぶし、余分な粉をはたいて落とす。
5 粉が浮かないよう、水で濡らした手を振るようにして4に水滴を軽くふりかける。
6 150℃の油で5を揚げる。頭と尾を持って鍋の中心に入れ、皮目が鍋にくっつかないように鍋を時々揺らしながら3～4分揚げる。魚に七割火が通ったらザーレンに上げる(c)。
7 白鍋にねぎ油を引いて強火にかけ、ニンニクを入れる。香りが出たら中火に落とし、ねぎ、生姜を加えて炒める。
8 7に白胡椒をたっぷり挽き、紹興酒と毛湯を加えて一度沸かす。
9 6を入れ、とろ火に落として2の大根、塩漬けの背脂、1のロース肉の背脂を加える。
10 魚が鍋につかないように鍋を揺らしながらスープを魚にまわしかけ、スープの旨味を全体に行き渡らせながら1分煮込み(d)、ボウルで蓋をして弱火で約5分蒸しながら煮込む。
11 蓋をはずし、塩で味を整え、鶏油を加える。
12 器に盛り付け、香菜を添える。

a

b
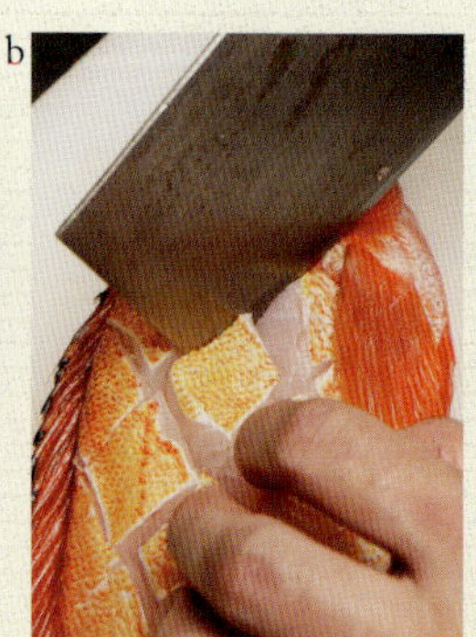
c

d

動物性の油脂の旨味を、淡泊な魚に移す

醃脂湯浸魚

唐菜房
大元 ダイゲン

オーナーシェフ(厨師) 國安英二

1965年香川県生まれ。辻調理師専門学校を卒業後、同校に入職し、22年間、中国料理の講師を務める。その後、大阪市内のホテルで中国料理店に勤務。2010年6月に『唐菜房 大元』を開業。写真左はセコンドの村松祐典さん。

長年の研究を店づくりに反映

官公庁が集まる大阪・西天満に2010年6月に誕生した『唐菜房 大元』。営むのは調理師専門学校で22年間教鞭を執った経歴を持つ國安英二氏だ。

國安氏がまだ同校の生徒だった頃、四川料理を専門とするゲスト講師による中国料理の授業の際に、それまで学んでいた広東料理とは鍋の持ち方から調味料の使い方まで「別の料理かと思うほど異なり、それが新鮮だった」(國安氏)と感じるほどの衝撃を受けたという。そんな体験から「幅広い中国料理を学びたい」「ひとつの流派に偏りたくない」と考え、卒業後は同校に就職し、講師の道へ。教鞭を執りながら同校に揃う膨大な文献で中国各地の料理を研究・実践し、「当時はまるで研究者のように学びに没頭しました」と振り返る。さらに休暇を利用して現地に足を運ぶなどして、知識を深めた。

現在の昼夜で異なるコンセプトは、前述の経験から生まれたものだ。昼は蒸し鶏にスープで炊いたインディカ米を合わせ、ジンジャーソースで食べる「海南鶏飯」や広東式焼き物をご飯にのせて食べる「焼味飯」など、國安氏が香港を行き来するなかで、魅力を感じた現地の日常食をテーマとする。現地で食べられているごく一般的なメニューだが、例えば「海南鶏飯」の蒸し鶏はスチームコンベクションオーブンを使って旨味を逃すこと無く緻密な火入れを施すなど、調理技術で味を昇華する。さらに火・木曜は「香港雲呑麺」、月・水・金曜は「担々麺」をメニューに加えるなど、曜日ごとの楽しみを加えながら様々なローカルフードを紹介。800円~1200円で提供し、界隈で働くサラリーマンを中心に集客する。

そして夜は四川や香港、上海、湖南料理など、ジャンルに固執せず中国各地の料理を8000円~のお任せコースで提供。完全予約制とし、前菜~デザートまで9品を提供する。

素材重視の中国料理

料理の味づくりで心がけているのは〝シンプル〟だ。國安氏の考えるシンプルとは、主素材が明確であること、そして余分な調味料や付け合わせなどを削ぎ落とすことだという。そんなシンプルな調理だからこそ「食材の力が重要」と國安氏。その時々の旬の素材や中国の風習でその季節に食べられている時節を盛り込み「季節感と中国の文化を伝えたい」と話す。また、前述の考えからうま味調味料は使わず、丁寧に作る上湯、清湯、毛湯を店の基本のスープとすることで味に奥行きを出したり、干しエビや干し貝柱といった乾物の粉末といった自家製調味料や醤を多用し旨味を補う。

一方、同店が人気店に成長した理由は、コースの内容ときめ細やかな接客サービスにもある。コースは月々のメニューを決めず、旬の食材やお客の注文によって内容を変化。そのため、予約時のヒアリングはアレルギー、食材の好き嫌い、料理の要望、訪れる目的など細やかに行う。また、提供時においてもお客ごと臨機応変に対応。例えば年配客ならバターをピーナッツ油に変えてあっさりした味に仕上げたり、お客が飲んでいるワインに合わせて味を変えるなど、次々と料理を提供しながらもお客のオーダーや様子を把握し、即興で変化を重ねる。こうしたお客ごとに〝融通を効かせる〟機転がリピートにつながっている。

素材にこだわるため、現在、月ごとに管理する原価率は40~50%にものぼるという。かなりの高原価率だが、完全予約制のため、食材は予約に合わせて仕入れてロスを出さずに使い切り、國安氏とセコンドのスタッフ2人でほぼ調理・接客を行うことで人件費を抑えバランスをとる。

「中国料理とは、知られているようで知られていない世界。紹介するしか無い」と國安氏。昼夜で趣きを違えた現地の文化・伝統を広く伝える料理と、〝融通〟の効く細やかなサービスで、食通が通う店として名を轟かしている。

幅広き文化・伝統を、季節感をプラスしながら伝える

自家製海味醤で、カニの旨味を閉じ込める

海味醤炆蟹蘿白糕 蟹と大根餅の炒め煮 香港テイストで…

海味醤炆蟹蘿白糕

蟹と大根餅の炒め煮
香港テイストで…

年末から年始にかけて中国で食べられる大根餅と同時期に旬を迎えるカニを取り合わせた一品に。その季節で最良のカニを使い、今回はズワイガニ。カニから出る体液は固まって濁るので、カットしてからさっと水洗い。これは香港式。カニに、さらに干しエビやセイコガニのカニ肉、内子、外子で作る海味醤をからめることで、さらにカニの風味を強調する。タレがからみやすいようにコーンスターチを薄くまぶすが、これは、片栗粉ではもったりし過ぎるから。この材料で、カレー煮込みにすることもある。時価

材料(1皿分)

ズワイガニ…1杯
大根餅(※)…6切れ(1個5cm×幅2cm×厚み2cm)
コーンスターチ…適量
生姜(薄切り)…10g
青ねぎ(筒切り)…1/2本分
海味醤(※)…大さじ4
二湯…200ml
紹興酒…小さじ2
オイスターソース…小さじ1
醤油…少々
グラニュー糖…小さじ1
胡椒…少々
水溶き片栗粉…適量
白絞油…適量
ピーナッツ油…適量

※大根餅
大根(細切り)…180g
チャーシュー(薄切り)…60g
広東腸詰…2本
干しエビ…24g
上新粉…150g
浮き粉…40g
ピーナッツ油…大さじ1
煎りごま…大さじ1
塩…4g
グラニュー糖…7g
チキンパウダー…1g
ミネラルウォーター…400ml

1 腸詰は、さっと茹でて、縦半分に切ってから薄切りにする。
2 干しエビは細かく刻む。
3 ボウルに上新粉と浮き粉を合わせ、分量の半分の水を加えて混ぜる。
4 鍋にピーナッツ油を熱し、チャーシューと大根と1と2を炒める。
5 残りの水を加えて沸かし、煎りごま、塩、グラニュー糖、チキンパウダーを加える。
6 3のボウルに5を注ぎ入れて木べらで練り合わせる。
7 全体が混ざったら、バットに流し入れて1時間蒸す。
8 蒸し上がったら表面にピーナッツ油(分量外)を塗って冷ます。

※海味醤
干しエビ…250g
セイコガニの身肉、内子、外子…計230g
桜エビ(無着色)…20g
エシャロット(みじん切り)…250g
ピーナッツ油…200ml
グラニュー糖…大さじ1と1/2
オイスターソース…30g

1 干しエビはみじん切りにする。
2 鍋にピーナッツ油を入れ、1とエシャロットを香ばしく炒める。
3 セイコガニ身肉、外子、内子を加えてさらに炒め、桜エビを加える。
4 グラニュー糖、オイスターソースで調味する。

作り方

1 大根餅は、長さ1個5cm×幅2cm×厚み2cmの大きさに切る。
2 カニは足、肩肉を切り離し(a)、足は身を取り出しやすいように殻の白い部分を削ぐ。肩肉は食べやすい大きさに切る。足、肩肉とも、さっと水洗いして布巾で水気を取る(b)。
3 大根餅、カニに薄くコーンスターチをまぶす(c)。鍋に白絞油を熱し、大根餅の表面に香ばしい焦げ目を付け、中まで温める(d)。
4 カニは、白絞油を熱した中に入れて、表面を香ばしく揚げる(e)。
5 鍋にピーナッツ油を熱して、青ねぎ、生姜、海味醤を炒めて香りを出す(f)。
6 二湯を加え、紹興酒、オイスターソース、醤油、グラニュー糖、胡椒で味付けする(g)。
7 3の大根餅を加えて煮汁をからませて取り出す(h)。
8 4のカニを加え、水溶き片栗粉を加えてカニによくからませる(i)。
9 大根餅を戻して、全体を合わせて器に盛り付ける(j)。

a

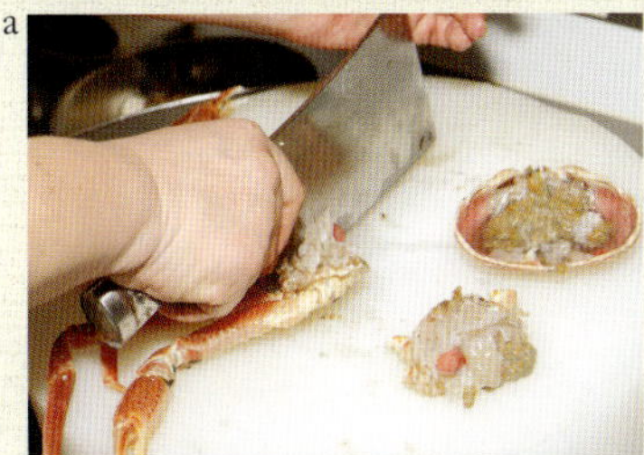

カニは足と肩肉を食べやすく切ってから、さっと水洗いし、体液を流す。

b

大根餅とカニ、それぞれに薄くコーンスターチをまぶす。片栗粉ではもったりしすぎるのでコーンスターチを使う。

c

d

大根餅は表面に香ばしい焼き目をつけつつ温める。

e

カニは油で表面を香ばしく揚げる。

f

スープを加える前に薬味と海味醤を炒めて香りを出す。干しエビやセイコガニの身肉、内子、外子を使った海味醤を煮汁に使うことでカニの風味を高める。

g

香りが出たら、スープと調味料を加えて煮汁を作る。

h

大根餅を加えて煮汁をからませていったん取り出す。

i

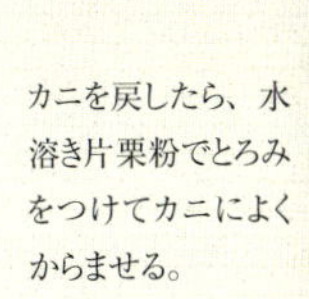

カニを戻したら、水溶き片栗粉でとろみをつけてカニによくからませる。

j

大根餅を戻して全体をからめる。

柱候炆果子狸

ハクビシンの広東風煮込み

果物を好むために果樹園に現れるのは害獣とされ、同店が懇意にする果樹園でしとめて送ってもらうジビエ。広東ではハクビシンの肉そのものがメインの伝統料理だが、同店では季節の野菜を加えて提供。現在は中国現地でも作られることが稀になってきている一品で、こうした「歴史ある料理や絶えかけているものを守りたい」と、ジビエを使った中国料理を広げたいと考えている。時価

材料（仕込み量）

ハクビシン…1頭（約3.5kg）
ニンニク（みじん切り）…大さじ3
生姜（みじん切り）…大さじ3
柱候醤…大さじ7と1/2

A
- 醤油…大さじ3
- 紹興酒…大さじ2

B
- 紹興酒…大さじ3
- 二湯…1600ml
- オイスターソース…50ml
- 醤油…150ml
- グラニュー糖…大さじ2
- 胡椒…適量

白絞油…大さじ5
ピーナッツ油…大さじ4

（以下1皿分）
青ねぎ（筒切り）…2本分
干し椎茸（戻したもの）…2枚
かぶ（くし切り）…2個分

C
- 水溶き片栗粉…適量
- ごま油…小さじ1/4
- ねぎ油…小さじ1

作り方

1 ハクビシンは、腹部を開いて内臓を除いて水洗いする。大き目の寸胴鍋に湯を沸かし（約80℃）、洗ったハクビシンを2分ほど浸ける（a）。ペティナイフで体毛を剃り、細かい毛はカミソリで除く。
▶こうして湯に浸けてから体毛を剃ると剃りやすい。

2 1を切り分け、熱湯でさっと茹でて取り出して水分をふき取り、Aをまぶす。
▶煮込むと縮むので、それを考慮して切り分ける。

3 鍋に白絞油を熱し、2を加えて、表面に香ばしい焼き色を付ける。ザルに取り、肉に熱湯をかけて油抜きする。

4 鍋にピーナッツ油を熱し、ニンニク、生姜のみじん切りを炒めて香りを出し、柱候醤を炒める。焦げやすいので注意する。Bを加えて一度沸かし、ボウルに移す。

5 4に3を加え、ラップをしてスチームコンベクションオーブンのスチームモードで1時間半蒸す（蒸し器なら2時間）（b）。蒸し上がったら、1皿分ずつ（肉6カット）煮汁ごと小分けしておく。
▶ハクビシンは皮付きで調理することでやわらかい食感に。

6 注文を受けたら1皿分ずつスチームコンベンションオーブンで蒸して温める。鍋に白絞油（分量外）を加え、青ねぎを炒めてから、干し椎茸の薄切り、茹でたかぶ、5の温めたハクビシンを煮汁ごと加えて煮る（c）。

7 6にCの水溶き片栗粉でとろみを付け、ねぎ油、ごま油で香り付けする。

8 土鍋に移し、火にかけて軽く沸かし、提供する。

a
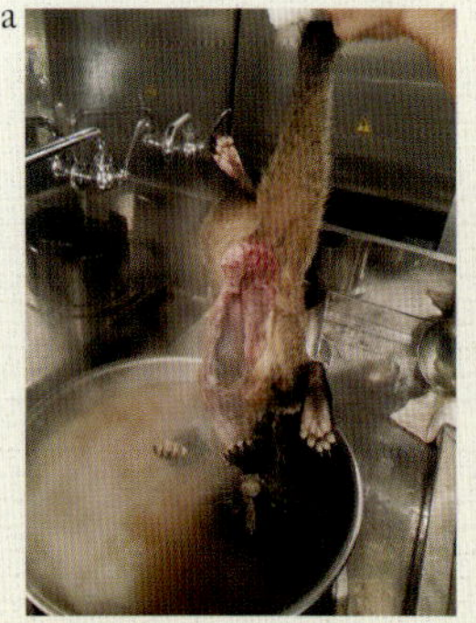

b

c

ジビエらしい滋味を、余すことなく煮汁にも

柱候炆果子狸

瑤柱粉三白
三種野菜の温かい前菜
干し貝柱パウダーの風味で

野菜の淡い味わいに、旨味をのせた前菜。各野菜の食感と風味の違いを楽しんで欲しいと考え、盛り合わせに。12月の撮影時は、台湾産のマコモ茸、ペルー産のホワイトアスパラに、滋賀の契約農家のアンディーブ。茹でるスープはうっすら味付けする程度で、味付けのメインは干し貝柱パウダー。野菜それぞれの味わいを引き立てる、シンプルな味付けが特徴。カリフラワー、ブロッコリー、プチヴェールでもいい。時価

材料（1皿分）

マコモ茸…1/2本
ホワイトアスパラガス…1本
アンディーブ…1本
A
- 二湯…600ml
- 塩…小さじ1
- グラニュー糖…小さじ1
- 姜酒（生姜の香りを移した酒）…小さじ1
- ピーナッツ油…大さじ2

無塩バター…大さじ1
鶏油…小さじ1/2
胡椒…少々
干し貝柱パウダー（※）…大さじ3

※干し貝柱パウダー

干し貝柱…50g

1 干し貝柱を低温のオーブンに20分くらい入れて水分を飛ばす。焦げ目は付けないようにする。
2 ブレンダーにかけてパウダー状にする。

作り方

1 アンディーブは芯の部分を使う。縦に4等分に切る。ホワイトアスパラは皮をむいて一口大に切る。マコモ茸は皮をむいて、ホワイトアスパラに合わせて一口大に切る（a）。
2 鍋にAを沸かす。
3 沸いたらマコモ茸、ホワイトアスパラ、アンディーブの順に入れて、ザルにあける（b）。
4 鍋にバター、鶏油を温めて、3を軽く炒め、胡椒をふる（c）。
5 全体に干し貝柱パウダーをふって（d）、炒め、器に盛り付けて提供。

a

b

c

d

瑤柱粉三白

応用と定番を織り交ぜた、柔軟なコースで魅せる

中國菜

月泉 ゲッセン

オーナーシェフ　**岡田三四郎**

1980年大阪府生まれ。辻調理師専門学校を卒業後、大阪・心斎橋『ユンファン』『香港蒸籠』などを経て新町『空心』で5年修業。東心斎橋『ビストロ・ア・ヴァン・ダイガク』にて4ヶ月間ワインを学び、2014年9月独立。ワインにも精通している。

和洋の食材も取り入れて

繁華街からやや離れた静かな雰囲気が近年見直され、ここ数年で飲食店の開業が相次ぐ大阪・西天満。その一角に2014年9月に誕生したのが『月泉』だ。「海老の塩卵炒め」(P49)のように、古典的な中国食材を使いながらトリュフオイルをきかせるなど、世界中の食材を使ってワインとの相性を求めた独創的な中国料理と、融通がきくおまかせコースが注目され、開業すぐから口コミで話題に。1ヶ月先の予約も困難な人気店である。

オーナーシェフ岡田三四郎氏は、広東料理店やカフェなどを経てチェーン店『香港蒸籠』で修業。その後、新町の有名店『空心』で経験を積み、開業準備期間にビストロでワインを学んだ。

同店の特徴であり武器となっている柔軟な発想は、『香港蒸籠』時代に中国各地から招聘される中国人シェフらの多彩な料理に触れた経験と、昔から外食時に「自分ならこの料理をどう中華にするか」「この素材、この火入れを中華に応用できるか」といった気づきを、ノートに書きためることによって築かれた部分が大きい。外食も和食や洋食が多く、自然と中国料理らしからぬ食材にも着目するようになった。

調理法も時に和食や西洋料理を応用。鮮魚に塩や酢で締める和の技術を施して紹興酒で調味したり、フォアグラを紹興酒でマリネしてから低温のスチコンで蒸したり、他分野の調理を応用しつつ、最後は中国料理に落とし込む。

また、味の構築で岡田氏がイメージするのは、塩味を甘みで隠して酸でまとめる、角のない調和した味。そこに温度や食感、香りの驚きをからませて料理を組み立てる。「イチヂクの麻辣仕立て」(P52)はまさに塩味、甘み、酸味のバランスの妙を、フルーツを使う意外性を加えて表現した一品。温度の表現例では、熱々も冷めてもおいしい「黒胡椒焼きそば」(P54)や熱々の大根餅に冷たいサンマの醤を合わせる前菜など。和食の定番の組み合わせ「サンマと大根」を発展させ、温度の対を逆にして意表を突き、楽しさを添えた。

「遊び心のある食材の組み合わせ、温度の逆転など、元の料理の型を崩して広げていく表現を意識しています」と岡田氏は料理の創造について話す。

即興が魅力のおまかせコース

独創的な料理に加え、同店の人気を支えるのが、コースの内容と構成だ。

開業当初、昼は900円～の定食、夜はアラカルトとおまかせコースを提供していたが、夜の注文がほぼコースに偏り、昼もあまりに忙しいことから、2015年8月に体制を見直し、昼を一時休止して夜に注力。食材のロスを抑えるため、おまかせコースに絞って1日1回転とした。これにより、一つの素材を複数のお客でシェアできるようになり、食材の品質がアップ。原価率は料理・ドリンク共に40％と高めに設定し、そのぶん毎日空席を出さないよう調整して利益につなげている。

現在、コースは基本5500円。前菜を小皿で5～6種出した後、前述の〝大根餅とサンマの醤〟など、米粉を使った餅料理を提供。夏にはトウモロコシの餅にキャラメルポップコーンを合わせるなど、季節感と遊び心を添えワクワク感を誘う。次の青菜炒めはあえてベーシックにし、箸休めの位置づけに。続いて魚料理、肉料理、麻婆豆腐とご飯、デザートを提供。世界の食材を使うひねりのきいた料理と、安心感のある定番料理を織り交ぜることで年配客も親しみやすいコースにする。

以上が基本の内容だが、酒客なら前菜を10種出したり、肉や魚料理は、のむ酒に合う素材や調理法を数種提案し選んでもらうなど、お客のその時々の好みを聞いて即興で内容を組み立てる、柔軟な対応が支持されている。これは、カウンター主体の修業先『空心』で学んだものだという。

「美味しいものを出すだけではいけない。作ることを楽しみながら、カウンターのエンターテイメント性、双方向性を大切にしたい」と岡田氏は話す。

古典的食材、鹹蛋をワインに合うモダンな料理に

海老の塩卵炒め

海老の塩卵炒め

香港などでは月餅やちまきの具材に使われることが多い古典食材「鹹蛋」。岡田シェフが鹹蛋を食べた際に思い浮かべたのはアスパラガスに半熟卵を合わせるイタリア料理だったという。しかしアスパラガスでは料理としての食べ応えが物足りないと考え、淡白で香りのあるエビと合わせることに。「コクがある鹹蛋を軽やかに使いたい」という考えから、鹹蛋はあらかじめ蒸し、炒める時間を最小限にして味の濃縮を防いでいる。仕上げには、前述のイタリア料理で使うことから発想した黒胡椒とトリュフオイルをかけてワインに寄せた味わいに。エビミソの風味や殻の香ばしさに、チーズのような鹹蛋のコクと黒胡椒のアクセントが響き、発酵食品特有の旨味や酸味が、特にヴァン・ナチュールと合う。5500円(税込)コースの一品

材料(1皿分)

有頭エビ(天使の海老)…4尾
アヒルの鹹蛋(黄身のみ)…30g
清湯…80〜90ml
塩…ひとつまみ
砂糖…ひとつまみ
濃口醤油…少々
水溶き片栗粉…適量
黒胡椒…小さじ1
トリュフオイル…小さじ1
白絞油…適量

作り方

1 鹹蛋はバットにあけ、ラップをしてスチームコンベクションオーブンで20〜30分蒸す(a)。粗熱がとれたら細かく刻んでおく(b)。
2 エビは目、ヒゲ、足、尾ビレの先をハサミで落とし、背に切れ目を入れてワタをとる(c)。
3 2に片栗粉を軽くまぶして余分な粉を払い(d)、175℃の油で揚げ、約2分経ち上がってくる気泡が少なくなって油の音が高音になってきたら引き上げる(e)。
4 中華鍋に白絞油を入れて中火で熱したら1の鹹蛋を加えて炒める(f)。鹹蛋の香りが立ってきたら清湯を加え、焦げ付かないよう絶えずかき混ぜながら塩、砂糖、濃口醤油を加えてしっかり混ぜたら水溶き片栗粉を加える。
5 4に3のエビを加え、さっと和えたら器に盛り付ける(g)。
6 5に黒胡椒をたっぷり挽き(h)、トリュフオイルをまわしかける。

a

鹹蛋は生から炒めると焦げやすく、また、味の詰まりを防ぐため、20〜30分蒸す。炒める際は香りを引き出す程度に軽く炒めるため、ここでの刻み方が舌触りに影響。よりなめらかな食感にするために細かく刻む。

b

c

エビは殻ごと楽しませるため、食べやすさに配慮して背に切れ目を入れる。また、片栗粉は全体にまんべんなくまとわせ、エビの水分を逃さず、外はカリッと中はジューシーに仕上げる。

d

e

後から加熱しながら鹹蛋と合わせるので、ここでの火入れは九割を意識。揚げ油に入れて約2分後、上がってくる気泡が少なくなり、音が高音になってきたら引き上げる。殻は香ばしく、中はしっとりしているのが理想。

f

g

熱した油に鹹蛋を加えたら、焦げないようお玉をまわしながら発酵臭を飛ばす感覚で軽く加熱してから、エビとからめる。

h

仕上げは黒胡椒をたっぷり小さじ1杯分挽き、トリュフオイルを小さじ1杯分まわしかける。黒胡椒が味を引き締め、トリュフの豊かな香りがワインに合う味わいとする。

イチヂクの麻辣仕立て

イチジクと生ハムの組み合わせから「イチジクは動物性の油脂や塩分と相性が良い」と感じ、以前から叉焼とイチジクを組み合わせていた岡田シェフ。一方で柿やラ・フランスのキムチを食べた経験から濃厚な甘さを持つフルーツと唐辛子の相性の良さに気づき、辛味や旨味、酸味のある泡辣椒とイチジクを合わせ、さらに豚肉と合わせることを想起。イチジクはまるごとを使うことでインパクトを持たせる仕立てとした。ジューシーでねっとり甘いイチジクと旨味がほとばしる肉の美味しさ、泡辣椒の旨味や酸味が一体化したクセになる味が特徴的。甘味、酸味、辛味、旨味を感じるバランスの妙を意識した「自分らしい料理」だという。5500円(税込)コースの一品

材料(1皿分)

イチジク…1個
豚肩ロース挽き肉…50g
泡辣椒(みじん切り)…10g
ニンニク(みじん切り)…大さじ1
衣
- ベーキングパウダー…適量
- 片栗粉…適量
- 薄力粉…適量
- 水…適量

合わせタレ
- 塩…10g
- 砂糖…10g
- 清湯…100g
- 老酒…30g

スパイシーな辣油(※)…少々
マイルドな辣油(※)…少々
水溶き片栗粉…適量
酢…少々
白絞油…適量

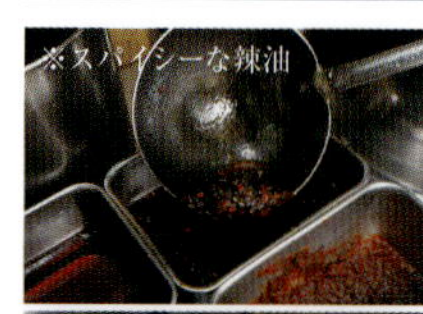

「スパイシーな辣油」は、陳皮など4種類のスパイスをホールのまま、鷹の爪や朝天辣椒と一緒に高温の油で揚げてから一度取り出してみじん切りにし、香りが移った油に戻したもの。スパイシーでコクと豊かな香りが特徴。風味づけに使う。「マイルドな辣油」は生姜、ニンニク、ねぎの香味野菜と韓国産の甘口唐辛子の中挽きを香りが出るまで揚げ、野菜の甘みを引き出す。柔らかい香りを重ね、まろやかさを出したい時に使う。

泡辣椒は発酵食品特有の酸味が「ヴァン・ナチュールのロゼワインやピノ・ノワールに合う」と岡田シェフが気に入って使う食材のひとつ。

作り方

1 イチジクは熟れすぎないものを選び、皮をむく。
▶イチジクは形崩れしにくく、塩気と調和する甘さ控えめのやや早熟のものを選ぶ。

2 ベーキングパウダー、片栗粉、薄力粉を合わせ、もったりするまで水を加えて混ぜ合わせる。

3 イチジクの形が崩れないよう、衣は上から流しかけるようにしてまとわせる(a)。
▶イチジクの水分を逃さないよう、衣はやや厚めにつける。そのためには、2の衣をもったりと重めに水量調整するのがポイント。

4 3を175℃の油で浅めに揚げる。衣が色づき、カラッと揚がったら引き上げ、よく油をきる(b)。

5 中火にかけた中華鍋に白絞油を引き、豚挽き肉を加え、鍋肌に焼き付けるように広げ焼く(c)。
▶豚肉は、ねっとりしたイチジクとの食感の差を楽しめるよう、粗挽きを使用。旨味のある肩ロースを使い、煎り焼くように炒めて香りと旨味を出す。

6 5に火が九割通ったらニンニクみじん切り、泡辣椒みじん切りを加えて炒める。ニンニクと泡辣椒の香りが出たら合わせタレを加え、豚肉にタレを吸わせる。

7 6にスパイシーな辣油を加えて強火にし、水溶き片栗粉を加えて混ぜ合わせ、さらに酢、マイルドな辣油を加えて混ぜ、器に盛り付けた4にかけて仕上げる。

a

b

c

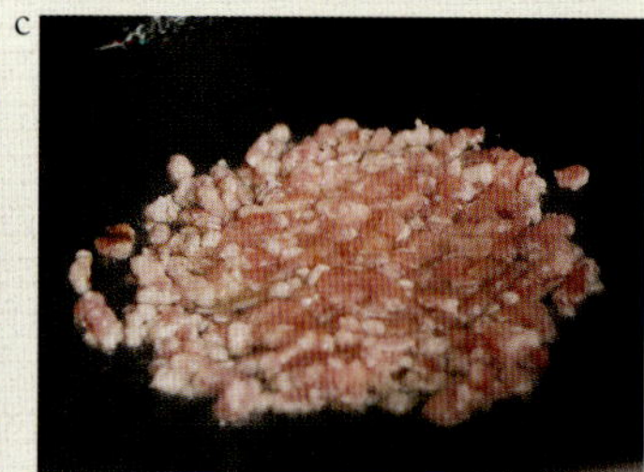

果実の甘みが支える、酸っぱくて旨辛い一品

イチヂクの麻辣仕立て

黒胡椒焼きそば

コースの締めとして軽く食べられるよう細麺を、具を加えずに使い、お酒に合うよう醤油ダレの濃厚な風味をニンニクと黒胡椒でキリリと引き締め、メリハリのある味に仕上げた。狙ったのはパリパリでしっとりした食感。麺は鍋に押し付けながら煎り焼き、後から醤油ダレを吸わせることでパリパリした部分としっとりした部分が混在する食感に仕上げた。また、砂糖を使っているため時間が経つと乾燥が進んでかたくなるのが特徴。冷めると醤油風味と黒胡椒がより際立つため、まさにフライ麺スナック菓子感覚。そのため、コースでは最後までお酒を楽しむお客に提案し、評判も上々。〝冷める〟という温度変化を魅力にとらえた見事な麺料理だ。５５００円(税込)コースの一品

材料(1皿分)

中華麺(細麺)…80g
姫三つ葉…1束
長ねぎ(みじん切り)…少々
醤油ダレ(※)…80g
ニンニク(みじん切り)…大さじ1
黒胡椒…小さじ1
ねぎ油…少々
酢…小さじ2
白絞油…適量

※醤油ダレ
老酒…100g
中国たまり醤油(老抽王)…150g
砂糖…30g
清湯…150g
白胡椒…小さじ1/2

1 材料を鍋に合わせ、中火で一度沸かす。

作り方

1 冷凍保存していた中華麺は茹でて白絞油(分量外)をまわしかけておく。当日使う分をここまで準備しておく。
2 中華鍋を強火で熱し、麺は焼く前にもう一度常温の白絞油(分量外)をまわしかける。
3 2の鍋が高温になったら麺を加え、麺が焦げ付かないよう鍋をまわしながら煎り焼いていく。こんがりきつね色になったら返し、もう片面も鍋をまわしながら煎り焼く(a)。端がやや焦げ、全体がパリッとなったら鍋から上げる(b)。
▶麺のパリッとした焼き加減が重要。鍋肌でこんがり煎り焼く。
4 弱火にかけた中華鍋に白絞油を引き、ニンニクみじん切りを加え、鍋に黒胡椒を挽く(c)。
5 ニンニクが軽く色づいたら醤油ダレを加えて炎がたつほどの強火にし、タレを焦がす感覚で一度沸かして香りを出す(d)。
6 タレの香りが出たら3の麺を戻し入れ、トングで麺をほぐしながらタレを吸わせるように炒める。麺に醤油ダレをしっかり吸わせ、パリパリした部分としっとりした部分のある食感に仕上げる。途中、味の濃度や麺のかたさをみて清湯(分量外)を加え調整する。
7 6にねぎ油、酢を仕上げに加えて鍋を煽りながら炒める。しっかり麺とからんだら麺を器に盛り付け、黒胡椒(分量外)を挽き、長ねぎみじん切りをかけて三つ葉をあしらう。

a

b

c

d

冷めたら酒肴として楽しめる、2度おいしい麺
黒胡椒焼きそば

中華菜房
古谷 フルタニ

店主　古谷哲也

1971年兵庫県川西市生まれ。辻調理師専門学校卒業後、同校で点心の講師に。その後、レストランやホテルで点心師として活躍し、度々北京に渡り点心と料理の研鑽を積む。2012年2月に『古谷』を独立開業。

師との出会いから白湯に着目

昼は作り立ての点心を味わうコースを、夜は白湯を多用する北京料理を中心にコースと単品を提供し、昼夜で2つの異なるコンセプトを打ち出す『中華菜房　古谷』。高級住宅地で知られる大阪・北摂エリアの阪急岡町駅より徒歩すぐの立地にて2012年のオープン以来、40～60代の地元客や阪神間のお客を中心に集客する人気店だ。

オーナーシェフの古谷哲也氏は調理師学校卒業後、同校の点心の講師として入職。11年間点心師として教鞭をとった後、数軒のレストランを経て、リーガロイヤルホテル大阪『皇家龍鳳』の点心師として迎えられた。当時、ちょうど同ホテルでは北京料理店『天檀王府』から、広東料理店『皇家龍鳳』へリニューアルするタイミングであり、引き継ぎ期間に『天檀王府』を率いた北京出身の特級厨師・靖 三元氏のもとで3ヶ月研鑽。その際、白湯を使った料理に触れ、白湯の持つ旨味や白湯を煮詰めて素材にからめる北京料理の技術に魅了されたという。その後、同ホテルの研修として、北京へ帰郷した靖 三元氏が営む店『鴻宴飯荘』で研鑽。現地の厨房で直に北京料理を学んだ経験が現在に直結し、独立時には長年培ってきた点心と北京で学んだ白湯を使う北京料理をコンセプトとした。

鴨を使う白湯が味の決め手

点心を主軸にするランチは、オーダーが入ってから餡を包む〝点心の作りたて〟を信条とするため、オペレーションの問題からコースのみとする。前菜、スープ、点心5種、中国粥の構成で2300円とし、ハレの日遣いや家族客が増える休日には、さらにお任せの一品料理を組み込んだ3600円のコースも用意する。

メインの点心5種は、小籠包と蒸し餃子を定番とし、他3種類は、蒸し・焼き・揚げといった調理法の違い、小麦粉生地や澱粉生地といった生地の違い、季節の食材を盛り込むといった素材の組み合わせなどで変化を出して提供。「点心というと、米粉や澱粉を多用する南の香港のイメージが強いですが、小麦粉を湯や水で練ったり、発酵させたり、トウモロコシ粉を使ったり、多彩なバリエーションがある北の点心も味わって欲しい」と古谷氏。点心5種には、こうした北～南の地域性の違いも盛り込み、点心の魅力を伝えると共に差別化を図り〝点心師による作りたての味〟を訴求する。

また、スープはプラス500円で得意の白湯を使ったフカヒレスープにアップグレードすることができるよう設定し、手頃な価格で白湯を味わってもらう〝夜の告知〟として位置づけている。

ディナーは調理師学校時代に学んだ中国の地方料理と店の主軸として掲げる白湯を使う北京料理を6500円～のお任せコースと単品で提供。

北京料理の白湯の特徴は鴨を使うことだといい、同店の白湯は、合鴨の丸鴨、老鶏の丸鶏、豚骨、鶏ガラ、豚チマキを5～6時間ゆっくり炊いて乳化させた後、仕上げに金華ハムを加えて豊かな香りとコクのある味わいを表現。例えばモミジや豚骨、背脂といった素材で作る四川料理系の白湯もあるが、同店の白湯は正肉を多く使った複雑味と控えめな油脂が特徴。2～3日に一度仕込み、新鮮で香りが良いうちに使い切っている。

白湯を使う料理は全ディナーメニューの約8割にのぼり、白湯のコクと深みがきいているため、白湯を使わない前菜は、酸味や辛味をきかせたり、野菜を使用するなど、シャープな味を意識し、バランスをとる。

また、「予約でしか食べられない料理があることを伝えたい」と古谷氏。一週間かけて戻した乾燥ナマコを白湯で煮込む伝統料理など、時間と手をかける料理にも注力。一方で、その庶民性から現地に行かないと出会えない北京のごく一般的な家庭料理や、北京で見つけた日本未発売の調味料を使った料理など、珍しい料理を予約やコース利用のお客に提供し、支持を得ている。

看板料理を昼夜で明確化し、個性を確立する

何気ない素材が驚きの品に変化！白湯で煮込む、トマトの天ぷら

トマトの煎り煮

トマトの煎り煮

ごく一般的な食材から生まれる「意外な味」を気に入り、北京から持ち帰ったレシピ。「トマトの天ぷら」という面白さとジューシーな食感、スープを吸ったふんわり濃厚な衣の味わいが魅力。作り方はトマトに卵の衣をつけて揚げ、白湯で煮込むというもの。ポイントは、口のなかでジューシーになるよう、トマトの種を取り除く際、種の部分を少し残すことだ。また、最後に料理を返して器に盛るため、白湯を注ぐ量はトマトがひたひたになる程度でとどめる。トマトのサイズにより、スープの量を調整し、衣にスープを適量吸わせることが重要だ。煮終えた煮込み料理を返し、スープと接していた艶がある面を表にして盛りつけるのは北京特有の技術だという。こうした現地の技術も大切にしたいと古谷氏は考えている。6500円(税込)コースの一品

材料(1皿分)

トマト…2個(Lサイズ)
干し椎茸(戻したもの)…1個
塩、胡椒…各適量
衣
- 溶き卵…適量
- 小麦粉…適量

煮込みタレ
- ねぎ油…大さじ2
- 山椒水(※)…10ml
- 老酒…10ml
- 醤油…大さじ1
- 白湯(60ページ参照)…200ml
- 塩…ひとつまみ
- うま味調味料…少々
- 砂糖…少々
- 胡椒…少々
- 水溶き片栗粉…少々
- ねぎ油(仕上げ用)…適量

※山椒水

沸かした湯に粒の花椒を適量入れ、花椒が沈んだら漉して使う。

作り方

1 トマトはへたを取って十字に包丁目を入れ、沸かした湯にくぐらせてから冷水にとり、湯むきする。4等分し、種の部分を少し残して取り除く。ペーパーで水分を拭き取る(a)。
2 塩と胡椒をふって味付けし、小麦粉、溶き卵の順につけて180℃の白絞油で揚げる(b c d)。
3 器の中央に戻した干し椎茸をおき、その周りに2のトマトを並べる(e)。
4 料理を仕上げる。中華鍋にねぎ油大さじ2を入れて180℃くらいまで熱し、山椒水、老酒、醤油を加えて香りを出す(f)。
5 4に白湯を加え、塩、うま味調味料、砂糖、胡椒で味付けし(g)、滑らせるようにして3を鍋に入れる(h)。焦げないように鍋を動かしながら形を崩さないように1〜2分煮込む(i)。
6 5のスープが沸いた箇所に水溶き片栗粉を垂らし(j)、とろみをつける。仕上げにねぎ油で風味づけし、ひっくり返すようにして器に盛る。

a

トマトは種の部分を取り除くが、少し残してチュルンとした食感を活かす。水気はペーパーでしっかりと拭き取る。

b

下味、小麦粉、卵衣を順につけて、180℃の油で揚げる。衣にこんがりと色がついたら取り出す。

c

d

e

皿の中央に干し椎茸1個を笠の表面を下にしてのせ、周りに揚げたトマト8切れを重ね並べる。

f

鍋で煮込みタレを作る。まず、ねぎ油を180℃まで熱し、山椒水、老酒、醤油を加えて香りを立たせる。そこに、白湯と調味料を加えて味を調える。

g

h

i

皿から滑らすように鍋に移し、1～2分煮る。トマトの衣にタレがちょうど含まるように、白湯はトマトがひたひたになる位を見込んで加えておくことがポイント。焦げないように鍋を動かしながら、形を崩さないように煮る。

j

仕上げに水溶き片栗粉とねぎ油を加え、料理を返して艶がある面を上にして器に盛る。

フカヒレ姿醤油煮込み

その日に仕込む白湯を風味豊かなうちに使い切ることを信条とする同店。スープが味作りの要となるフカヒレは、同店の代表メニューのひとつだ。中国名は「通天魚翅」。「通天」とは混ぜ物が一切ないという意味で、副素材や付け合わせを全く使わないのが特徴。作り方ではまず、フカヒレの脂肪分を徹底的に洗い、蒸してから流水にさらして臭みを抜く。ボイルして下味用のスープに半日浸け、煮る作業を行う。白湯を加えてからの仕上げでは、こまめにアクを引き、焦げた香りが付かないよう鍋を絶えず動かして煮込むのがポイント。白湯が充分に濃厚な味わいのため、煮詰めないためにも煮込むのは時間にして1～2分。そのため、下処理と白湯自体の味わいが重要となる。8800円(税込)

材料(1皿分)

フカヒレ…1枚
下処理用
- 湯…適量(フカヒレがかぶるぐらい)
- 老酒…適量
- 長ねぎ青い部分…1本分
- 生姜…15g

下味
- 鶏ガラスープ…適量(フカヒレがかぶるぐらい)
- 塩…適量
- 老酒…少々
- うま味調味料…少々

煮込みタレ
- ねぎ油…大さじ2
- 老酒…10ml
- 山椒水(58ページ参照)…10ml
- 醤油…大さじ1～2
- 白湯(※)…400～450ml
- うま味調味料…少々
- 砂糖…少々
- 胡椒…少々
- 水溶き片栗粉…適量
- ねぎ油(仕上げ用)…適量

※白湯

A
- 丸鶏(ぶつ切り)…適量
- 鶏ガラ…適量
- 豚骨…適量
- ちまき(豚スネ肉)…適量
- 合鴨(ぶつ切り)…適量

長ねぎ、生姜…各適量
金華ハム(スライス)…適量

1 鍋に湯を沸かし、Aを加える。再び沸いたらザルに上げ、表面のアクを流水で洗う。
2 寸胴鍋に新たに湯を沸かして1を入れ、長ねぎと生姜を加えて5時間強火で沸かす。
3 金華ハムのスライスを加え、さらに1時間強火で煮込んで完成(写真上)。漉して使う。

作り方

1 フカヒレは脂肪分を徹底的に洗い流し、バットに下処理用の材料と共に入れて1時間蒸し、流水にさらす。
2 1のフカヒレを、老酒(分量外)を加えた湯で茹でる(沸騰してから2～3分ほど)。
3 下味の材料を沸かし、2から取り出したフカヒレに注いで半日おく。
4 料理を仕上げる。中華鍋にねぎ油を熱し、180℃くらいまで温度が上がったら老酒、山椒水、醤油を加えて香りを出す。
5 4に白湯を加え、うま味調味料、砂糖、胡椒で味付けをする。アクが出てきたらその都度取り除く(a)。
6 3のフカヒレを加え(b)、焦げないように絶えず鍋を動かしながら1～2分煮込む(c)。アクが出たら随時取り除く。
▶フカヒレのゼラチン質が溶けると鍋肌が焦げやすいので、鍋を絶えず動かして注意を払う。
7 鍋をまわしながら、沸いている箇所に水溶き片栗粉を落としてとろみをつける。
▶水溶き片栗粉はフカヒレの上を避けて鍋に落とす。
8 フカヒレを器に盛り付け、鍋に残ったスープにねぎ油を加えてスープも注ぐ。

a

b

c

フカヒレ姿醤油煮込み

北京風蒸し鶏の和え物

北京では骨付きや丸鶏のまま豪快に提供する蒸し鶏。それを食べやすく、野菜と組み合わせ前菜とした。作り方は一度蒸した鶏を高温の油で揚げ、水分が抜けてできた気泡に、タレを含ませるイメージだ。そのため、鶏肉に気泡ができるまでしっかりと揚げることが重要となる。タレは醤油の風味に八角や山椒の香り、香菜のフレッシュな爽やかさを加えた香り豊かな味わい。焦がさないように沸かし、スパイスと一緒に鶏肉を加え、火を止めて含ませる。タレの味が濃厚なため、合わせる野菜はみずみずしいきゅうりと彩りの良いパプリカ、香りを放ち北京料理らしい香菜を使用。野菜から水が出るため、仕上げにはタレとごま油を少量加えて味と風味を補っている。８００円(税込)

材料(1皿分)

骨付き鶏モモ肉…1本
醤油…適量
赤ピーマン…1/2個
きゅうり…1/2本
香菜…10g
ニンニク(みじん切り)…少々
煮込みタレ(適量を使用)
- (仕込み量)
  - A
    - 日本酒…200ml
    - 醤油…1ℓ
    - 上白糖…3カップ
    - 塩…小さじ1
    - 鶏ガラスープ…1ℓ
    - ごま油…大さじ2
  - B
    - 花椒…大さじ1
    - 八角…2個
    - 鷹の爪…2本
    - 長ねぎ白い部分…適量
    - 生姜…適量
    - ニンニク…適量
    - 香菜…1株

おろしニンニク…大さじ1
ごま油…小さじ1

作り方

1 骨付き鶏モモ肉の骨の内側に沿って切り込みを入れて開き、皮目を下にして100℃のスチームコンベクションオーブン(スチームモード)で15分蒸す(a)。
▶皮目を上にして加熱すると皮が縮んで、醤油をぬるときに色づきが均一にならないので皮目は下にして蒸す。

2 オーブンから取り出し、血のかたまりを水で洗い流す。表面に醤油を塗って色づけし、一度完全に冷ます。

3 揚げた時に爆発をさせないよう、金串で4～5カ所ほど皮目をさす。

4 煙が立つくらいの高温の白絞油(約200℃)で、3の鶏肉を、皮目を下にして揚げる。色がつき、皮目に気泡ができたら引き上げる(b)。

5 熱湯にくぐらせ、油抜きする。

6 煮込みタレを作る。鍋にAの調味料を合わせて強火にかけ、鍋肌が沸いてきたらBの香辛料や香味野菜を加え、火を止める。

7 6のタレが熱いうちに5の鶏肉を漬け(c)、そのまま冷ます。

8 きゅうり、赤ピーマンは4cm長さ・3～4mm厚さの細切りにする。香菜は4cm長さに切る。

9 7の鶏肉をタレから取り出し、関節に包丁を入れ、骨に沿って身を開き、骨をおこすようにして肉から外す。そぎ切りにしてから8の野菜と同じ大きさの細切りにする。

10 提供直前にボウルに8の野菜と9の鶏肉を合わせ、おろしニンニク、冷めた7の煮込みタレ大さじ1～2、ごま油を加えて混ぜ合わせ(d)、器に盛る。
▶野菜から水が出るので、提供直前に和える。

a

b

c

d

豪快に食す北京の蒸し鶏をサラダ仕立ての前菜に

北京風蒸し鶏の和え物

中国名菜
しらかわ

オーナーシェフ　**白川貴久**

1975年三重県鈴鹿市生まれ。1995年に辻調理師専門学校を卒業後、大阪・住吉の北京料理『萬楽』に勤める。守口の『中国料亭追立』を経て、山東省 青島の『海天大酒店』で研修し、三重・桑名の『長城』の調理長を経て2003年に鈴鹿市で『翠晶軒』をオープン。2007年に移転し、『しらかわ』と改名して開業し、現在に至る。

料理は定食からおまかせまで

『中国名菜 しらかわ』は、2007年にオープン。オーナーシェフの白川貴久氏は、2003年に三重県鈴鹿市で『翠晶軒』を創業後、亀山市に移転し、『しらかわ』と屋号を改めて開業。

鈴鹿市のときの常連客がわざわざ来店してくれることもある。そうしたお客には、中国料理を食べ慣れた人、中国へ行ったことがある人が多く、四川で食べたあの料理が食べたいとか、熊掌などのマニアックな料理のリクエストもあるという。ただ、現在の店は、すし店だった店を居抜きで購入して改造した店舗。まわりに商店も飲食店もほとんどない住宅地に立地する。おまかせコース中心に営業するのは難しいと考え、通常は、ランチでは、ラーメンセット（800円）、坦々麺セット（880円）、天津飯セット（800円）などを売る。坦々麺セットが一番人気になっている。夜は、サラダ、小鉢2品、ライス、スープ、デザートが付く八宝菜定食、ホイコーロー定食、エビチリ定食、麻婆豆腐定食（各1500円）など、昼も夜も中華料理の定番料理で営業することに決めた。

お客からの要望に応える「おまかせコース」6000円〜は、予約で受けることにした。そして、おまかせコースのお客と定食のお客が一緒になると、双方に迷惑をかけるといけないので、予約が入れば人数、予算に応じて貸切にすることがある。

現在、3割が「おまかせ」を予約してくれる割合。愛知・岐阜や関西からも予約をして来店してくれる常連客がいる。また、海外からの常連客もいる。

時差のない中国料理を習得

白川氏は、学校が紹介する店で下宿し、夜は仕事、昼は学校と言うアルバイト進学という制度を利用して辻調理師専門学校を卒業。学生時代から働いていた北京料理の『萬楽』に就職。出前もするが、珍しい宴会料理も出す店。働きながらより中国料理の奥深いところを知りたくなったという。

白川氏は、毎年のように中国、台湾を訪れている。初めて訪れたのは、大陸の都市・山東省青島の五つ星ホテル「海天大酒店」での研修だった。当時厨房には50人以上のコックが各部門で働いていた。言葉もできない者は邪魔になるし何も学べないので、とにかく必死にメモを取り、単語を覚え、会話、簡体字も同時に覚えていったという。話せるようになるにつれ、中国での知り合いも増え、店に行って教えてもらえることも格段に増えた。知り合いが知人を紹介してくれ、調理人の仲間も増えた。現在は、メールや電話で中国での調理勉強会の案内も来たりする。そのため、白川氏の携帯電話の留守電の案内は中国語でも入れてある。

いま、中国でも、液体窒素を使った調理法とか、「分子料理」と言われる進化した料理が注目されている。訪中の際は、そうした流行店だけでなく、田舎で長く営業している店を教えてもらって行くことも大事にしている。中国での調理人仲間が増えたおかげで、観光客が行かないような山奥の飲食店を教えてもらえるようになった。おまかせコースの料理に、そうした店で教えてもらった料理を出すこともある。お客の目線で、その地域で長く愛されている店の料理も学びながら、それを取り入れて「時差のない中国料理」を提供したいと白川氏は考えている。

『しらかわ』では、「みえジビエメニュー」として「みえジビエ　鹿肉味噌炒め＆エビチリ定食」2000円や「みえジビエ　鹿肉コース」3500円を用意している。三重県は全国初の「ジビエ登録制度」を開始し、三重県産の野生の鹿肉や猪肉の自主管理基準を定め、食材としての「みえジビエ」の普及に努めている。

みえジビエに取り組み、三重への思いは改めて強くなったという。自身の中国料理を通して三重県、亀山ならではの料理で地元活性化に貢献したく、将来的には地元食材、生産者とお土産などを開発していきたい思いがある。

中国で受け継がれているものを大切に、現代性も反映

白子のような味わい×麻辣味

椒汁脳花　豚脳みその唐辛子スープがけ

椒汁脳花
豚脳みその唐辛子スープがけ

重慶のレストランで食べた麻辣の強烈な印象が残った料理を豚の脳みそでアレンジした。生の唐辛子と乾燥青花椒と、乾燥青花椒を水で戻したものとを組み合わせて使うスープは、麻と辣の辛味と香りの強い味わい。タラの白子に似たクリーミーな口当たりの豚脳みそのコクを引き立てるスープであり、スープの刺激味を豚脳みそがやわらげてもくれる。要予約のコースの一品

材料(1皿分)

豚の大脳…2頭分
豆もやし…ひとつかみ
塩(豆もやし用)…少々
長ねぎ青い部分…少々
セロリ茎…少々
生姜(薄切り)…2枚
ローリエ…2枚
紹興酒…少々
ニンニク…1片
万能ねぎ(下のほう)…2本分
ホワイトセロリ…お好みで
泡辣椒汁…少々
清湯…300ml
ねぎ油…少々
生赤唐辛子…1/2本
生青唐辛子…1本
青花椒(水で戻したもの)
…好みで加減
青花椒(乾燥)…ひとつまみ
辣鮮露(※)…少々
白絞油…適量
仕上げ用
└ 青花椒、香菜の軸…適量
飾り
ホワイトセロリ、万能ねぎ
…各適量

※辣鮮露
醤油に生唐辛子、鷹の爪を入れて煮詰めたもの。

作り方

1 豚脳みそは水に浸けながら表面の薄い膜を取り除く(a b)。
2 豆もやしは塩を少し入れた湯で、湯がく。茹で汁はスープに合わせるので残しておく。
3 鍋に湯を沸かし、長ねぎ、セロリ茎、生姜、ローリエ、紹興酒を加えて、豚脳みそを煮る。豚脳みそを入れて(c)、再び沸いたら弱火にして7分ほど煮る。途中、アクを取り除く。網でそっと取り出す(d)。
4 ねぎ油でニンニクの薄切り、万能ねぎを炒めてから、紹興酒、豆もやしの茹で汁、泡辣椒の漬け汁、清湯、ホワイトセロリを加えて沸かす(e)。沸いたら3の豚脳みそをそっと入れる(f)。
5 豚脳みそが温まったら、取り出す。器に2の豆もやしを入れ、その上に豚脳みそをのせる。
6 豚脳みそを取り出したスープに、生唐辛子の小口切り、水で戻した青花椒と乾燥の青花椒、辣鮮露を加え、ひと煮立ちさせる(g)。
7 5に6のスープと具材をかける。上に青山椒と香菜の軸をのせて、上から熱した油をかける(h i)。
8 ホワイトセロリ、万能ねぎを飾る。

a

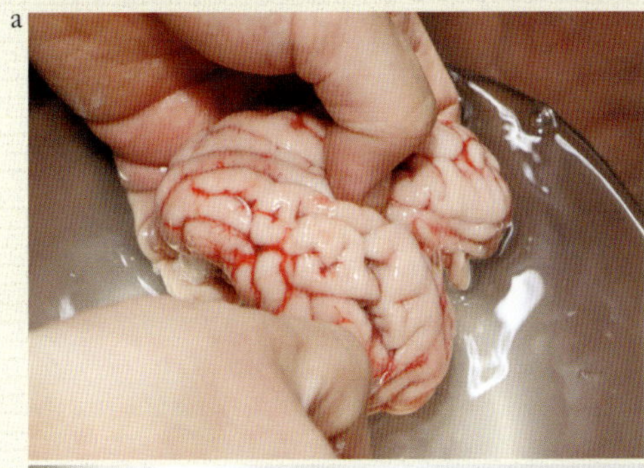

b

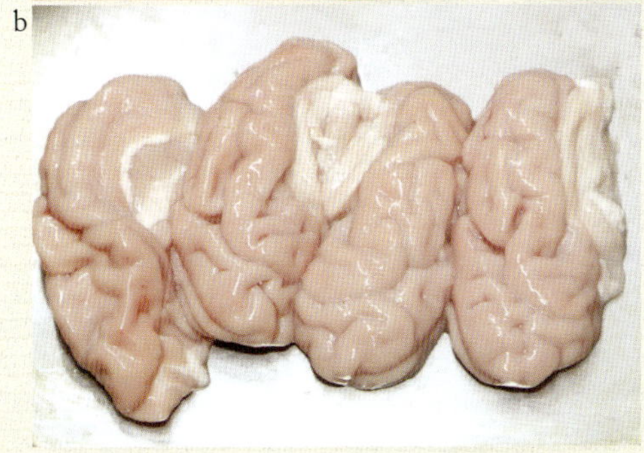

豚の大脳部分のみを使用。1頭分で約150g。表面の薄い膜を取り除くと90gくらいになる。

c

表面の膜を除くと煮崩れやすくなるので弱火で炊くのが大事。取り出すときも網で崩さないようにそっと取り出す。

d

e

薬味を炒めてから、豆もやしの茹で汁や泡辣椒の漬け汁などを加えて沸かし、豚脳みそを加えて温める。

f

g

スープには生唐辛子、乾燥青山椒、水で戻した青山椒など、いろいろな辛味を合わせて、深みのある辛さを表現する。

h

i

上にのせた青山椒と香菜の軸に熱した油をかけて、香りを立たせる。

大蝦焼白菜

大エビと白菜の煮込み

グランドメニューと違い、予約コースで提供する料理では、特別に仕入れる材料で作る場合も多いので、その素材の味を生かすように心掛けて調理するという白川シェフ。この料理は、青島十大料理の一つ。エビの旨味を吸った白菜が主役の料理。エビの味を生かすために、殻付きのまま調理し、味付けもシンプルにする。エビの旨味が溶け出たスープを白菜に吸わせながら仕上げる。要予約のコースの一品

材料（1皿分）

バナメイエビ…5尾
白菜…2枚
長ねぎ…1/3本
生姜…少々
清湯…300ml
蝦黄醤…少々
砂糖…少々
塩…少々
醤油…少々
白絞油…適量
ねぎ油…適量

作り方

1. エビは、ハサミで足、ヒゲ、尾ヒレの先を切り落とす。頭のほうから背に沿ってハサミを入れて背ワタと砂袋を取る(a)。
2. 白菜の葉のほうはざく切りにする。芯のほうは太めのせん切りにする。
3. ねぎは縦に半分に切ってから斜め切りにする。生姜はせん切りにする。
   ▶薬味としてのねぎ、生姜は豪快に切って香りとともに味わってもらう。
4. 白絞油とねぎ油を熱して、生姜とねぎを炒め(b)、香りが出たらエビを加える。鍋をまわしてエビを炒める。エビをしっかり焼き、香りを出す。
5. スープを注ぎ、白菜の芯のほうを入れる。
6. 蝦黄醤、砂糖、塩、醤油で味付けし、白菜の葉のほうを加える(c)。
7. 化粧油で仕上げし、皿に盛り付ける。

a

b

c

大蝦焼白菜

白菜をおいしく食べるためのエビ料理

鍋包肉
東北式酢豚

北京より北の、ハルピンなどで作られている酢豚。これを、北海道産ＳＰＦ豚・ひこま豚のヒレ肉を使用して調理した。衣をサックリと揚げるだけでなく、焼けた豚肉の香ばしさを引き出した豚唐揚げとタレを手早くからめる。そのために、衣は片栗粉と卵白のみで作り、二度揚げする。薬味の野菜もタレと一緒に豚唐揚げにからませるように仕上げる。要予約のコースの一品

材料（1皿分）

豚ヒレ肉（ひこま豚）…150g
豚肉の下味
- 塩…少々
- 胡椒…少々
- 紹興酒…少々

片栗粉…適量
水溶き片栗粉の沈殿…適量
卵白…1個分
香菜…3本
長ねぎ…1/2本
生姜…薄切り3枚分
ニンニク…1/2片
タレ
- 醤油、砂糖、酢、紹興酒…各同割で合わせる

白絞油…適量

作り方

1. 豚肉は2㎜厚に切る（a）。
   ▶肉を味わうというより、衣のサクサク感で豚肉の旨味を引き立てる料理のため、薄切りにする。
2. 香菜は葉と軸に分けて切る。軸はぶつ切りにする。ねぎは斜め切りにする。
3. 生姜はせん切りに、ニンニクは薄切りする。
4. 豚肉は下味の材料と合わせてもんで、片栗粉をまぶす。
5. 水溶き片栗粉の沈殿部分と卵白を合わせて衣にし、4の豚肉をくぐらせる。
6. 油を熱し、5の豚肉を1枚ずつ入れていく（b）。衣がさっくりしたら取り出す。
   ▶衣に特徴がある料理なので、油の中でくっつかないように1枚ずつ豚肉を入れていく。
7. 油の温度を上げて、再び6を入れる。豚肉の香りが立ってきたら取り出す（c）。
8. 鍋に油を引いて香菜の軸、ニンニク、生姜、ねぎを炒める。
9. 香りが立ったら、7の豚肉を加え、合わせておいたタレを加え、サクサクの衣の状態で仕上げるように、手早く鍋をあおってタレをからませる（d）。
10. 香菜の葉を入れて鍋をあおって完成。

a
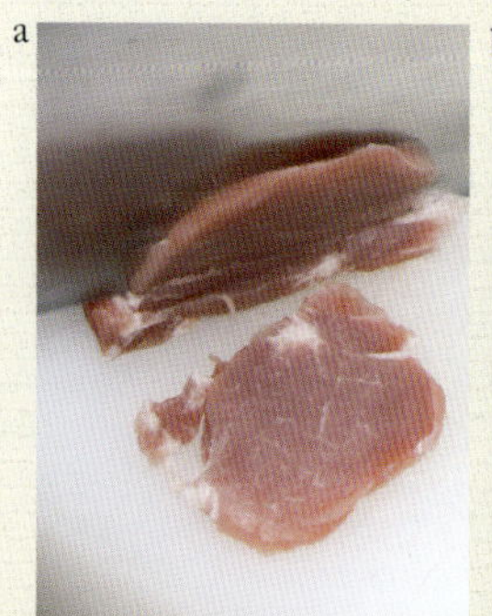
b

c

d

豚薄切り肉を使って香ばしく仕上げる

中国名菜 しらかわ

鍋包肉

中国家庭料理
菜の花
オーナーシェフ　**加藤寿一**

1965年愛知県名古屋市生まれ。1983年にホテルオークラの中国料理店『桃花林』に入店。名料理長の伍貴培氏に師事する。以後、広東料理一筋で、東京、大阪、名古屋の店で働き、香港の『阿一鮑魚』、『永合隆（ウエハプロン）飯店』、『志記飯店』で研修し、1996年に名古屋市にて『中国家庭料理 菜の花』を開業。

他では出さない料理を名物に

名古屋市千種区にある『菜の花』は、最寄り駅から徒歩10分ほどの、閑静な住宅地にある。〝地元〟という理由で、この物件を選んだが、開業するにあたり、加藤氏は「他の店では出さない料理」を看板商品にすることを決めていた。手間がかかるので出さない料理、特別な技術がいるので出さない料理。加藤氏が考えていたのは、広東料理の名菜の一つ、子豚の丸焼きだ。

開業準備の忙しい中、親しくしていた香港のマンダリン・オリエンタル・ホテルのライ料理長の紹介を受け、香港の『ウエハプロン』で修業した。海鮮料理も勉強したかったので、同じく紹介を受けた『志記飯店』でも並行して働かせてもらった。『ウエハプロン』は12席の店で子豚の丸焼きが1日30頭も出る（1頭20人前）ほどの人気店だった。超多忙の香港での2ヶ月の修業を終えて、開業に至った。

子豚の丸焼きを習った『ウエハプロン』では、材料の見極め方と焼き方をひたすら繰り返し教わったという。低温の炭火と高温の炭火を使い分けて焼く技法だった。当時で、炭火で焼く店は香港でも同店くらいで、ほとんどの店はガス火だったという。上手に焼くと何時間経っても豚の皮がサクサクしているが、下手だと時間が経つと皮がだれてしまう。豚の質で完成に差が出ることも、身をもって体験したという。

子豚の丸焼きのインパクトは大きく、オープン当初の人気料理にできた。

香港式地鶏の姿揚げも、香港の『富臨飯店』で研修して習った料理。香港の鶏に近い、八ヶ岳赤鶏に出会い、予約メニューに加えた。

ポピュラー料理をいい食材で

もう一つ、加藤氏が開業するにあたって大切にしたことは、創作中華より定番の中華でお客を呼ぶということ。エビチリ、麻婆豆腐、炒飯、天津飯など日本人の好きな中国料理はポピュラーなものばかり。これら、いわば大衆的な中国料理をホテル並みのいい材料で作れば、必ずお客を呼べると考えた。

その代表として、清湯を、いい材料で手を抜かないで作ることを追求した。

材料は、雛鳥、脂身を全て除いた豚前肩ロース、そしてイタリアの骨付き生ハム。骨付き生ハムは、いい金華ハムが手に入らないので代用した。こうした良質の材料をバランスよく使って、よどみのない、クリアでかつ芳醇な清湯を作った。いい清湯は、材料を多く使えばできるものでもないし、時間をかければできるものでもない。「京劇のいい役者はいい槍を使いこなす。いい料理人はいいスープを使いこなす」という諺が中国にはあるという。

加藤氏が追求してきた清湯は、素材の脂とかぶらないので、調理に使ったときに素材が引き立つ清湯で、まさに「使いこなす」ことができる清湯だ。

また、古典的な広東料理には、四季の風味を味わえる素晴らしい料理が多いが、手間がかかったり、材料の入手が難しいために提供を断念する店も増えているという。そうした伝統的な広東料理も大事にしていきたいという。

一方、香港へ最新の料理も見に行く。新しい中国料理を学ぶことが、伝統を忘れないことにも通じるからだ。

加藤氏が使用している中華鍋は特注のもの。薄さ0.9ミリの薄手の鍋。軽さではなく、火の当たりが早いように薄くしてもらった鍋だ。通常の中華鍋より薄いので、微妙に火を強めたり弱めたりする加減を鍋の中の素材にタイムラグなく伝えることができる。

「中国料理のいい料理人は、火を使いこなす」というのが、加藤氏の考え方。炒める、揚げるという調理法がおいしさの要である中国料理では、火加減、つまり火をいかに使いこなせるかが料理人の腕を決めるという考え方だ。

開業から20年を迎えるが、加藤氏は、いまだに、焼そば、チャーハン、お粥は手を抜かず心して作るという。火加減、炒める時間、鍋の使い方といった基本の基本で味が決まるメニューだからというのが、その理由だ。

広東料理の名菜を残していきたい思いを大切に

仕上げにいたるまでの各工程で、細かい配慮を

香港式地鶏の姿揚げ

香港式
地鶏の姿揚げ

別名・クリスピーチキン。鶏の皮のパリッとしたいい食感、香ばしい皮の味わいを楽しむ料理。八ヶ岳赤鶏は、香港の鶏のように皮に脂がのっていることから選んで使っている。冬場は鶏の皮が厚くなるので、この料理の旬の時期でもある。ダイナミックな料理であるが、湯のかけ方、皮の乾かし方、低温での揚げ方、高温の油をかける仕上げのそれぞれの工程に繊細な注意が必要な料理だ。要予約のメニュー

材料（1皿分）

八ヶ岳赤鶏（内臓を除いたもの）…1羽

椒塩（使用量は37.5g）
- 塩3、グラニュー糖1、五香粉1、生姜粉1の割合で合わせたもの

甘酢
- 白酢…400ml
- 赤酢…50ml
- 水飴…100g
- グラニュー糖…50g
- 日本酒…70ml

ピーナツ油…適量

作り方

1 肉と皮の間を柔らかくするために、丸鶏をぬるま湯で全体を洗う（a b）。ぬるま湯で洗うと皮もよく膨らむ。

2 椒塩を鶏の中にすりこむ（c）。

3 椒塩をすり込んだら、頭を上にして鶏を吊るして熱湯を全体にかける（d）。皮が黄色くなるまで10回ほどかける。

4 皮が黄色くなったら、冷水をかけて冷ます。タオルで表面の水気を取ったら、ドライヤーの送風で乾かす（e）。

5 皮がしっかり乾いたら甘酢を塗って、涼しいところに吊るして5～6時間干す（f）。

6 干したら、110～120℃の油で15分ほど揚げ、ひっくり返してまた15分ほど揚げる（g）。

7 モモのところにシワが出てきたら火が通りかけてきた目安（h）。シワが出てきたら油から出して吊るして30分ほどおいて油を切る。

8 吊るした状態で仕上げにかかる。高温の油をかける。皮が香ばしくなるまでかける（i）。

9 頭を落とし、手羽を切り落とす。続いて半身に切り（j）、モモを切り離す。食べやすい大きさに切り分ける（k）。

a

八ヶ岳赤鶏は、皮が旨いので、この料理に向いている。冬場は皮が厚くなり、仕上がりがいっそうパリパリになる。

b

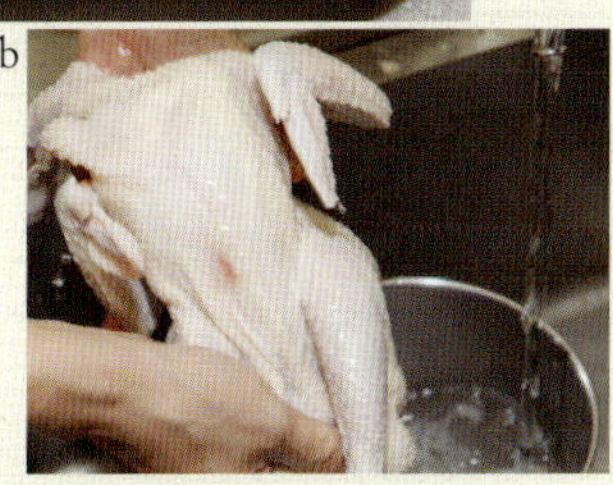

c

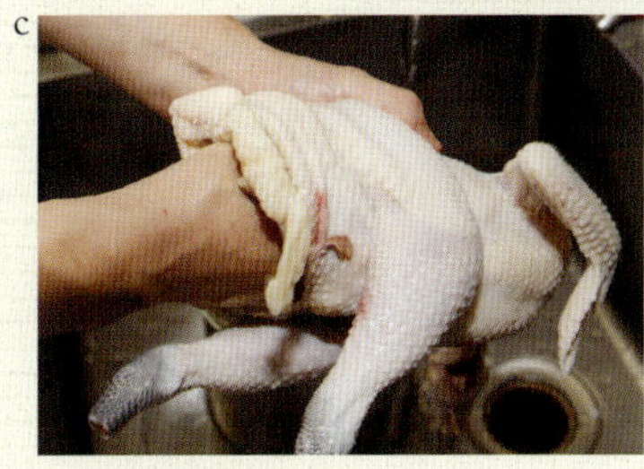

椒塩は内側にすり込む。

d

鶏を吊るして、熱湯を皮が黄色くなるまで10回ほどかける。

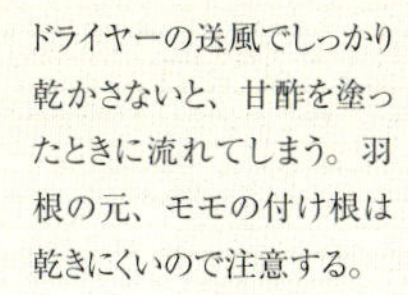

ドライヤーの送風でしっかり乾かさないと、甘酢を塗ったときに流れてしまう。羽根の元、モモの付け根は乾きにくいので注意する。

e

f

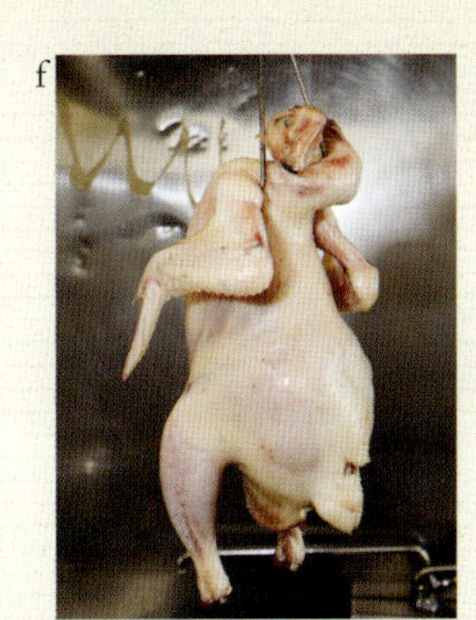

甘酢をぬって5時間ほど乾かした状態。

g

h

皮と、皮に付いた脂をおいしく味わう料理なので、低温の油で揚げて、鶏の脂が流れ出ないようにして揚げる。鍋底に当たって鶏が焦げないようにヘラを鶏の下に差し込んで揚げる。

i

油を熱した鍋の上に吊るした鶏を持って、全体に均一に香ばしくするように熱い油をかけていく。

j

k

1羽でおよそ5～6人前。パリッとした皮の食感と香ばしい香りを味わってもらうなので、皮の面積を考えながら切り分ける。

フカヒレと渡り蟹の卵のスープ

初夏の、ワタリガニが卵を持つ時季だけ提供できるメニュー。さらに、フカヒレ、生のタラバガニのほぐし身を合わせて贅沢感を高めた。古典的な広東料理だが、提供期間が限られているのでメニューに加える店は少なくなった。ワタリガニの卵は、スープと合わせて火にかけ過ぎると分離しやすいので、火から鍋をはずしてスープと合わせることと、中火の火加減で手際よく仕上げるのが大切になる。要予約のメニュー

材料(2人前)

フカヒレ(戻したもの)…30g
生姜酒…少々
ワタリガニの卵…1尾分
卵黄…1個分
食紅(オレンジ色)…適宜
生タラバガニ(ほぐし身)…40g
上湯…レードル2杯半
白絞油…少々
紹興酒…少々
塩…適量
胡椒…少々
うま味調味料…少々
水溶き片栗粉…適量
ねぎ油…少々

作り方

1 フカヒレは、戻して掃除して、生姜酒を加えた湯で5～10秒ほど、さっと茹でる。

2 ワタリガニの卵をボウルに入れ、卵黄と合わせる。色が薄いときはオレンジ色の食紅で調節する(a)。

▶ワタリガニの卵は色が薄いものもある。オレンジ色の濃い色合いのほうがおいしそうに見えるので、卵の色が薄い時には、食紅で調整をする。

3 鍋に上湯、白絞油、紹興酒を入れて沸かし、タラバガニ、1のフカヒレを加え、塩、胡椒、うま味調味料を加える。

4 フカヒレのアクが出てくるので除く(b)。

▶アクを除かないと仕上がりの色が悪くなるので、しっかりアクは取り除く。

5 水溶き片栗粉を少し強めのとろみがつくように加えて混ぜ、沸いてきたら鍋を火から一旦はずす。2のボウルに鍋のスープを取って加えて混ぜ、それを鍋に戻して混ぜる(c)。

6 混ぜたら再び火にかける。火加減は中火。ここからは手際よく仕上げる。鍋を回しながら熱して、ねぎ油をかけて仕上げる。

▶火を入れ過ぎるとすぐに分離して、見た目が悪くなるので注意。中火で慎重に火を入れて熱いスープに仕上げる。

a

b

c

初夏限定のワタリガニの卵で贅沢なスープに
フカヒレと渡り蟹の卵のスープ

黒豚の首肉揚げ 黒酢ソース

脂の多いトントロの部位を香ばしく揚げて、黒酢と片糖（広東の氷砂糖）と桂花醤（キンモクセイのジャム）を合わせたタレをからめる。タレの甘く爽やかな香りと、豚肉の脂の甘さが混ざって、噛みしめるごとに味わいが深くなる。付け合わせのドラゴンフルーツにもキンモクセイの香りをまとわせ、相性よく盛り付ける。首肉のほか、カシラを使ってもよく、脂の多い部位が向いている。要予約のメニュー

材料（1皿分）

豚首肉（トントロ）…150g
豚肉下味
- 塩…少々
- 重曹…少々
- コーンスターチ…適量

ドラゴンフルーツ…1個
シロップ
- 中双糖…少々
- 砂糖水（砂糖1対水4）…適量
- 桂花陳酒…少々
- レモン（輪切り）…適量

カシューナッツ…適量
黒酢ダレ（※）…適量

※黒酢ダレ
桂花陳酒…600g
黒酢…600g
塩…少々
片糖…450g
桂花醤…300g
八角…5個

1 桂花陳酒、黒酢、塩、片糖を合わせて火にかけて沸かす。
2 沸いたら、桂花醤、八角を加え、火からおろす。2日以上冷暗所で寝かせてから使う。

片糖。広東の氷砂糖

作り方

1 豚首肉は角切りにして、下味の材料を合わせたものをまぶしておく（a）。
2 ドラゴンフルーツ用のシロップを作る。中双糖をフライパンで焦がす。そこにグラニュー糖1対水4の割合の砂糖水、桂花陳酒、レモン輪切りを加えて冷ます。
3 ドラゴンフルーツは菱形に切って、15秒ほど熱湯をくぐらせてから冷水で冷まし、2のシロップに60分ほど漬ける（b）。
4 1の豚首肉を中温の油に入れて揚げる。後半は高温に上げて、カシューナッツを加えて、カリッと揚げる（c）。
▶中温から揚げはじめ、後半に油を高温に上げてカリッと揚げる。
5 鍋に黒酢ダレを入れて火にかけ、詰める。とろみが付いてきたら、4を入れ、鍋をあおって手早くタレをからめる（d）。
6 皿に盛り付けて、まわりに3のドラゴンフルーツを飾る。

a

b

c

d

脂の多い部位を、甘く爽やかなタレとともに

黒豚の首肉揚げ 黒酢ソース

レストラン
冨フー

店主　**桑原富一**

1962年愛知県名古屋市生まれ。調理師専門学校を卒業後、名古屋市千種区の北京料理店に勤める。料理長を経験し、10年勤め、1990年に『レストラン冨』を独立開業。(公)日本中国料理協会 名古屋支部副支部長 中国料理技能士。

ヌーベルシノワに魅せられて

『レストラン冨』は、1990年、店主の桑原富一氏が28歳のときに開業し、今年で27年目を迎える。

国道302号線から少し入ったところで、まわりに飲食店はほとんどない。最寄りの駅からも1700mほどもある。近くにイオンモールがあるが、同店がオープンしたときにはなかった。言い換えると、イオンモールが作れるほど、"何もないところ"だった。実際、開業するときに先輩たちからは「そんな辺鄙な場所で店をやるのは無謀だ」と言われたそうだ。

現在も、ほとんどのお客が車で来店し、しかも、どこかに寄るついでではなく、『レストラン 冨』を目指して来店する。さらに、昼も、夜の営業も女性客が中心であるのも同店の特徴だ。

昼は、日替わりランチとラーメンのセット、お楽しみ弁当。予約で2000円と3500円のコースを出す。夜は3500円からのコースとアラカルト。定食やセットは出さない。

コースの内容には手間をかけ、前菜も盛り合わせにし、デザートも盛り合わせにするので、アラカルトのメニューは、誰もが食べたことがある親しまれたメニュー構成にしている。開業以来絞り込んできて、現在のようなシンプルなアラカルトの構成にした。

27年前、開業に際して、桑原氏は「ヌーベルシノワ」を提供する店を目指した。東京のホテルの中国料理店でヌーベルシノワを体験し、「このスタイルで独立したい」と決心したという。「レストラン フー」という、中国料理店らしくない店名にも、その思いの一端が感じられる。

コースは大皿で提供するのではなく、1人前ずつ提供し、全て洋皿に盛る。見た目も、一瞬、「フレンチなの？」と思えるようなソースのかけ方や立体的な盛り付けをする。それでいて、食べたら、しっかりと中国料理を味わった印象が残るようにしている。

「メバルのパイ包み 白胡椒スープ仕立て」(P81)では、クリームスープに見えるスープは、じゃが芋をねぎ油でねり、ミキサーでスープと混ぜて空気を含ませて軽い口当たりにしたもの。パイも中国の伝統菓子に使うラードを加える生地を応用した。「鴨の燻製 中国風温サラダ」(P84)では、黒胡椒をニンニクなどと炒めて醤油で香ばしさを出し、紹興酒とスープで味を調えたソースで、紅茶と塩でマリネして燻製した鴨に中華風味を重ねている。

今は、夜はコースを予約して、『フー』のオリジナル料理を目当てに来店する人が多い。「中国料理を食べに行く」というより、「フーの料理を食べたい」というお客の支持を得ている。

女性が感動するコース料理を

開業当初から、桑原氏は女性客を意識した店作りを念頭においていた。「ヌーベルシノワ」のおしゃれなスタイルを喜んでもらえるのは女性だからだ。5年前に改装した現在の内装も、女性に「かわいい」と感じてもらえる色使い、椅子のデザインを意識した。

コースの最後、印象に残りやすいデザートに力を入れるのも、女性客を意識してのこと。コースのデザートは4種類の中から選んでもらう。しかし、提供されたとき、初めてのお客は一応に驚くという。86ページのように盛り合わせで提供されるからだ。

「え、私は杏仁豆腐を頼んだのに、間違ってない？」

「こんなにいろいろ付くなんて、知らなかった！」

盛り合わせる胡麻団子、アーモンドクッキー、胡桃の飴炊きなども全て自家製。アイスクリームにかけるソースも自家製。この盛り合わせの驚きが、クチコミを広めたり、今ではフェイスブックや飲食店紹介サイトへの投稿をうながしている。

ランチでも、麺のセットでは麺の量をS・M・Lで選べるようにしたり、「お楽しみ弁当」ではおかずを4種類も出したり、女性客への細かい気遣いをしている。

精巧なヌーベルシノワ+印象はしっかり"中華"

口溶けのいいパイとコクのあるスープの絶妙調和

メバルのパイ包み　白胡椒スープ仕立て

メバルのパイ包み 白胡椒スープ仕立て

水皮で油皮を包んでのばす、伝統の中国のパイ菓子の生地を使って料理に。メバルは下味を付けて黄ニラ、ねぎ、生姜のせん切りと和えてパイ生地で包んで低温から揚げる。揚げてからオーブンに入れて香ばしい色を付けるのと同時に油を切る。合わせるスープは、粒白胡椒と生姜とメバルのアラをスープで炊いたものに、裏漉したじゃが芋にねぎ油を加えて練ったものをハンドミキサーで混ぜたもの。空気をよく含ませながら混ぜて口当たりをなめらかにし、口溶けのいいパイ生地とのハーモニーを楽しませる。コースの一品

材料(1人前)

メバル…60g
メバルの下味
- 塩…適量
- 胡椒…適量
- 紹興酒…適量
- 片栗粉…適量
- ピーナッツ油…少々

生姜(せん切り)…適量
長ねぎ(せん切り)…適量
黄ニラ(せん切り)…適量
白胡椒スープ
- メバルのアラ…1切れ
- 長ねぎ青い部分…少々
- 生姜(スライス)…少々
- ラード…少々
- 清湯…適量
- 粒白胡椒…適量
- 紹興酒…少々
- 塩…適量
- 白胡椒…適量
- じゃが芋ピューレ(※)…適量
- 酢…少々

パイ生地(適量を使用)
- 生地A(水皮)
  - 薄力粉…80g
  - 強力粉…30g
  - 水…68g
  - ラード…20g
  - 塩…少々
- 生地B(油皮)
  - 薄力粉…100g
  - ラード…50g

人参、京人参、きゅうり、パプリカ、大根…各少々
じゃが芋ピューレ(※)…適量
チャービル…少々

※じゃが芋ピューレ
じゃが芋…適量
ねぎ油…適量

1 じゃが芋を茹でて裏漉しする。
2 ねぎ油を少しずつ加えながら混ぜて、やわらかくする。

作り方

1 パイ生地を作る。生地Aの材料を混ぜ、15分ほど捏ね続け、しっかり小麦粉のグルテンを出し、少しおいてのびる生地にする(a)。
2 生地Bの材料を混ぜて丸めて少し休ませる。
3 生地Aと生地Bを同じ大きさに丸め、生地Aのほうを手のひらで押して平らにして丸い生地Bを包む(b)。
4 包んだ生地を麺棒で縦長にのばし、奥、手前の順に3つ折りにする(c)。
5 3つ折りにした長い辺をのばすように麺棒で30cmほどの長さにのばし、縦に半分に折る(d)。
6 奥から手前に、麺棒でのばしながら巻いていく(e)。
7 巻いたら、縦に半分に切る(f)。それぞれに打ち粉をして麺棒で横16cmほどの楕円形にのばす。
8 メバルは3枚におろして棒状に切り、塩、胡椒、紹興酒、片栗粉、ピーナッツ油で下味を付けて、生姜と黄ニラ、ねぎのせん切りと和える。
9 のばした3の生地の上端と下端に卵黄(分量外)を塗り、8のメバルを生姜、黄ニラ、ねぎと一緒に中央にのせる(g)。巻いて押さえて留める。
10 油を熱し、120℃くらいから9を入れて揚げていく。浮いてきたら取り出して、180℃のオーブンで6分加熱して油を切る。
11 スープを作る。メバルのアラ、生姜スライス、長ねぎ、粒白胡椒をラードで炒め、紹興酒を加えて香りを立たせる。
12 続いてスープを加えて煮立たせ、アクを除いて漉し、塩と白胡椒で味を調える。
13 じゃが芋ピューレと12を合わせてハンドミキサーで混ぜ、途中で酢を加える。
14 オーブンから出した10の上にじゃが芋ピューレを細く絞り、その上にみじん切りにした人参、京人参、きゅうり、パプリカ、大根を混ぜたものを散らす。
15 器にじゃが芋ピューレを盛って13を注ぎ、その上に14をのせ、チャービルを飾る。

<パイ生地>

a

生地A（水皮）はしっかりこね、休ませてのびる生地にする。

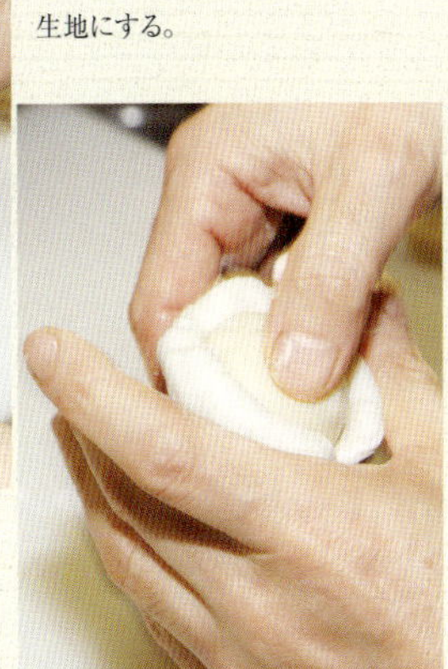

b

生地B（油皮）を丸めて生地Aで包む。

c

麺棒で縦長にのばし、奥からと手前から折って3つ折りにする。

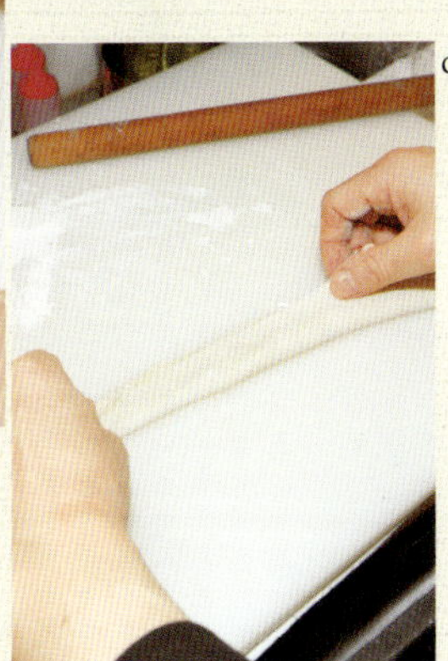

d

3つ折りにした生地を縦の方向に麺棒で30cmくらいにのばし、縦に半分に折る。

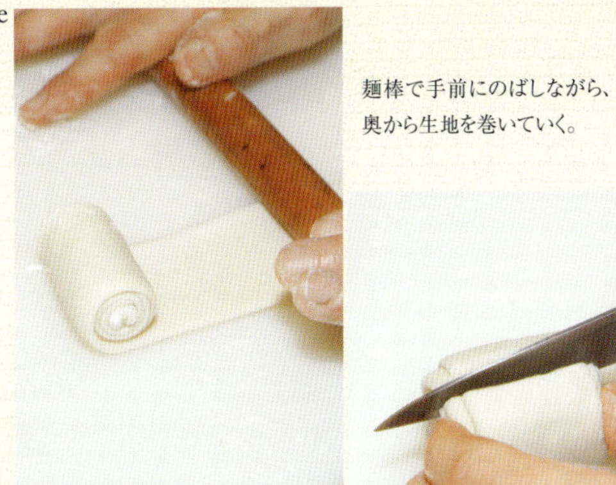

e

麺棒で手前にのばしながら、奥から生地を巻いていく。

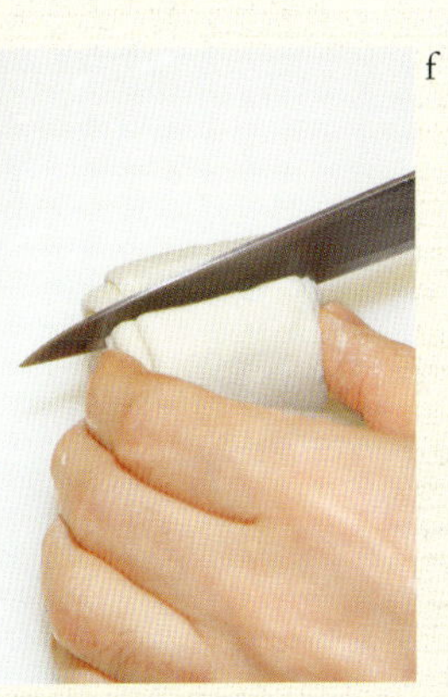

f

巻いたら縦に半分に切る。

g

半分に切った生地を麺棒でのばして楕円形にし、下味を付け、黄ニラなどと和えたメバルを中央にのせる。

h

生地の両端に卵黄を塗って、巻いて留めて揚げる。低温から揚げていくことできれいなパイの層に。

<白胡椒スープ>

i

メバルのアラ、生姜、粒白胡椒、ねぎを炒めてスープを加え、味を調えて漉す。

j

漉したスープに、じゃが芋を茹でて裏漉ししてねぎ油で練ったものを加え、ハンドミキサーで混ぜる。

k

窪みのある器にじゃが芋ピューレを入れ、白胡椒スープを注ぐ。その上に野菜のみじん切りを飾ったパイ包み揚げをのせる。

鴨の燻製 中国風温サラダ

紅茶パウダー、塩、黒胡椒で香りよくマリネした鴨ムネ肉は、サクラチップで軽く燻製してからオーブンで6分焼き、オーブンから出して15分休ませてからカットして盛りつける。提供する時間から逆算してオーブンに入れるようにしている。付け合わせは、根菜、花野菜、キノコを組み合わせた。茹でたり素揚げして彩りも鮮やかに、食感も多彩な組み合わせで鴨のスモークを引き立てている。セージとローズマリーとともに、黒胡椒のきいたソースを添えて、味のアクセントにもしている。コースの一品

材料(仕込み量)

真鴨ムネ肉(フランス・バルバリー産)…200g
真鴨の下味
- 紅茶パウダー…適量
- 塩…適量
- 黒胡椒…適量

大根…少々
ロマネスコ…少々
プチベール…少々
さつま芋…少々
いんげん…少々
エリンギ…少々
マイタケ…少々
黒胡椒ソース(※)…適量

※黒胡椒ソース
ニンニク(みじん切り)…50g
エシャロット(みじん切り)…100g
黒胡椒…10g
醤油…100ml
紹興酒…50ml
スープ…500ml
コーンスターチ…適量
ごま油…大さじ2
サラダ油…50ml

1 鍋にサラダ油を入れニンニク、エシャロットをよく炒め、黒胡椒を入れて醤油を加え香ばしさを出し、紹興酒、スープを入れて味を調え、水溶きのコーンスターチでとろみをつけ、ごま油を入れ仕上げる。

作り方

1 鴨の燻製を作る。真鴨ムネ肉は皮目に包丁で切れ目を数本入れ、紅茶パウダーと塩と黒胡椒を混ぜたものを全体にまぶして1時間ほどおく(a)。
2 鍋にアルミホイルを敷き、その上にサクラチップをのせ、そこに焼き網をのせる。下味を付けた鴨肉を、皮目を下にして焼き網の上に置く(b)。ボウルでフタをして、スモークが漏れないようにぬれタオルで巻いて点火(c)。スモークが出てきてから2分ほど燻製する。火を止め、1分ほどおいて取り出す。
3 125℃のオーブンで6分加熱し、オーブンから出して15分鴨肉を休ませる。
4 鴨肉を休ませている間に付け合わせの調理をする。大根、ロマネスコ、プチベールは茹でる。さつま芋、エリンギ、マイタケ、いんげんは素揚げする。
5 鴨肉はそぎ切りにし、1人前4枚(約65g)と、付け合わせの野菜をセルクルを使って皿の上に盛りつける。
6 黒胡椒ソースを添える。

a

b

c

鴨の燻製　中国風温サラダ

紹興酒風味のキャラメルアイスと盛り合わせ

夜のコースのデザートは、4品から選んでもらう。しかし、提供するときには、レギュラーのデザートを合わせて写真のような盛り合わせで提供する。初めての人はたいてい驚く。さらに、たとえば、選んだ「紹興酒風味のキャラメルアイス」も、黒酢とラズベリーのシャーベットと冬瓜の桂皮煮と豆の陳皮煮とナタデココが同じ器に盛られている。夜も女性客が多いことから、選べる4種類のデザートの他、レギュラーのデザートづくりも季節ごとに3～4種類仕込んでいる。コースの一品

紹興酒風味のキャラメルアイス

材料(仕込み量)
紹興酒…300ml
塩…小さじ1
牛乳…1000ml
卵黄…300g
砂糖…300g
キャラメル
　砂糖…300g
　生クリーム…1000ml

1 鍋に紹興酒と塩を入れ、火にかけてアルコール分を抜く。
2 鍋に牛乳を沸かす。ボウルに牛乳用の卵黄と砂糖をすり合わせ、温めた牛乳を加えて鍋に戻し、混ぜながら83℃まで炊く。
3 キャラメルクリームを作る。砂糖を鍋に入れて火にかける。色づいたら生クリームを注いでよく混ぜる。
4 キャラメルクリームと1と2を合わせて漉して、急冷したのちアイスクリームマシンにかける。

黒酢とラズベリーシャーベット

材料(仕込み量)
ラズベリーピューレ…1kg
シロップ…500g
黒酢…50ml
レモン汁…1個分

1 材料を合わせてアイスクリームマシンにかける。

冬瓜の桂皮煮

材料(仕込み量)
冬瓜(皮を除く)…1kg
砂糖…400g
桂皮…10g
レモン(スライス)…1個分

1 冬瓜は1cm角に切る。鍋に砂糖、桂皮、レモンスライス、冬瓜、水を合わせて水分がなくなるまで炊く。

胡麻団子

材料(仕込み量)
A
　白玉粉…150g
　水…110g
　砂糖…70g
　ラード…35g
B
　浮き粉…30g
　熱湯…45ml
蓮の実あん(市販)…適量
白ごま…適量

1 Aの材料、Bの材料、それぞれをボールに合わせてよく練り、練ってから2つをよく練り合わせる。
2 蓮の実あんを6g、1の生地を12gで包み、ごまをまぶして網ザーレンにのせ、150℃の油でゆっくり色づくまで揚げる。

アーモンドクッキー

材料(約80個分)
ラード…170g
バター…50g
砂糖…120g
全卵…2個
杏仁霜…50g
杏仁エッセンス…少々
小麦粉…400g
ベーキングパウダー…26g
重曹…4g
カシューナッツ…80粒

1 やわらかくしたバター、ラードに砂糖を加えてよくすり合わせる。
2 卵をほぐして1に少しずつ加え、続いて杏仁霜と杏仁エッセンスを加えて混ぜる。
3 ふるって合わせた粉類を加えてよく混ぜて、生地をまとめて30分休ませる。
4 休ませた3の生地を10gずつ丸めてから押して直径4cmほどに平らにし、上にカシューナッツを埋めて、160℃のオーブンで14分焼く。

胡桃の飴炊き

材料(仕込み量)
むきクルミ…1kg
砂糖…500g
白ごま…適量

1 クルミは、たっぷりの湯でボイルし、ザルで水気を切っておく。
2 ボウルに1のクルミを入れて砂糖をまぶし、180℃の油で揚げてクルミが色づき浮いてきたらザーレンで上げて、バットに広げて白ごまをふり、一つ一つ離す。
3 粗熱が取れ、個々がくっつかなくなったら密閉容器で保存する。

杏仁豆腐

材料(仕込み量)
糸寒天…7g
粉ゼラチン…7g
水…500ml
砂糖…150g
牛乳…500ml
無調整豆乳…500ml
生クリーム…200ml
アーモンドリキュール…15ml
糖水(水4:砂糖1)…適量
ミント…適量

1 糸寒天、粉ゼラチンはそれぞれ水(分量外)でふやかしておく。
2 鍋に分量の水を入れ火にかけ、1の糸寒天を入れ煮溶かして砂糖を加え、溶けたら火を止め、1の粉ゼラチンを入れ溶かす。
3 2に牛乳、豆乳、生クリーム、アーモンドリキュールを加えて沸かしたら、容器に漉して粗熱が取れたら冷蔵庫で冷やし固める。
4 器に糖水を入れ、3の杏仁豆腐をすくい入れ、ミントなどを飾る。

4種の豆の陳皮煮

材料(仕込み量)
ひよこ豆、白いんげん豆、赤いんげん豆、いんげん豆…計1kg
シロップ
　砂糖…400g
　水…400g
陳皮…1枚

1 4種類の豆は水にひと晩浸ける。
2 砂糖と水を合わせて溶かし、シロップを作る。
3 シロップと豆、陳皮を圧力鍋にかける。蒸気が出てから5分加熱し、そのまま冷まして出す。

材料（1人前）

紹興酒風味のキャラメルアイス
…1ディッシャー
黒酢とラズベリーシャーベット
…1ディッシャー
ラズベリーのソース…適量
ナタデココ…適量
冬瓜の桂皮煮…適量
4種の豆の陳皮煮…適量
アーモンドクッキー…1枚
胡桃の飴炊き…3個
胡麻団子…1個
杏仁豆腐…1個

作り方

1 器に4種の豆の陳皮煮を入れ、その上に冬瓜の桂皮煮とナタデココを散らす。
2 その上に紹興酒風味のアイスクリーム、さらにその上に黒酢とラズベリーシャーベットをのせ、ラズベリーのソースをかける。
3 器に胡桃の飴炊きを入れ、その上にアーモンドクッキーをのせる。
4 プレートに、2と3、そして、杏仁豆腐とごま団子をのせる。

コースの締めくくりは、嬉しい驚きと満足感を

紹興酒風味のキャラメルアイスと盛り合わせ

中国旬菜

茶馬燕 チャーマーエン

オーナーシェフ **中村秀行**

1973年埼玉県生まれ。『東天紅』、横浜中華街『招福門』で修業後、半年かけて奥様のえみさんとアジアを旅する。帰国後、『菊華』(閉店)の料理長を経て、『白金亭』の立ち上げに参加。2009年、『中国旬菜　茶馬燕』を独立開業する。

食材の「香り×旨味」を重視

２００９年5月開業の神奈川・藤沢『中国旬菜 茶馬燕』。同店のメニューは、広東や四川料理を中心とした定番料理のほか、オーナーシェフ中村秀行氏が中国の様々な地域を訪れて出会った、郷土料理や少数民族の個性的な料理を多く揃えているのが特徴。繁華街の裏通りに建つビルの6階という集客に不利な立地ながら、リピーターによる支持を受け認知を得てきた。

客層は、昼は主婦、夜はサラリーマンが目立ち、週末は近隣の家族連れも多い。昼夜ともにゆっくりと食事を楽しむ利用が多くを占める。

中村氏は、食で体の健康を維持し、病気を予防する〝医食同源〟の考えを重んじ、また、うま味調味料を極力使わない調理をモットーにしている。そのため調理の重点におくのは、うま味調味料を使わずに、いかに味に深みを出すかという点だ。

その方法として中村氏は、素材の「香り」と「旨味」の組み合わせに着目している。

例えば、「鶏肉と発酵筍のタイ族炒め」(P92)は、鶏肉には骨付きの手羽先を採用することで骨から出る旨味を活かし、さらに発酵筍の発酵の香りと旨味、酸味を足すことで「おいしい」という第一印象を生むコクや深みを表現した。また、香りや旨味を活かすことで、自然と塩分を抑えられ、より健康に配慮した料理に仕上げることもできると考える。

中村氏は医食同源の思想に精通するため、２０１４年に薬膳調理指導員の資格を取得。その知識経験を活かし、一人ひとりに合った心身によい料理を探求する。また、現在も定期的に中国に出向いて、歴史を感じさせる「本物の味」や「時代で変化する新たな味」を研究し続けており、自らの料理の進化に活かしている。

選べるコース料理が人気

現在、ランチは、平日はコース料理(２９００円～)のみ予約制での営業。休日は、コース料理に加え、セットメニュー１９００円、飲茶コース2種(２３００円と２５００円)も用意している。

夜はアラカルトとコース料理があり、注文は半々程度。アラカルトはグランドメニュー30品と季節料理を10品ほど揃え、コース料理は3種(８０００円～1万８０００円)に加え、お客が料理を選ぶ「茶馬燕コース」(５０００円～)を配し、この人気が高い。

「茶馬燕コース」は点心・スープ・野菜を2品、メインを3品、食事を1品選べる。選ぶ料理は、アラカルトから30品ほどをピックアップしたものだ。事前にホームページサイトで確認できるようにし、予約日の前日までに伝えてもらう。メイン料理なら、エビのチリソースや酢豚などの中華の定番から、魚介のマレーシアソース炒めや四川風魚香炒めなど専門性のある料理まで、多様に揃えることでお客の好みに幅広く対応する。さらに、味、食材に対する細かい要望にも対応し、お客が求める味わいに近づけて提供している。

予約時に料理を決めてもらう注文形式は、材料の調達から在庫管理において無駄を抑えられ、店側にとっても有効だ。中村氏を含め、2人の調理スタッフで店を回転させるために、仕込みを円滑に行うこともできる。

原価率は約3割。良質な材料や自家製調味料を使い、安心感のある料理を提供する。夜の客単価７０００円は藤沢という立地では高めだが、適正価格を守りながら、経営を安定させて長く続く店づくりを意識している。

「チェーン店ではできない『個人店だからできること』を大切にしていきたいです」と話す中村氏。妊婦の方が予約された際のエピソードがある。中村氏は食材について勉強を深め、妊婦の方の体質や体調に合ったコース料理を提供したという。こうした丁寧で細やかな対応はお客によい印象を与え、その心遣いと同店の味を求める地元のリピート客を生んでいる。

食の安心、食による健康を店のテーマに掲げる

自家製の発酵トマトを使い、貴州・苗族の鍋料理を再現

酸湯魚 貴州苗族発酵トマト鍋

酸湯魚
貴州苗族発酵トマト鍋

貴州省の中でも山岳地帯に住む苗族独自の魚の鍋料理。特徴は、塩水に漬けて発酵させたトマトの酸味と旨味を活かしたスープ。魚は姿のまま蒸して具材の上にのせる盛り付けが基本で、魚の骨から出る旨味も利用する。貴州では川魚が使われ、高価な江団をはじめ、桂魚や烏江魚などを用いる。本場の味を再現したが、川魚は入手困難なため、時季の黒鯛やホウボウ、ムツなどの白身魚を用い、通年提供している。トマトを発酵させすぎると、乳酸発酵のにおいが強く出てスープの味のバランスが悪くなるため、適度な発酵具合が重要。時価（写真は黒鯛530gで3600円・税込／予約制）

材料（直径24cm鍋1台分）

トマト（大）…3個
漬け汁
- 塩水（3%の塩水）…トマトがかぶるぐらいの量
- ザラメ…少々
- 白酒…少々
- 花椒（粒）…少々
- ニンニク（薄切り）…少々
- 生姜（薄切り）…少々
- 酒醸…少々

黒ダイ…1尾（530g）
黒ダイの下味
- 塩…適量
- 胡椒…適量
- 長ねぎ青い部分…2〜3本
- 生姜（薄切り）…2〜3枚
- 紹興酒…適量

白菜…120g
生椎茸…4個
えのき茸…1/2袋
A菜…50g
丸鶏のスープ…700ml
塩…適量
豆板老油…適量
つけダレ用
- 本料（※）…適量
- 腐乳（ペーストにしたもの）…適量
- 香菜（みじん切り）…適量

※本料（麻辣醬）
A
- 朝天辣椒粉…200g
- 白絞油…140g
- 牛脂（刻んでおく）…80g

B
- グラニュー糖…6g
- 郫県豆板醤（料理酒10gを混ぜておく）…40g
- 花椒粉…4g
- 豆豉…20g
- 生姜（みじん切り）…12g

青花椒油…20g

1 中華鍋にAを入れて火にかけ、唐辛子が色づいて香りが出るまで炒める。
2 1に、Bを加えてさらに炒める。火を止めて少しおいたら、青花椒油を加えて混ぜる。

作り方

1 発酵トマトを作る。トマトは湯むきして泡菜用の甕に入れる。漬け汁の材料を加えて蓋をし、そのままおいて発酵させる（目安／冬：3〜4日、夏：2日）。発酵香が適度に感じられるぐらいがおすすめ。
2 黒ダイはウロコと内臓を取り除く。全体に塩、胡椒をして約15分おく。表面の水分を拭き取ったあと、腹部分に3カ所ほど斜めに切れ目を入れる（a b）。ねぎと生姜を皿に間隔をあけて並べ、黒ダイをのせる（c）。紹興酒を魚全体にかけ、9割ほど火が入るまで蒸す（d）。蒸したあとに残った汁はとっておく。
3 フードプロセッサーに1の発酵トマト3個、甕に残った老塩水を約130ml入れ（e f）、攪拌しペースト状にする。
4 中華鍋に3を入れ（g）、スープ、塩を加えて火にかける。食べやすい大きさに切った白菜、椎茸、えのき茸、A菜を加え（h）、軽く火を通したらジャーレンにあげ、提供用の鍋に移す。
5 4の残ったスープをひと煮立ちさせ、豆板老油、2の蒸し汁を加えて混ぜる（i）。
6 野菜を盛った鍋の中央に2の黒ダイをのせ、5を注ぐ（j）。別の器に本料、腐乳、香菜を入れて提供時に添える。

本料、腐乳、香菜の3種を取り皿に適量とってスープを注ぎ、これを漬けダレにして食べてもらう。自家製本料は塩気が弱いので、腐乳で塩分を、香菜で香りを足す。

a 腹面の切れ目は、包丁を斜めにして背骨にあたるまでしっかりと刃を入れる。切れ目を入れて蒸し時間を短縮し、食べやすくする。

b

c 長ねぎと生姜は2㎝ほど間隔をおいて並べ、魚全体に蒸気をしっかりと行き渡らせる。

d

e

f 発酵させたトマトの味わいがスープのおいしさを作る。発酵トマトを撹拌する際、甕に残った漬け汁を加えることで発酵の旨味を足し、味を深める。

g 発酵トマトのペーストが鍋のスープのベースになる。

h 野菜はスープで軽く火を通してから、鍋に移す。

i

j スープの仕上げに、魚の旨味が出た蒸し汁を足してスープのおいしさを引き立てる。野菜と蒸した魚を盛った鍋に注ぐ。

鶏肉と発酵筍のタイ族炒め

中国雲南省近辺に住む少数民族・タイ族の代表的な料理で、泡辣椒、豆板醤など数種の調味料を合わせた甘辛ダレで、揚げた手羽先をからめた一品。山岳地帯に住むタイ族は、筍、きのこ、唐辛子を料理に多用し、ここでは、発酵筍、きくらげ、青唐辛子を組み合わせた。味わいの特徴は発酵筍のクセのある味と香りを活かして味に深みを出すこと。本場同様に鶏肉は骨付きの部位を使って骨から出る旨味を活かし、手羽先を横半分にカットして食べやすさも考慮した。調理のコツは仕上げの炒め方。手羽先の揚げた香ばしさを残すため、甘辛ダレと合わせたあとは強火で煮立ててタレに濃度をつけ、肉全体に手早く味をからめることが重要だ。1750円(税込)

材料(1皿分)

手羽先…5本
塩…適量
胡椒…適量
卵白…適量
コーンスターチ…適量
黒きくらげ(戻したもの)…30g
発酵筍…80g
生青唐辛子…1〜2本
長ねぎ白い部分…少々
ニンニク…少々
生姜…少々
泡辣椒(輪切りとペースト状の2種)…小さじ2
調味料A
- 酒醸…小さじ1
- 醤油…小さじ2
- 紹興酒…小さじ1
- 砂糖…小さじ1/2
- 豆板醤…小さじ2/3
- 丸鶏のスープ…小さじ2

泡椒紅油…適量
金針菜…適量
白絞油…適量

発酵筍によって、独特の発酵の旨味と香りが加わるほか、歯ごたえのある食感も生まれる。

作り方

1 手羽先は、骨に対して平行に包丁を入れ、2等分にする。塩、胡椒をして約10分おく。
2 卵白、コーンスターチの順でつけ、190℃に熱した油に入れて180℃で火を通し、最後に190℃に上げてからっと揚げる。
▶揚げ衣にコーンスターチを使うと薄衣になってカラリとした食感に揚げることができる。
3 青唐辛子は種を取り除き、1cm幅にカットする。ねぎ、ニンニク、生姜は薄くスライスする。
4 黒きくらげは油、塩(各分量外)を加えた熱湯でサッと茹でる。
5 中華鍋に白絞油、3と泡辣椒(a)を入れて炒める。Aを加えて煮立て、香りを出す。
▶泡辣椒はペースト状のほか、約1cm幅にカットしたものを加えて食感を楽しませる。
6 4の黒きくらげ、発酵筍を加えて炒め合わせたら、2の手羽先を加えて鍋をまわし、手羽先に汁を吸わせる(「烹」の調理)(bc)。仕上げに泡椒紅油を加え混ぜて香りと旨味を高め、皿に盛る。素揚げした金針菜を散らす。

a

b

c

手羽先と発酵筍の旨味で深い甘辛さを表現
鶏肉と発酵筍のタイ族炒め

萵笋の山椒オイル和え

山椒オイルでちしゃとうを和えたサラダ感覚の前菜。コース料理の箸休めとして一人用の小皿で提供したことがはじまりで、特に女性に人気がある。レモンの酸味を効かせ、すっきりとした後味に仕上げた。調理のポイントは、ちしゃとうを1㎜程度に薄くスライスして、シャキッという心地よい食感を残す点。薄くすることで透明度が出て、器に盛り付けたときに上品な色合いも出せる。盛り付けでは、中国の伝統を感じさせる「扇子」を形どって、華やかさを表現した。参考価格900円

材料（1皿分）

ちしゃとう（皮をむいたもの）…60g
山椒オイル（※）…10ml
塩…適量
レモン汁…1/8個分
大根の甘酢醤油漬け…適量
椎茸（醤油、砂糖、オイスターソース各少々で煮たもの）…適量
クコの実（水で戻したもの）…1個

※山椒オイル
白絞油…180g
ごま油…40g
花椒（粒）…22g
長ねぎ青い部分…7g
生姜（薄切りを包丁で潰す）…5g

1 鍋に材料すべてを入れて火にかける。弱火で10～15分ほど煮て油に香りを移し、漉す。

作り方

1 ちしゃとうは皮を厚めにむく。短冊状にごく薄くスライスする（目安:8cm×2cm×厚さ1㎜）(a)。
2 アルミの中華鍋に水を入れ、塩と油（各分量外）を少々加えて火にかけ、沸騰したら1のちしゃとうを加える（b）。適度な歯ごたえが残る程度に軽く茹でて（1分ほど）、氷水にさらし、シャキッとした食感と鮮やかな色合いに仕上げる。
3 2の水気をよく拭き取ってボウルに入れ、山椒オイル、塩、レモン汁を加えて全体をよく和える（c）。
▶レモンの酸味と香りは、塩分や花椒との相性がよく、また、塩分控えめでも味を引き立ててくれる。調味がシンプルな分、塩は上質なものを選び、ミネラル豊富な中国福建省産の天日塩「海翁」を使用。
4 器に3を扇状に並べ、せん切りにした大根の甘酢醤油漬け、スライスした椎茸、クコの実を飾って扇子の形に盛り付ける。

a

b

c

山椒油にレモンの酸味を添え、ちしゃとうをサラダ感覚で

萵笋の山椒オイル和え

1979年大分県生まれ。調理師学校卒業後、原宿『龍の子』で4年半、目黒雅叙園『旬遊紀』で4年半修業ののち、上海でも修業。2009年に独立、『仙ノ孫』を開業。

中国料理

仙ノ孫

センノマゴ

店主 **早田哲也**

素材を生かす豊富な日替わり

四川料理の有名店『龍の子』を皮切りに、目黒雅叙園、『川香苑』などで経験を積んだ早田哲也氏が営む『仙ノ孫』。四川料理と上海料理をベースに、医食同源の考えにのっとった身体にやさしい中国料理を提供している。

「四川料理から修業を始めたので、辛味の出し方や、油の温度や使い方、香辛料の知識など、四川料理の技術が味づくりのベースになることは少なくありません」と早田氏。なかでも特徴的なのが、油の用い方だ。四川料理は油を多用するが、同店でも香りや旨味を司る要素として、油を1つの食材として重視。辛い香味油4種、ねぎ油、鶏油、山椒油など9種類の自家製油を使い分け、味わいに奥行きを出している。

メニューは、アラカルト・コースともに豊富に用意しているが、注文比率はアラカルトが8割と圧倒的に多い。その理由のひとつが、常時50品ほどを揃えるアラカルトの約半数を季節のおすすめメニューで構成している点だ。開業当初は、ポピュラーな中国料理を中心に定番メニューで用意していたが、徐々に季節ごとに入れ替えるおすすめメニューの比率を増やすことに。出身地の大分から直送する野菜や、新鮮な魚介類をふんだんに取り入れ、1〜2週間で内容を入れ替えることで、良質な素材の味を味わってもらうのはもちろん、リピーターにも常に新しい味を楽しんでもらえるようにしている。「おすすめメニューは、前菜、メイン、麺飯などを各ジャンル3品くらいずつにとどめています。品数を絞り込むことでおすすめ度が高まり、積極的な注文につながります」。とりわけ、長崎・五島列島から直送する鮮魚は、放血神経締めという独自の手法で処理されており、身質のよさが特徴。同店では、香港式姿蒸しや、香り揚げ甘酢餡かけ、四川式辛味煮込み、上海式醤油煮込みなど、お客の好みに合わせて様々なスタイルで提供する。平均原価は35％程度に抑えているが、魚介料理は、高い金額に設定してしまうと注文が入らないため、原価5割をかけ、できるだけ手頃な売価に設定している。

また、メニュー名を難しくし過ぎても伝わりにくいので、「甘酢あんかけ」のようにわかりやすい表現に置き換えることも、注文を促す上では大事だと早田氏は説明する。

乾貨や内臓料理を売り物に

そうした素材にこだわった料理を売りにする一方で、アラカルトでは、四川の内臓料理や乾物料理といったマニアックな郷土料理にも力を入れている。中国の乾物というと、日本では干しアワビやフカヒレといった高級食材がポピュラーだが、四川ではもっとカジュアルな乾物の料理もたくさんある。また、香辛料をきかせた内臓料理のバリエーションも、四川料理の特徴のひとつ。「できるだけ現地に近い、本場の味を提供したいという思いがあります。開業後、しばらくはそういった料理はお客様に敬遠されることが多く、自分がめざす料理とお客様が求める料理との温度差を感じる場面もありましたが、最近ようやく受け入れられるようになり、自分のつくりたい料理を出せるようになりました」。

一方、コース料理は、4500〜8500円のコースと、おまかせコース6500円〜、火鍋コース5800円〜などを用意。価格帯、内容を種類豊富に揃え、予約客の細かなニーズに対応している。コース料理では、よだれ鶏や麻婆豆腐など、ポピュラーな中国料理を中心に構成。おまかせコースでは、リピーターや食べ込んだお客が多いため、重慶の名物料理である「鯛の炭火焼き」といった手間のかかるメニューを盛り込み、満足感を高めている。

今後も、「他の中国料理店ではあまり見られないような一皿を作っていきたい」と早田氏。毎年中国には年4回足を運ぶほか、月1回のペースで中国料理の若手料理人の集まりにも参加。情報や知識をインプットし、新メニューの開発に生かしている。

四川・上海の郷土料理を源流に、素材感溢れる味を

炭火の香りをまとったタイを、刺激的な四川ソースで

万州烤鯛魚　タイの炭火焼き 万州仕立て

万州烤鯛魚
タイの炭火焼き 万州仕立て

「万州烤魚」は四川料理の一つで、主に重慶市の万州地域で昔から食べられている名物料理。現地では専門店が多数あり、ナマズなどの川魚が用いられることが多い。フライパンや油で揚げる店もあるが、炭火で焼くのが伝統的なやり方で、独特の香ばしい風味をうつすのが特徴だ。さらに、味の決め手となるのは、複数の香辛料を合わせて作るソース。『仙ノ孫』では、四川の火鍋料理に使うソースをベースに、オーダーごとに豚肉や香味野菜を炒めて加え、香りよく仕上げている。さらに、アツアツの香味油をかけ、ガスコンロで煮込むという最後の仕上げを客席で行い、ダイナミックなシズル感を楽しませている。8500円(税込)コースの一品

材料(1皿分)

タイ…1尾
塩…適量
クミンシード(パウダーとホールを合わせたもの)…適量
豚バラスライス肉…50g
玉ねぎ(輪切り)…3枚
ニンニク…3片
長ねぎ…1本
生姜…1個
火鍋の素(※)…200ml
毛湯…600ml

A
- 紹興酒…大さじ2
- 中国醤油…大さじ1
- 砂糖…大さじ2
- オイスターソース…大さじ3
- 醤油…大さじ5

B
- 山椒油…50ml
- ラー油…30ml
- 鷹の爪…20本
- 花椒…20g
- 青花椒…20g

※火鍋の素

コースの四川火鍋(2日前までに要予約)のほか、アラカルトの内臓料理などに使用。15種類の香辛料を素に8時間かけて作る。

A
- 牛脂…5kg
- 白絞油…2.5kg
- 長ねぎ(ざく切り)…300g
- 生姜(ざく切り)…300g
- 玉ねぎ(ざく切り)…300g
- ニンニク(ざく切り)…100g

B
- 八角…200g
- 桂皮…200g
- 甘草…100g
- 陳皮…100g
- 丁子…100g
- 茴香…100g
- クミン…100g
- 草果…20個
- 砂仁…40粒
- 紫草…15g

豆板醤…2kg
粉唐辛子…500g

1 鍋にAの材料を入れて火にかける。牛脂がカリカリになったら火からおろし、漉す。
2 鍋に豆板醤を入れ、1の油を少量足しながら炒める。香りが出たら、Bを加えて炒める。
3 粉唐辛子を加え、残りの油すべてを少しずつ加えて香りを出しながら20分ほどかけてゆっくりと炒める。

作り方

1 タイは内臓やウロコを取り除いて掃除し、両面に中骨までしっかりと切り込みを入れる(a)。塩、クミンで下味をつけ(b)、炭火で両面を焼いて7割程度火を入れる(c)。玉ねぎの輪切りも炭火で焼く。
2 中華鍋に揚げ油(白絞油)を熱し、1/4サイズに切り揃えたニンニクを油通しする。
3 油をならした中華鍋に、豚肉を入れて炒める。火鍋の素を加え(d)、斜めにスライスした長ねぎ、たたいた生姜を加えて炒める(e f)。
4 毛湯、2のニンニクを加え(g)、Aの調味料を加えてひと煮立ちさせる(h)。
5 耐熱皿に1の玉ねぎを敷き、タイをのせて4のソースをかける(i j)。
6 中華鍋に、Bの材料を入れて香りが出るまで熱し、5のタイにかける(k)。カセットコンロにのせて提供する。5分ほど経ってソースとなじんだ頃が食べごろ。

<タイの炭火焼き>

a

同店で使用するタイは、放血神経締めという手法で鮮度を保ったまま長崎・五島列島から直送したもの。身がしっかりとしまっているため、中骨までしっかりと切れ目を入れる。

b

タイの下味は、塩は弱めに、クミンはしっかりときかせる。クミンはパウダーとホールを併用し、切り込みの間や頭のカマの中までしっかりとまぶす。

炭火の香りをつけるため、この料理のために導入した炭火の焼き台（バーベキュー用のコンロ）を使用。仕上げに熱い油をかけて少し煮込むことを考慮し、火入れは7割程度にとどめる。

c

<ソース>

d

豚肉の旨味が出たところに、「火鍋の素」を加え、加熱して香りを立たせる。ソースには豚バラ肉を加え、タイの繊細な味わいに肉の濃厚な旨味を補強する。

e

f

スライスした長ねぎ、生姜を加えて熱し、香味野菜のフレッシュな風味を足す。

g h

火鍋用ソースがなじんだらスープを加え、調味料を順に加え、ひと煮立ちさせる。

<仕上げ>

i

たっぷりのソースにタイが沈まないように、土台に焼いた玉ねぎを敷いてタイをのせ、ソースをかける。

j

k

花椒の香りを付けた油で唐辛子を熱し、香りを立たせて仕上げにかける。四川料理らしい香辛料の香りが立ち上り、シズルを感じさせる。

老泡水参皮

皮ナマコの発酵塩水漬け

皮ナマコは、四川ではポピュラーな乾物のひとつ。通常の乾ナマコとは種類が異なり、身がうすい。挽き肉や芽菜などと組み合わせ、辛い味付けに仕上げる炒め物「乾煸木耳参」として食されることが一般的だが、現地で酸辣湯風の酸っぱ辛い味付けの前菜と出会い、それをヒントに冷菜として開発。店で仕込んでいる泡菜に皮ナマコを合わせ、食感よくさっぱりと食べられる前菜に仕立てた。泡菜のマイルドな酸味と後に残るぴりりとした辛味が食欲を刺激し、次の皿への期待を喚起。しゃきしゃきとした麻竹やささげ、コリコリとした皮ナマコの様々な食感が口の中で踊る、楽しい一皿だ。1250円(税込)

材料(1皿分)

皮ナマコ(※)…1/2個
麻竹…1/6本
ささげ…2本
朝天辣椒…1本
新生姜…5g
水豆豉(※)…5粒
漬け込み液(作りやすい分量)
- 塩水(2.5%)…1ℓ
- 白酒…大さじ3
- 花椒…3g
- 鷹の爪…4g

※皮ナマコ

一般的な乾ナマコとはナマコの種類が違い、皮ナマコと呼ばれている。干しナマコよりも掃除が楽で、食感もやわらかくなりすぎず、ほどよいコリコリ感が残る。

※水豆豉
水豆豉は、乾燥大豆を一晩水に浸けて戻して蒸籠で蒸す。容器に移して2%の塩をふってラップフィルムをし、常温で3～4日おく。

作り方

1. ナマコはたっぷりの水に一晩浸ける。翌日、火にかけて沸騰したら火を止め、蓋をしてそのまま冷ます。これを1週間ほど繰り返し、最終日に水洗いする。写真(a)の右は戻す前、左は戻したもの。
   ▶皮ナマコのもどし加減は大きさや状態を見ながら日数を調整する。
2. 麻竹、ささげ、唐辛子、新生姜はそれぞれ旬の時季に、材料を合わせた漬け込み液に漬けておく(常温で10日以上)。それぞれの泡菜を漬け汁ごとすべて合わせ、皮ナマコを加えてさらに1週間冷蔵庫におく(b)。
3. 水豆豉は別に漬け込み液に漬けておく。
4. 麻竹とナマコはスライスし、新生姜はせん切りにし、ささげは生姜と同じぐらいの長さに切る。唐辛子、水豆豉とともに器に盛る。

a

b

クラシカルな四川の炒め物を、上品な冷菜にアレンジ
老泡水参皮

竹燕鶏豆花

竹燕の巣入り 鶏胸肉のおぼろ豆腐仕立て

「鶏豆花」は、鶏挽き肉と卵白を合わせ、熱いスープの中で火を通しておぼろ豆腐に見立てて作る、四川の伝統的な名菜。本来は真っ白な見た目だが、同店では希少な竹燕の巣を加え、彩りのアクセントと中国料理らしいインパクトを高めている。材料も作り方もシンプルゆえ、すり身とスープ、卵白の割合(分量)と、卵白をどれくらい泡立てるかが、仕上がりの食感を決定付ける。ふわふわとした口当たりと、きれいなひとつの固まりに仕上げるためには、火加減が重要なポイント。スープに卵液を加え、沸いたら弱火にして蓋をして蒸らし、火が通り過ぎないようにする。日本では辛い料理のイメージが強い四川料理の違った一面をお客に伝える一皿としても効果的だ。８５００円(税込)コースの一品

材料(仕込み量)

鶏ムネ肉…200g
毛湯(※)…300g
塩…2g
片栗粉…15g
卵白…200g
上湯(※)…250ml
竹燕の巣…5g(戻す前)
竹燕の巣(仕上げ用)…少々
銀杏…3粒

※毛湯、上湯

A
- 鶏ガラ…3kg
- モミジ…2kg
- 水…5ℓ
- 長ねぎ青い部分…4本分
- 生姜…2個

B
- 干しエビ…100g
- 干し貝柱…100g
- 金華ハム…200g
- 紹興酒…100ml

1 まず毛湯をとる。鶏ガラは茹でこぼして掃除する。鍋に入れ、モミジ、水、長ねぎ、生姜を加えてアクを取りながら半量になるまで(2時間程度)炊き、漉す。
2 1の毛湯にBを加え、蒸籠で90分蒸す。漉したものが上湯。

作り方

1 竹燕の巣は、ひと晩水に浸けて戻しておく。沸騰した湯で3分茹で、ザルにとり、粗くほぐす。
2 鶏ムネ肉を適当な大きさに切り、毛湯、塩とともにミキサーにかける。なめらかになったら片栗粉を加え、さらに混ぜる。
3 ボウルに卵白を入れ、六分立てに泡立てる。
4 3のボウルに2を加え(a)、ゴムべらで泡をつぶさないように混ぜ合わせる(b)。1の竹燕の巣を加えて混ぜる(c)。
5 土鍋に上湯を入れて沸かし、4を1/3量入れる(d e)。上から竹燕の巣を散らし(f)、沸いたら蓋をして弱火で5分ほど蒸らす。素揚げして半分に切った銀杏を飾り、提供する。

▶ふわふわの食感に仕上げるため、蓋をしたら弱火に落とす。火を入れ過ぎると割れてしまい、食感も悪くなってしまう。

竹燕の巣(竹燕窩)は、竹林に発生する苔の1種とされ、ツバメの巣に食感が似ていることからそう呼ばれている。主に四川省で食べられており、現地でも流通量が少ない希少な乾物。同店では、成都から買い付けている。

a

b

c

d

e

f

四川の伝統料理に希少な乾物を加え、本場らしさを高める

竹燕鶏豆花

1976年大阪府生まれ。大阪『福臨門酒家』で5年修業後、大阪、東京の中国料理店にて計5年、様々な地域の料理を身につけた後、東京・赤坂『黒猫夜』に入社。六本木店では料理長を務め、計9年従事後、2016年3月に独立。

Matsushima マツシマ

オーナーシェフ **松島由隆**

中国の多彩な食文化に光を

郷土色の濃い料理や、独自の食文化を築く少数民族の料理など、日本で広く知られていないディープな中国料理を、珍しい紹興酒と共に楽しませる『マツシマ』。店舗は、渋谷区・代々木上原駅から徒歩1分ほど、飲食店が並ぶ細い路地を入った地下にひっそりとあるなか、情報に敏感なグルメ層を中心に開業早々から注目を集め、現在は連日予約で満席という人気ぶりだ。

店主の松島由隆氏は、広東、上海、北京料理を幅広く学んだ後、中国郷土料理と中国地酒をコンセプトにする、赤坂『黒猫夜』で腕をふるい、その奥深い世界に魅せられていく。そして、支店の六本木店で料理長を務めた後、2016年3月に独立開業。ホール担当の奥様と2人で店を切り盛りする。

地方料理に目を向ける理由は、多彩な食文化を伝えたいと考えるから。

「広大な中国には、4大料理以外にも、土地それぞれに食文化があります。郷土料理や家庭料理に取り組み、スポットをあてていきたい」と松島氏は話す。

現在、利用の6割はアラカルト。定番料理が約20種に、「今月のオススメ」と銘打つ季節料理8種類が並ぶ。定番料理は、「クレープ餃子(香港腸粉)」「西安風すいとん」「新疆ウイグル自治区羊ごはん」など、『黒猫夜』で人気だった郷土料理が中心。酒に合う前菜も多く、黒酢の酢豚などポピュラーな料理も並ぶ。価格帯は1000円前後～1600円。一方、季節料理は月ごと4品を入れ替え、少数民族料理や中国の珍しい食材を使う料理など、季節の特異な料理を揃える。例えば、晩夏に登場したのは「貴州名産ワラビ春雨の冷製黒酢仕立て」、希少な茸を使う〝雲南省イ族の干し茸スープ〟など。

並べる料理の多くは、南方、西方を中心に松島氏が中国大陸を何度も旅し、屋台や料理店で出会った料理だ。言葉は通じないため、身ぶり手ぶりを交えて食材を聞き出したり、調理工程を見せてもらったり、見聞きして「食べ歩き手帳」に料理を書き溜めたという。

それらは、自分なりのセンスを加えて再創造する。旨味を足して食べやすくしたり、食感を心地よく洗練させたり、「日本人が素直においしい」と感じるものを目指す。また、元の料理の魅力が伝われば、「広西チワン族自治区鶏もも肉炭火焼き」(P108)のように、他の料理を融合させるなど、大胆なアレンジも厭わない。

「蓄積してきた経験・技から生まれる〝フィーリング〟を大事にしたい。〝この料理に、これを合わせたらおいしいのでは?〟と、ひらめきから発想を広げることが多いですね。壮大な中国の食を、ボーダーレスで表現するのが私らしさでしょうか」と松島氏。

ただし、アレンジを施す際に心に留めるのは、どんな場面で誰が食す料理なのかといった料理の背景にある文化を知ること。文化はきちんと理解し、また、伝えていきたいと考えている。

個性派「料理×酒」を強みに

コンセプトのもう一面は、個性のある黄酒。料理は酒に合うことを念頭に開発し、つまみ感覚の料理も充実させている。営業中、相談があれば酒の個性や料理との相性を丁寧に解説するため、お客は知識がなくても楽しめる。

黄酒は㈱太郎から仕入れ、江南地方5種、北方3種、南方3種を目安に、中国各地の10種超をラインナップ。季節を踏まえて甘、辛、酸の多彩な飲み口を揃え、かつ、その時季の料理を夫婦で試食し、料理に合う黄酒を探す。ほぼ全種、ワイングラスで提供するグラス売りを用意し、グラスは800～1300円、ボトルは3千円代～5千円代で販売。ほか、生ビール、サワー、泡・白ワインを1～2種ずつに絞り、赤ワインはおかない。ただ最近、東欧のワインが中国料理に合うと知り、それを充実させていく新たな構想もある。

深遠な中国料理を独自のセンスで親しみやすく表現し、食通を刺激してきた松島氏。特異性に固執せず、今後も食文化を幅広く伝えたいと話す。

辺境料理、少数民族料理を日本人に合う一皿に展開

西安と同じく、ゲストに生地をちぎってもらう演出は「盛り上がる」と評判だ。指の爪くらいに小さくちぎるのが現地流。

ちぎった生地に熱々の羊スープを注いで食す、粉文化の奥行き感じる一品

西安風羊のすいとん　羊肉泡饃

西安風
羊のすいとん
羊肉泡饃

「羊肉泡饃」は、小麦粉文化が発展する陝西省西安を代表する料理。専門店もあり屋台にも並ぶ。ナンのような平焼きのかたい生地(饃)をお客がまず器に細かくちぎり入れ、そこに熱々の羊肉のスープが注がれて再び供され、生地がふやけたところを味わう。提供するにあたり、この出し方だとモソモソとして少し食べにくいため、ちぎった生地をスープで煮る工程を加え、すいとん風のつるっとした口当たりを魅力にした。羊スジ肉は下煮してやわらかくすると同時に羊の旨味満点なだしをとり、トマトの酸味、酸白菜の発酵風味などを重ねて「独特のクセ」が印象的に香るスープに仕上げる。西安では、スープの味は様々にあり、肉も牛肉や内臓肉が使われたり、生地は発酵生地なども見られるそう。1500円(税抜)

材料(土鍋1台分/3〜5人前)

羊スジ肉…300g
羊肉の下煮用
- 長ねぎ青い部分、生姜の皮…各適量
- 人参…1本
- セロリの茎…1本
- 玉ねぎ…1/2個
- 塩…少々
- 紹興酒…適量
- クミンシード(ホールとパウダーの混合)…小さじ1弱

酸白菜(細切り)(※)…120g
トマト(角切り)…3/4個分
泡辣椒(唐辛子の泡菜)…1本
泡蘿蔔(小角に切った大根の泡菜)…適量
老塩水(泡菜の液)…適量
長ねぎ、生姜(それぞれ丁に切る)…各適量
紹興酒…適量
毛湯…適量
塩…適量
ピーナッツ油…適量

生地(使用量は120g)
- 薄力粉…200g
- 強力粉…10g
- 水…100g(目安)

※酸白菜

塩(冬場は1.5〜2%、夏場は3〜4%)、白酒、湯を合わせて冷まし、白菜を漬けたもの。2週間ほど漬かった発酵しすぎていないものを使う。

スープに加えるトマト、酸白菜、泡菜、ねぎ、生姜。夏場は、大根の泡菜の替わりに、さやいんげんの泡菜を使う。

作り方

1 羊スジ肉のアク抜きをする。沸騰した湯に羊肉を入れ(a)、再び沸いたら取り出す。水洗いしてアクを落とし、粗熱をとる。粗熱がとれたら、小さめに切る(b)。

2 羊肉を下煮する。アルミ鍋に適量の湯と長ねぎ、生姜の皮、適当な大きさに切った香味野菜を入れて火にかける。塩少々、紹興酒を鍋ひとまわし分加え、1の羊スジ肉を加える。ひと煮立ちしたら少量のクミンシードを加え、弱火で1時間ほど煮る(c d)。加熱終了の見極めは、羊肉が好みのかたさになり、煮汁に羊の香りと旨味が出ること。漉して香味野菜を除き、煮汁ごと冷蔵庫で保存する。

3 生地を仕込む。ボウルに薄力粉と強力粉を合わせ、水を少しずつ加えながら、粉と水を合わせる(e)。かための生地に仕上げたいので、水は様子をみながら少しずつ加える。ひとまとめにし(f)、濡れ布巾をかぶせて常温で30〜40分ねかせる。

4 注文ごとに、3の生地から120gをとり、打ち粉をふりながら麺棒で厚さ1〜2㎜に丸くのばす(g)。炭火で両面を香ばしく焼く(h)。焼けた生地は客席に提供し、ゲストに小さくちぎってもらう。

5 並行してスープの仕上げを行う。中華鍋にピーナッツ油を加熱し、長ねぎ、生姜、細切りにした酸白菜を炒める(i)。香りが出たら、紹興酒を鍋ふたまわし分、毛湯を少量、2の羊肉をスープごと加える(j)。続いて、角切りにしたトマトを加え、トマトを軽くつぶす(k)。

7 スープにトマトの色がついたら、泡菜の唐辛子・大根・液を加える(l)。ひと煮立ちしたら、塩で味を調える。塩加減はこのあとまだ少し煮ることを踏まえて調える。

8 4のちぎった生地を7に加え(m)、やわらかくなるまで3分ほど煮る。熱しておいた土鍋に注ぎ、熱々を提供する。

＜羊肉の下煮＞

a 羊肉は煮込み料理に向くスジ肉を使用。アク抜きの段階でボイルしすぎると脂が抜けて旨味がなくなるため、沸いた湯に入れて再沸騰したら取り出す。

b 生地と同じくらいの大きさに揃えるが、煮込むと少し縮むため、ひとまわり大きく切る。小さすぎると食べ応えがなくなってしまう。

c

d 羊肉は臭み消しの香味野菜やクミンらと1時間ほど煮て、肉を柔らかくすると共に羊のだしを抽出。強火だと煮汁が濁るため弱火で加熱する。

＜生地＞

e

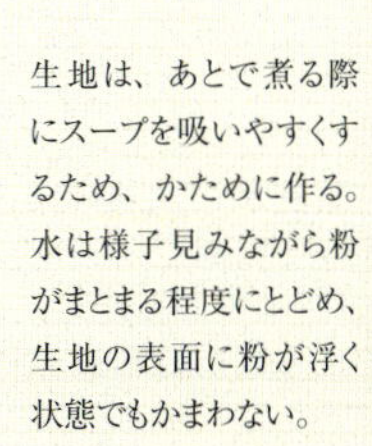

f 生地は、あとで煮る際にスープを吸いやすくするため、かために作る。水は様子見みながら粉がまとまる程度にとどめ、生地の表面に粉が浮く状態でもかまわない。

＜仕上げ＞

g

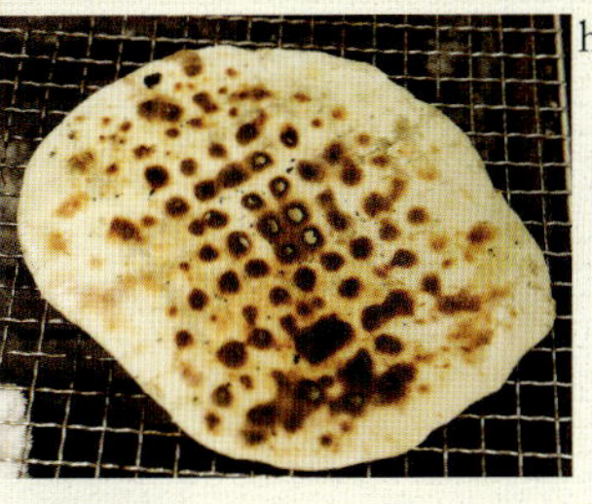

h ねかした生地から1鍋分120gをとり、厚さ1〜2mm程度に薄くのばし、炭火で香ばしく両面を焼く。

i スープを仕上げる。まず、ピーナッツ油でねぎ、生姜、酸白菜を炒めて風味を出し、紹興酒、毛湯を加える。

j

k 下煮した羊肉を煮汁ごと温めておき、鍋に加える。続いてトマトを加えて軽くつぶす。羊肉の力強い味に重ねるトマトの甘みと酸味、発酵白菜の風味のバランスがおいしさの肝。複雑味は出すが、食べやすい加減に。

l 唐辛子と大根の泡菜と老塩水を加えて風味・旨味を足す。泡菜や酸白菜から味が出るので、塩で味を調えるのはひと煮立ちさせてから。味がぼやけないよう塩分はしっかり目にきかせて、かわりに弱火で加熱する。

m ゲストにちぎってもらった生地を加え、理想のかたさまで煮る。生地がつるんとなめらかな食感になり、スープとの一体感も出る。生地の焼いた香ばしさもスープに移る。

広西チワン族自治区 鶏もも肉炭火焼き

中国・南方、広西チワン族自治区にある、煮込んだ鴨肉をミントなど香草、ライムや焦がし唐辛子で和えてサラダ風に食べる冷菜をアレンジ。扱いやすい鶏肉で再現すると決め、鴨肉の煮込み部分を、同じ南方、シーサンパンナ・タイ族自治州の料理、ハーブマリネした鶏の炭火焼きに置き換えて融合した。鶏モモ肉はレモングラスや玫瑰露酒などで1日マリネし、広東文化を感じさせる爽やかな風味をプラス。炭火でパリッと焼き、炭焼きだからこその香ばしさをつける。香草は、香菜だけでなくスペアミントも使って意外性を出すのがおいしさの秘訣。香ばしい鶏肉にスペアミントとライムのエキゾチックな風味、焦がし唐辛子の力強い辛味がマッチし、まさに酒がすすむ味わい。白ワインや甘みのある紹興酒がおすすめ。１４００円（税抜）

材料（1皿分）

鶏モモ肉…1枚
マリネ用（鶏モモ肉5枚分の配合）
- レモングラス…1本
- 泡辣椒…2本
- エシャロット…200〜230g
- 玫瑰露酒…15g
- 塩…18〜20g
- 水…適量（ペーストになるぐらい）

スペアミント…1/2パック（約5g）
香菜…ミントと同量
焦がし唐辛子（※）…小さじ1弱（好みで調整）
ライム…1/2個
濃口醤油…大さじ1/2
ライム（提供用）…1/4個

※焦がし唐辛子

二荊条唐辛子を香ばしく煎って細かく刻んだもの。

作り方

1. マリネ用の材料すべてをミキサーにかけ、水を加減しながらペースト状にする。
2. 鶏モモ肉の両面に1をまぶして、冷蔵庫に1日おいてなじませる。
3. 2の鶏肉からペーストをぬぐい、身側から炭火で焼く（a）。焼き色がついたら、裏返して皮目をパリッと焼く（b）。
   ▶皮目をパリッと食感よく仕上げたいので、身から焼き始めて最後に皮目を焼く。
4. ミントは葉を摘み、香菜は食べよい大きさに切り、ボウルに合わせる。
   ▶ペパーミントは合わないので必ずスペアミントを使う。
5. 鶏肉を1〜1.5cm幅に切り、4に加える。ライム1/2個分を絞り、焦がし唐辛子、醤油を加えて、手早く和える（c d）。
6. 器にバナナの葉を敷き、5を盛り、ライム1/4個を添える。

a

b

c

d

広西チワン族自治区鶏もも肉炭火焼き

苗族伝統 豚大腸血餅揚げ

炸米灌腸

蒸した餅米に豚血を合わせて腸詰にする、貴州省に居住するミャオ族の祝席料理。珍しいがゆえ同業者からのリクエストが多い。現地の味付けは塩、花椒とシンプルで、レストランの料理としては味がそっけない。そこで、お祝いや客をもてなす「特別な料理」という背景から発想を広げ、リッチな旨味を添えられる、湖南省の大葉入り香菇醤を足すことをひらめいた。豚血の濃度は個体差があるので分量を適宜調整するのと、蒸す際に腸が破れないよう材料を詰めるのがポイント。提供時は、スライスした腸詰を１８０℃で10秒揚げた後、２００℃の油をかけて表面を揚げる。こうすると外はカリッと香ばしく、中はねっとりという理想の食感に。見た目に反してクセはなく、軽やかでつまみに好適。時価（参考価格１４００円）

材料（仕込み量）

もち米…800g
豚血…400ml
香菇醤（※）…下記全量
豚直腸…1kg
仕上げ
- 白髪ねぎ…適量
- 一味唐辛子（十三香粉と白煎りごまをミックスしたもの）…適量

※香菇醤

大葉（みじん切り）…15枚分
干し椎茸（戻したもの／みじん切り）…5個分
スープ…200ml
塩…35g
オイスターソース…少々
濃口醤油…少々
ピーナッツ油…適量

1 中華鍋にピーナッツ油を熱し、大葉のみじん切りを炒めて香りを立たせる。
2 香りが出たら干し椎茸のみじん切り、スープを加え、軽く煮て椎茸の味をスープに出す。
3 塩、オイスターソース、醤油を加え、弱火でゆっくり煮詰める（写真右）。

作り方

1 もち米を浸漬したのち、蒸籠で蒸す。
2 豚血は解凍し、ミキサーにかけて漉す。
▶豚血は、そのまま使うとかたまりが残る場合があるため、ミキサーにかけて漉して使う。
3 蒸し上がったもち米をボウルにあけ、熱いうちに2の豚血、香菇醤を加え、手やへらでしっかり混ぜ合わせる（a b）。均等に混ざったら、ボウルに広げて粗熱をとる。
▶水っぽくならないように、もち米が熱いうちに混ぜ終えること。
4 豚直腸は内側の余分な脂を取り、小麦粉をまぶして洗って臭みを取り除き、流水に1時間浸けておく。
5 3の適量を手にとって軽く握り、4の直腸に入れる（c）。これを繰り返して詰めていく。
▶加熱の際の破裂を防ぐため、空気が入らないように詰めていく。ただし、腸の薄い部分は詰めすぎても破裂してしまうので注意する。
6 調理台にラップを敷いて5をのせて巻き包み、太さを均一に整えつつ中の空気を抜く（d）。
7 ラップのまま蒸籠に入れて中火で1時間蒸す。冷蔵庫で1日冷やし、約5mmに薄くスライスして冷凍保存する。
8 提供時に、1皿分10～12切れの血餅を蒸籠で5分ほど蒸して解凍する。180℃に熱した白絞油に入れて10秒ほどおいたら、いったんザーレンに取り出す（e）。油を200℃まで上げて、血餅にかける（f）。表面が白くなるまでかけて表面をカリカリに揚げる。
9 器に白髪ねぎをのせ、8を盛る。一味唐辛子を添えて提供する。

a

b

c

d

e

f

苗族伝統 豚大腸血餅揚げ

1978年大分県生まれ。調理師学校卒業後、『天厨菜館』などを経て、東京・西麻布『A-Jun』で阿部淳一氏のもと、ヌーベルシノワの薫陶を受ける。2008年より、赤坂『うずまき』にて料理長を7年間務めたのち、2015年2月に独立。

ENGINE エンジン

オーナーシェフ **松下和昌**

和の情緒溢れる一品料理

神楽坂の路地裏に、ひっそりと店を構える『エンジン』。店主の松下和昌氏は、伝統的な北京料理店から修業を開始し、西麻布『A‐JUN』、赤坂『メゾン・ド・ユーロン』にて、ヌーベルシノワの旗手と呼ばれる阿部淳一氏のもと新しい中国料理の表現を知る。その後、和食店でも経験を積み視野を広げ、7年間シェフを務めた『うずまき』では、和の要素を巧みに取り入れた個性豊かな中国料理で評判となる。

そんな松下氏が、自身の店で提供しているのは、アラカルトが中心。黒板に描いた日替わりの20品ほどに裏メニューを加え、常時25品ほどを用意している。「あらかじめこちらで流れを組み立てたコースよりも、お客様にその日の気分で食べたいものをオーダーしてもらいたいと思い、アラカルト中心の構成としました」と松下氏。コースも2種（7品・5000円、7000円）用意しているが、ほとんどのお客がアラカルトで注文する。1品あたりの価格は、前菜800円、メイン1600円前後が中心価格帯で、平均原価率は35%程度に抑えている。

メニュー黒板には、エビチリや麻婆豆腐、担々麺といったいわゆる日本人がイメージする定番の中国料理は少なく、代わりに「カツオのタタキ」や「炙り〆鯖」といった和食店さながらの料理が並ぶ。「修業を始めて4～5年経った頃から、中国料理店のメニューはどこも同じようなものだな、と感じるようになりました。日本人にしかできない中国料理がもっとあってもいいのではと思い、どこでも食べられるような料理はあえておいていません」と松下氏。築地から仕入れる新鮮な魚や、広島から直送する無農薬野菜など、四季折々の日本の食材をふんだんに取り入れ、素材ありきでメニューを変更することも少なくない。定番の春巻きは季節ごとに具を変え、酢豚は取り合わせの野菜を変えるなど、どの料理を食べても季節感を感じられるメニュー構成も特徴だ。「カツオのタタキには、ごま油とニンニク、カシューナッツのソース、炙り〆鯖には山椒ソースを合わせるなど、和食に着想を得ながらもきちんと中国料理に落とし込むよう意識しています」と松下氏。その一方で、切干大根を使った大根餅や、ミョウガソースの蒸し鶏など、ポピュラーな中国料理においてもひと工夫を凝らし、オリジナルの味に仕上げている。

最低限の調味で、素材を生かす

味づくりにおいては、「素材の味を大事に、ひと手間かけて本来の味を引き出す」ことをモットーに掲げる。たとえば、今回紹介した春巻き。スープの旨味を吸わせ、塩と白胡椒のみで味を調えるだけで、キノコの香りや旨味、安納芋の甘みがグンと生きてくる。また、奥深い味わいの酢豚も、調味料は酢2種類と砂糖、中国醤油のみといたってシンプルだ。こうした引き算で素材の味を引き立てる考え方は、和食の経験から学んだもの。和食のだし同様、基本となるスープは鶏と豚をベースに旨味をしっかりと抽出し、素材の味を下支えする。油の使用を抑え、食べた後も胃にもたれず、爽やかな食後感を残す仕上がりだ。さらに、金山寺味噌を合わせたピータンや、白味噌で作る甜麺醤など、和の素材を取り入れた調味料づかいにも独自性が光る。

従来の中国料理の枠にとらわれない発想は、厨房づくりにも生かされている。同店の厨房には、中国料理店で多用される中華鍋の調理台は1台のみ。「炒飯のような強い火力が必要なメニューが少ないので、普通のガス台で揚げ物も煮物もまかなえます」。さらにスープをとる寸胴鍋は、営業中は蒸籠を置き、1台2役として活用している。

「今は和食もフレンチも、様々な食材やテクニックを使って進化しています。中国料理も新しいことを取り入れていかなくては、という危機感も感じます」と松下氏。最近では、奈良漬けを白身魚の姿蒸しに用いるなど、柔軟な発想で自分らしさを追求している。

日本人だから表現できる中国料理を目指す

きのこの香りと、安納芋の甘みを閉じ込める

きのこと銀杏の春捲

きのこと
銀杏の春捲

春は山菜、初夏は鮎など、季節ごとに旬の食材を使った春巻きは、同店の人気メニューの一つ。春巻きは、「生地の中に素材の香りを閉じ込められる料理」ととらえ、サンマは燻製にしてから包むなど、香りのある食材を意識的に使用する。秋の味覚を詰めた今回の春巻きの隠れた主役は、濃厚な甘みをもつ安納芋。メニュー名にはあえて素材名を謳わず、食べた時に初めてキノコの旨味に混ざって安納芋のやさしい甘みを感じられるようにし、驚きとインパクトのある仕立てとした。素材本来の味を生かすため、中のあんは酒とスープ、塩、胡椒のみで調味。歯ごたえを残したキノコと、ほっくりとした安納芋、それを包むパリッとした皮の食感の対比も楽しませる1品だ。600円(税抜)

材料(40本分)

安納芋…500g
銀杏…300g
白マイタケ…5パック
ヤナギマツタケ…5パック
山エノキ茸…5パック
日本酒…適量
毛湯…適量(約400ml)
塩…適量
白胡椒…適量
水溶き片栗粉…適量
春巻きの皮…40枚

作り方

1 安納芋は皮ごと1cmの角切りにする。160℃の揚げ油に入れ、色づくまでゆっくりと揚げる(b c)。
2 銀杏は皮をむき、冷たい油に入れて弱火でゆっくりと破裂しないように揚げる。
3 白マイタケ、ヤナギマツタケ、山エノキ茸は、石突きをとり、5cm幅に切り揃える。
4 油をならした中華鍋に、3を入れて中火で炒める(d)。香りが出てしんなりとしたら日本酒を加え(e)、ひたひた程度の量の毛湯を加えて炒め合わせる(f)。
5 塩、白胡椒で調味し、1と2を加えて炒め合わせ(g)、水溶き片栗粉でとめる(h)。ボウルに移し、底に氷水をはったボウルをあてて急冷する(i)。
6 春巻きの皮の中央に5をのせ、包んで巻き終わりを水溶き小麦粉(分量外)でとめ、冷凍する(j k l)。
7 注文ごとに、160℃の油に入れ、弱火でじっくりと火を入れる(m)。

a

取材時は秋の食材の取り合わせ。春巻きの中身をきれいな色に仕上げるため、炒めた時に茶色くならないキノコを選択。ヤナギマツタケは、マツタケに似た食感を楽しめる。

b

安納芋は、低温（160℃）の油に入れ、レードルでかき混ぜながら均一に火を入れる。全体が色づくまでじっくりと揚げ、蜜のような香りと甘みを引き出す。

c

d

キノコは炒めるとカサが減るので、食感を残すため大きめに切る。最初は中火で、一気に炒め合わせる。

e

最初に、キノコの臭みをマスキングする効果がある日本酒を加える。

f

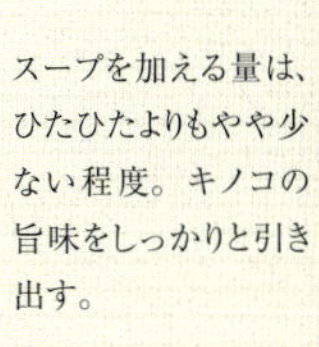

スープを加える量は、ひたひたよりもやや少ない程度。キノコの旨味をしっかりと引き出す。

g

安納芋は食感と色を生かすため、最後に加える。再度味を見て、必要なら塩で調整する。つけダレなどをつけずにそのまま食べるので、下味はしっかりとつける。

h

あんの水分が多いと、皮で包んだときに破れやすい。水溶き片栗粉で水分がほぼなくなるくらいの粘度にしっかりととめる。

i

あんの表面が乾かないように、氷水をあてて急冷する。

j k l

揚げた時にふっくらと仕上げるため、具を包む時は、上下に人差し指1本分くらいの幅を空け、両端をぴっちりと止めないように包む。皮に水分がうつらないように、あんを包んだら冷凍する。

m

160℃くらいの油に入れ、弱火でじっくりと火を入れる。温度が低すぎると皮がはがれやすく、高すぎると表面だけ色づいてしまう。中のあんはあらかじめ火が入っているので、皮が色づき、中が温まったら取り出す。

黒酢の酢豚

『うずまき』時代からのスペシャリテである黒酢の酢豚。フルーツトマトやナス、柿など、和野菜を中心に季節の素材を取り合わせ、とろりとなめらかなテクスチャーの艶やかなソースをたっぷりと添えるのが松下流。コースにも組み込まれる定番メニューであるが、合わせる素材によって季節感と異なる味わいを楽しめるようにしている。豚肉は衣をまぶしてしっかりと揚げ、ジューシーさを残しつつも油っこさを感じさせない絶妙な火入れ。ソースは、しっかりと加熱することでカドをとり、まろやかな味わいに。砂糖を多めに使うことで自然なとろみをつけ、カラメル風のビターなコクを加えている。ソースも残さず味わってもらえるように、提供時にはおこげを添える。１９００円(税抜)

材料(1皿分)

豚ロース肉(茨城県産極み豚)
…130g(6切れ)
塩…少々
白胡椒…少々
酒…少々
全卵…小さじ1
片栗粉…大さじ2
水…大さじ1～
石川小芋…8個
A
- 砂糖…大さじ3
- 鎮江黒酢…70ml
- 穀物酢…35ml
- 中国醤油…35ml
- 水…100ml

水溶き片栗粉…適量

作り方

1 豚肉は3cm厚に切り、余分な脂を落として角切りにする(a)。塩、白胡椒、酒で下味をつけ、全卵、片栗粉、水を加えて衣づけする。
2 石川小芋は皮ごと蒸し、皮をむく。
3 160℃の油に1の豚肉を入れて揚げる。2の石川小芋も加え、2～3分揚げる(b)。
▶途中、豚肉をザーレンにのせ、玉杓子の底でたたくようにすると衣が少しはがれ、中まで火が入りやすい。
4 中華鍋に、Aの材料を加え、しっかりと沸騰させる(c)。3の豚肉を加えてからめ、水溶き片栗粉を加えてとろみをつける(d)。
▶ソースに含まれる砂糖と、豚肉の衣の片栗粉によって自然なとろみがつきやすいので、水溶き片栗粉は少し緩いと感じる程度でとめる。
5 器に盛り、3の石川小芋を添える。

a

b

c

d

黒酢の酢豚

あん肝の干し貝柱 大根あんかけ

冷菜のイメージが強いあん肝を、温かい料理で提供したいというのが発想の原点。大根やかぶといった淡白な野菜を合わせることで、濃厚なあん肝を重たく感じさせずに食べさせたいと考えた。あん肝は、下処理をしてから紹興酒やオイスターソースでしっかりめに下味をつけ、余韻に中華のニュアンスを感じられる味わいに。干し貝柱の旨味を加えたスープに、色鮮やかな紅芯大根を組み合わせてあん仕立てとし、中国料理らしく、かつ見た目にも華やかな一品に仕上げた。紅芯大根は、和の調理法である鬼おろしを用いてスープの味をなじみやすくするとともに、ふんわり、ザクザクとした不ぞろいな食感で素材感を高めている。1900円(税抜)

材料(1皿分)

あん肝…1枚(500g)
A
- 毛湯…400ml
- 紹興酒…100ml
- オイスターソース…大さじ5
- 砂糖…大さじ3
- 濃口醤油…大さじ1

干し貝柱(戻したもの)…1/2個分
紹興酒…大さじ1
毛湯…100ml
紅芯大根(鬼おろしにしたもの)…大さじ3
塩…適量
水溶き片栗粉…適量
ねぎ油…適量

作り方

1 あん肝は掃除して、流水で洗い、1回ボイルする。Aの材料とともに蒸籠で1時間蒸す。冷めたらひと口大に切る(a)。
▶あん肝は脂が多く味が入りにくいので、濃いめの味付けでしっかりと下味を入れる。
2 オーダーごとに、1を蒸籠で温める。
3 中華鍋にねぎ油を熱し、干し貝柱をもどし汁ごと入れて軽く熱する(b)。紹興酒を加えてアルコールを飛ばし、毛湯、紅芯大根を加える(c)。沸騰したら、塩を加え、水溶き片栗粉でとめる。
4 器に2を盛り、上から3のあんをかける(d)。

a

b

c

d

あん肝の干し貝柱大根あんかけ

東京チャイニーズ
一凛 イチリン

店主兼料理人　**齋藤宏文**

1976年静岡県生まれ。20歳で『赤坂四川飯店』に入店し、11年間腕を磨く。2008年、㈱ウェイブズに入社。系列の中華料理店『大天門』で調理長を担当。2013年3月オープンの『一凛』立ち上げから携わり、現在、調理・運営を統括する。

生産者の想いをテーブルへ

築地市場からほど近い場所にある『東京チャイニーズ 一凛』。20坪・27席のスタイリッシュな店舗は、客席とフラットな高さに設計した開放感のあるオープンキッチンを中心に、全体に厨房の活気が広がっている。

同店を統括する齋藤宏文氏は、『四川飯店』で経験を積んだ後、中華やバル業態を経営する㈱ウェイブズに入社し、同店の立ち上げと運営を任される。「1番大切にするのは、こだわりの食材、こだわりの生産者様をお客様に伝えること。〝近い距離感でよき食材と空間を共有する〟をコンセプトにしています」と話す通り、店をお客と生産者をつなぐ場として位置づける。

齋藤氏は、積極的に生産者に会いにいき、実際に食材を見て触れ、生産者の思いを聞き、その上で〝お客に伝えたい〟食材を仕入れ、料理に仕上げる。そして、お客には積極的に声をかけ、素材のストーリーを自分の思いを含めて伝え、生産者の思いを共有してもらうことを大切にしているという。

提供する料理は、修業した『四川飯店』で学んだ技術をベースに、本場中国の味付けを守りながら、食材に合わせて柔軟に開発する。

「日本で作る中国料理なのだから、日本の食材をできるだけ使って提案していきたい」と、食材は国産を中心に使用。また、料理に合わせて食材を選ぶというよりも、まず食材ありきで発想を広げる。旬の食材、こだわりの生産者の食材、それらの魅力を最も引き立てる調理法、味つけを考えて提供している。例えば「乳飲み鳩の干鍋」（P121）の場合、これまで入手困難だった生の仔鳩を、国内で育てている生産者がいると知り、齋藤氏自らが個別に問い合わせて入手。その仔鳩が最も活きる調理法として、四川で最近流行している干鍋を結び付けて開発した。

調理法においても柔軟性を持ち、他業種も含めて新しい技術を導入している。例えば「ホウレン草と鯛のスープ」（P126）では、上湯に和の昆布だしを使う。しかも最近、流行していると いう手法を勉強し、昆布を80℃で1時間煮出す方法を取り入れた。

「中国料理の体系化された技術に、現代の技術と感性を取り入れて、よりおいしい料理を追究していきたい」と齋藤氏は志を語る。

こだわりや思いをお客に伝えるにはサービス時の会話力が最重要になる。シェフ自らが客席を巡り、食材や調理法について説明するほか、サービス担当にも指導を徹底。提供するものと同じ食材でまかないを作ったり、生産者の元へ一緒に出掛けることで、食材への思いを共有できるようになってきた。

おまかせコースが売れる店に

開業当初、夜は内容おまかせのコース一本のみで勝負していた。「その瞬間においしいものを直に伝えたい」との強い思いからだった。しかし、新規客にはハードルが高かったようで客数がのびず、段階を踏みながら現在のスタイルに移行。注文しやすいアラカルトも導入すると、順調に客数がのびていった。そして最近では、齋藤氏への信頼感が増したことで、おまかせでの注文が徐々に増加。味や量の要望を聞き、その場で齋藤氏がコース内容を組み立てていくスタイルが好評だという。

また同店では、「中国料理の色々な楽しみ方を提案したい」と、ドリンクにも注力してきた。中国酒輸入販売の㈱太郎に相談して取り揃えたマニアックな中国酒に加え、最近では女性向けにワインを充実。中国料理に〝寄りそう〟ワインを揃えたことで、ワインとともに楽しむお客が増えている。

将来的に齋藤氏は、当初の思いの通り、おまかせコースが出る店にしたいと考えている。素材をベストな状態で提供でき、ロス防止や原価の安定にもなるからだ。現在の目標原価率は34％で、今後ダウンはさせず、お客に還元していく方針だ。「技術を高め、より価値あるものを提供していきたい」と、齋藤氏はさらなる進化を目指す。

「よき食材のお客様との共有」を店のコンセプトに

複雑な風味と辛味で大人気！四川スタイルの汁なし鍋

干鍋乳鳩　乳飲み鳩の干鍋

干鍋乳鳩
乳飲み鳩の干鍋

最近、中国で人気の四川料理・干鍋(汁気の少ない鍋料理)に、味がくっきりとした国産の生の仔鳩や旬の野菜などを使い魅力をアップ。仔鳩は滷水で軽く煮込んで下味を入れ、風通しのよい場所に吊るして表面を乾燥させた後、低温の油をかけて皮をパリッとさせる。調理工程で火を入れ過ぎないように注意し、しっとりやわらかな肉質を活かしてジューシーに仕上げる。調味には、豆板醤や沙茶醤、朝天辣椒など複数の調味料・香辛料に熱々の香味油をかけて作る「干鍋醤」を使用。上澄み部分の油で仔鳩と野菜類を炒め、下に溜まった醤を調味に使う。香りや味がはっきりとした料理なので、使用する肉は、個性のある味わいのものが合う。3500円(税抜)

材料(1鍋分)

仔鳩…1羽(340g)
仔鳩のハツ・レバー・砂肝…各1個
野菜類
- 生椎茸…70g
- じゃが芋…70g
- レッドオニオン…50g
- パプリカ(赤・黄)…各20g
- マーメラス…20g

滷水(※)…適量
干鍋醤(※)…50g
干鍋醤の上澄み油…100ml
香辛料
- 朝天辣椒…10g
- クミンシード…3g
- 青花椒(粒)…少々
- 花椒(粒)…少々
- ローリエ…5～6枚

香菜…10g

※滷水(完成量は2ℓ)
豚足…1kg
モミジ…1kg
長ねぎ…20g
生姜…20g
水…4ℓ
香辛料
- 八角…3g
- 桂皮…3g
- 花椒(粒)…3g
- 陳皮…3g
- 粒胡椒…3g

カラメル
- 白絞油…10ml
- 氷砂糖…50g
- 水…200ml

調味料
- 塩…20g
- 紹興酒…100ml
- 中国醤油…50ml

1 豚足は半分にカットする。
2 モミジとともに1の豚足をボイルし、水洗いする。
3 中華鍋に白絞油を引き、氷砂糖を分量の水に溶かし、煮詰めてカラメルを作る。
4 香辛料類はさらしで包む。
5 水(4ℓ)に2、3、4、長ねぎ、生姜を入れ、2時間煮込む。
6 漉して調味料類で味を調える。

※干鍋醤
A
- 四川豆板醤…100g
- 家常豆板醤…100g
- 郫県豆板醤…100g
- 沙茶醤…50g
- 香辣醤…50g
- 五香粉…3g
- クミンパウダー…10g
- 朝天辣椒(粉)…30g

B
- サラダ油…3ℓ
- 長ねぎ…適量
- 生姜…適量
- 玉ねぎ…1/2個
- ニンニク…30g
- 香菜…30g
- 粒胡椒…10g
- 陳皮…20g

1 Aの材料を全て混ぜる
2 Bの長ねぎ、生姜、玉ねぎ、ニンニク、香菜は刻んでおき、全ての材料を混ぜ合わせて160℃位で熱してサラダ油に香りを移し、材料を取り出す。
3 2の油を200℃まで加熱し、1に少しずつかけ混ぜる。
4 一晩寝かせると出来上がり。

作り方

1 鍋に滷水を熱し、仔鳩を入れて落とし蓋をして12分煮る(a b)。仔鳩の内臓類は、それぞれ下処理をし、5分ほど滷水で煮て引き上げ、冷蔵しておく。
2 1の仔鳩にフックをかけ、風通しの良い場所につるして3時間乾かす(c)。
3 2を160℃の揚げ油に入れ、油をかけながら温め、適当な大きさに切り分ける(d e)。1の内臓類も同様に油通ししておく。
4 野菜類は、それぞれ食べやすい大きさにカットし、160℃の油で油通しする。
5 中華鍋に干鍋醤の上澄みの油の部分を入れて香辛料を加え、加熱して香りを出す(f)。香りが出たら、干鍋醤の下に溜まった醤の部分を加えて調味する(g)。
6 5に3の仔鳩と内臓類、4の野菜類を加え、強火で炒め合わせる(h)。仕上げに3cm長さに切った香菜を加えてさっと炒める。
7 器に盛り付け、香菜(分量外)を飾る。

肉厚で水分量の多い椎茸「トムトムジャンボ」、冷蔵熟成で糖度を増したじゃが芋「インカのめざめ」、スナップエンドウとサヤインゲンを掛け合わせたような味わいのマメ科の野菜「マーメラス」など、全国のこだわりの生産者から仕入れる希少な野菜を積極的に使っている。

a

生後42日間以内、ピジョンミルクで育った仔鳩を使用。茨城県産の生のもので味がよい。仔鳩ならではのしっとりとやわらかな肉質が魅力だ。

b

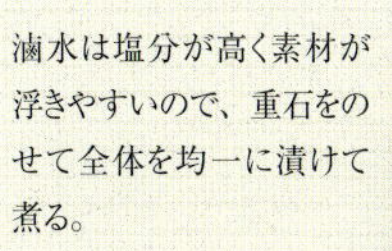

滷水は塩分が高く素材が浮きやすいので、重石をのせて全体を均一に漬けて煮る。

c

長時間乾かし過ぎると、身から水分が抜けすぎてパサパサになってしまう。3時間程度に留めている。

d

e

低温の油をかけて皮をパリッと仕上げる。身がかたくならないよう、温める程度で引き上げ、肉汁が残る状態に。

f

g

干鍋醤の上澄みの油の部分を炒め油に、下に溜まった醤部分を調味に使用。複雑な香味が特徴。

h

香辛料の香りを油に移したら、仔鳩、野菜を加え、強火でさっと炒め合わせて香りを立たせる。

豆花牛肉

白い麻婆豆腐

豆腐と牛肉の塩味の煮込みに辛い油をかけて提供する四川料理「豆花牛肉」を、同じ主材料で作る麻婆豆腐になぞらえ、〝白い麻婆豆腐〟と親しみやすくネーミング。材料は似ているものの異なる味わいと魅力があることを知らせ、中国料理の奥深さを体感してもらう、同店の名物メニューだ。牛肉、豆腐、ザーサイをスープで煮て器に注いだら、ねぎと朝天辣椒粉を一面にふり、熱した油をじゅっとかけて香りを存分に立たせて提供。具材と油部分が口の中で混ざることで、材料一つひとつの香りや味わいが感じられると共に、ひと口ごとに異なる表情をみせる味の融合が楽しめる。1700円(税抜)

材料(1皿分)

牛モモ肉…50g
溶き卵…適量
片栗粉…適量
絹ごし豆腐…150g
ザーサイ…20g
干しエビ…10g
毛湯(※)…250ml
塩…適量
胡椒…適量
酒(日本酒と紹興酒を同割で合わせたもの)…適量
水溶き片栗粉…30ml
白絞油(仕上げ用)…100ml
長ねぎ白い部分…15g
万能ねぎ…5g
朝天辣椒(粗みじん切り)…4g
香菜…10g
カシューナッツ…10g
花椒粉…適量

※毛湯(完成量は15ℓ)
鶏ガラ…5kg
モミジ…3kg
豚骨(ゲンコツ)…3kg
長ねぎ…適量
生姜…適量
水…25ℓ

1 豚骨は半分に割る。
2 豚骨、鶏ガラ、モミジをボイルする。
3 ボイルした2を水洗いする
4 豚骨、鶏ガラ、モミジ、長ねぎ、生姜の順に水(25ℓ)を張った寸胴鍋に入れ、3時間加熱する。アクを取りながら丁寧に仕上げる。
5 漉して使用。

作り方

1 牛モモ肉、豆腐、ザーサイは、同じ大きさで小角に切り揃える。
▶同じ大きさに切り揃えることで、それぞれの歯応えの違いを際立たせ、食感のメリハリと楽しさを出す。
2 牛モモ肉は、溶き卵をからめ、片栗粉をふって軽くもむ。160℃の油で油通しした後、軽くボイルして油抜きをする。
3 毛湯を温め、塩、胡椒、酒で調味する。2の牛モモ肉、1の豆腐、ザーサイ、刻んだ干しエビを加えて軽く煮込む(a)。豆腐が中まで温まり、浮いてきた程度で水溶き片栗粉を加えてとめる。
▶豆腐のなめらかさはおいしさのポイント。加熱しすぎないよう注意する。
4 白絞油を熱し、250℃まで加熱する。
5 3を器に入れ、刻んだ長ねぎ、小口切りにした万能ねぎを一面に散らし、朝天辣椒をまんべんなくかける(b)。4の油を上からかけて香りを立たせ(c)、刻んだ香菜、砕いたカシューナッツを散らす。花椒粉をふる。

a

b

c

口の中で完成する、名物〝白い麻婆豆腐〟

提供時には、皿の中で混ぜずに二層状態のまますくって口の中に入れ、口の中で混ぜ合わせるようにとアドバイスする。

豆花牛肉

翡翠加吉魚羹
ホウレン草と鯛のスープ

和の調理法を取り入れ、利尻昆布を加えて〝深みのある旨味〟を表現したオリジナル上湯が主役のスープ。この上湯のおいしさでふっくらと湯通ししたタイの身を味わってもらう。印象的な緑色の粒粒は、ほうれん草のペーストを油に落として作ったもの。目にも美しく食感にアクセントを与える。昆布を80℃で1時間煮出した後、金華ハムなどを煮込んで作る上湯は、塩などの調味料や他の食材で旨味を足す必要がないほど旨味が強い。そのためタイは、煮込まずさっと湯通ししてスープと合わせ、素材自体に旨味を残している。1600円(税抜)

材料(1皿分)

ほうれん草のペースト
- ほうれん草…40g
- 卵白…1個分
- 水…40ml
- 塩…少々
- コーンスターチ…20g

マダイ…80g

マダイの下味
- 塩…少々
- 片栗粉…少々

上湯(※)…300ml

水溶き片栗粉…30ml

※上湯(完成量2.5ℓ)

利尻昆布…4cm×20cm1枚
水…5ℓ
干し椎茸…20g
金華ハム…200g
老鶏…2kg
豚スネ肉…1kg
牛モモ肉…500g
粒胡椒…10g
陳皮…10g
龍眼…10g

1 豚スネ肉、老鶏、牛モモ肉、金華ハムをぶつ切りにし、金華ハム以外をボイルする。
2 寸胴鍋に水(5ℓ)と昆布を入れ、80℃で1時間加熱する。
3 2から昆布を取り出し、金華ハム以外の材料を全て入れ、加熱する。沸いてから30分は丁寧にアクを取り除くこと。
4 金華ハムを入れ2時間加熱する。
5 漉して使用。

作り方

1 ほうれん草は、ざく切りにし、ミキサーに入れる。卵白、水、塩を加えてミキサーを回し、ペースト状にする。ダマを防ぐため最後にコーンスターチを加え、スプーンなどで軽く混ぜたのちミキサーを軽く回す。
▶変色しやすいので、注文ごとにペーストから作る。
2 マダイは、厚めの切り身にし、軽く塩をふる。薄く片栗粉をまぶし、熱湯でさっと湯通しする。
3 1のほうれん草のペーストを、ジャーレンに通して160℃の揚げ油に落とす(a)。ペーストは落とすとすぐに小さな球状に固まる。くっつきやすいため、粒を散らすように泡立て器で油をかき混ぜながらさっと加熱する(b)。
4 3を油から取り出す(c)。さっと茹でて油抜きし、水切りする。
5 上湯を温め、4を入れて温める。水溶き片栗粉で軽くとめる。
6 2を器に入れ、5をかける。

身に旨味が残るように、魚は刺身用よりやや厚めに切る。取材時は宇和島産のマダイを使用。タイのほか、白身魚全般が合う。

a

b

c

和の昆布だしの手法を使った旨味の深い上湯を堪能させる
翡翠加吉魚羹

中華

の弥七 ノヤシチ

店主 山本眞也

1979年高知県生まれ。都内の中華店勤務を経て、25歳のときに上海へ渡り、1年半修業。帰国後は、東京・白金台『白金亭』で約1年、東京・三田『御田町 桃の木』で5年8ヶ月にわたり修業を重ね、2014年7月に『中華 の弥七』を開業。

独自の〝和中折衷〟を開拓

かつての花街の風情を今も残す大人の街、四谷・荒木町。その一角に2014年7月誕生したのが『の弥七』だ。コンセプトは「日本人がおいしいと思う、日本人のための中国料理」。割烹を思わせる店構えと内装、メニューも「胡麻豆腐」「ぶりしゃぶ」などを和食器に盛りつけて供するなど、今までにないスタイルの中国料理店として注目を集めている。

店主の山本眞也氏は、中華の料理人を目指し上京後、1年半ほど上海に渡って基礎を学び、帰国後は有名店で計6年半研鑽して独立に至った。ユニークな店名は、実家の中国料理店『風車』から発想を広げて付けたものだ。

山本氏はこれまで様々な中国料理店を見てきたなかで、満腹なのに無理に食べたり、食べきれなかったりする年配客の姿を目にすることもあった。

「国によって文化も風習も嗜好も違う。日本で店を開く以上は、やはり日本人のお客様の口に合うものを提供した方が喜ばれるのではないか、と考えていました」と山本氏は話す。店を開業しようと決めたとき、今後の高齢化社会も見据えて、年配の人でも最後までおいしく食べられる、和食の魅力を取り入れた中国料理を出そうと決めた。

別ジャンルの料理を融合させる手法は様々ある。山本氏の場合は、和食の繊細さに中華のエッセンスを取り入れる方向で考えた。知り合いの料理人から和食の技法を習い、丁寧な仕事や盛りつけ、器使いなど、和食の良いと思う部分を料理に反映させ、目には見えないが中国料理の味わいや香りをほのかに感じるよう開発する。

たとえば、オイスターソースのポン酢を張って中華のニュアンスを出した胡麻豆腐。カツオだしの代わりに清湯を使ってごま油で焼いた出汁巻玉子など。こうした創意工夫のあるメニューに加え、ライトな味わいの調理法も取り入れ、日本人の口に合う〝和中折衷〟の新ジャンルを開拓している。

中国料理の印象が残る工夫を

厨房が狭く、限られた人員(調理は計2名)で対応しているため、メニューは現在のところアラカルトはなく、9000円、1万2000円、1万5000円の3コースのみに絞っている。コースの内容は会席料理に当てはめて考え、いずれも先付で始まり、デザートで終わる8品が基本。1万2000円以上のコースは、より手の込んだ料理や活魚などを組み込んでグレードアップさせる。料理の内容はその日の仕入れ食材によって替わるほか、たとえば若いグループなら盛りを多くしたりこってりした料理を組み入れたりして、客層や好みに合わせて臨機応変にアレンジを加える。

和×中華を強く打ち出している同店だが、中国料理店のカテゴリーから逸脱しないよう、中国料理の余韻を残す工夫も施している。

「調理の手法や盛りつけなどに和食のものを取り入れていますが、味は中国料理に寄せるよう心がけています。コースも全品を和中華にするのではなく、8品のうち3品は正統派の中国料理を入れて、うちが中国料理店であることをしっかり伝えています」と山本氏。

また、同店では器も和のものを採用。什器で料理のクオリティが高まると考え、京焼や九谷焼といった陶磁器や漆塗りの三段重など、優美な和食器を集めて、実際のメニューに使用する。

客の年齢層が高いため、アルコールはビールや日本酒を合わせる人が多く、同店の料理に合う淡麗辛口の日本酒を用意している。

こうしたメニューや提供法が、荒木町という立地にもマッチし、主に40~60代の男性常連客を獲得。ほかでは食べることのできない和食と中華の折衷メニューは、あらゆる料理を食べ込んだグルメ層にも評判を呼んでいる。

「自分が取り組んできた中国料理を多くの方に楽しんでいただくため、今後も日本人に喜ばれる料理は何かを追究し続けていきたい」と山本氏は話す。

「中国料理×和食」で日本人に喜ばれる料理を追究

焼き白子に姿まで似せた和の雰囲気漂う人気の先付

胡麻豆腐

胡麻豆腐

ごま豆腐の起源は中国の隠元禅僧が伝えた精進料理とされている。同品は、店を印象づけるコースの一品目(先付)として開発。冷やし固めるだけでなく、提供ごとに低温の油で揚げるのが特徴だ。「焼き白子」をイメージし、加熱することで白子に似た舌触りを出して、表面の焦げ目で見た目も近づける。練りごまは使わず、みがきごまと昆布だしの旨味をベースにして、「ライトな味わいの中国料理」という店のコンセプトを伝える。中華の味わいは、仕上げに張る「オイスターポン酢」で表現。見た目は和食でも食べ進むうちほのかに中華を感じる粋な演出で、その後に続く料理への期待感を高めている。9000円、12000円、15000円(ともに税抜)コースの一品

材料(9〜10人前)

A
- みがきごま…125g
- 日高昆布…20cm×15cm 1枚
- 水…500ml

吉野葛…50g
日本酒…50ml
塩…3g
砂糖…ひとつまみ
35%生クリーム…75g
片栗粉…適量
九条ねぎ(笹打ち)、黒七味…各適量
オイスターポン酢(※)…適量
水…適量

※オイスターポン酢
濃口醤油…460ml
柚子の絞り汁…100ml
オイスターソース…50ml
だし醤油…150ml

1 すべての材料を混ぜ合わせる。

作り方

1 ボウルにAを入れて冷蔵庫に一晩おき、ごまに昆布の旨味を入れる(a)。
2 1から昆布を取り出し、水ごとミキサーに入れ、ごまの粒がなくなるまで攪拌する。
3 2を2回に分けてさらしで漉す。
4 3に吉野葛と日本酒を加え、葛のかたまりがなくなるまで混ぜる。
5 4を鍋に移して塩、砂糖を加える。砂糖を少々加えることで、まろやかな味わいになる。
6 5を弱火にかけ、たえず木べらで混ぜながら練り上げる。最初によく混ぜないとダマになりやすいので注意。
7 とろみがついてきたら生クリームを加え、さらに練り上げる。成形しやすいよう、木べらで生地を持ち上げて垂れないぐらいまでややかための状態に仕上げる(b c)。
8 お椀にラップを敷いて1個につき35〜40gの生地を入れ(d)、茶巾に絞って輪ゴムで止める。これを氷水に30分ほど入れて固める(e)。ここまで営業前に仕込んでおく。
9 注文ごとに8のラップをはずして片栗粉をまぶし、絞った面を上に向けて80℃以下の白絞油に入れ、点火する(f)。強火(内火のみ)にかけ、そのまま動かさずに油の温度を上げていく。油の温度が上がってきた(180℃ぐらい)ところで底面を見て、丸く焦げ目がついていたらキッチンペーパーに取って油を切る(g)。
10 9を器に盛り、九条ねぎを天に盛ってオイスターポン酢を同量の水で割ったものを張り(h)、黒七味をふる。

a
ごまのペーストを使うと重くなるので、みがきごまに昆布だしの旨味を入れてベースを作る。

b

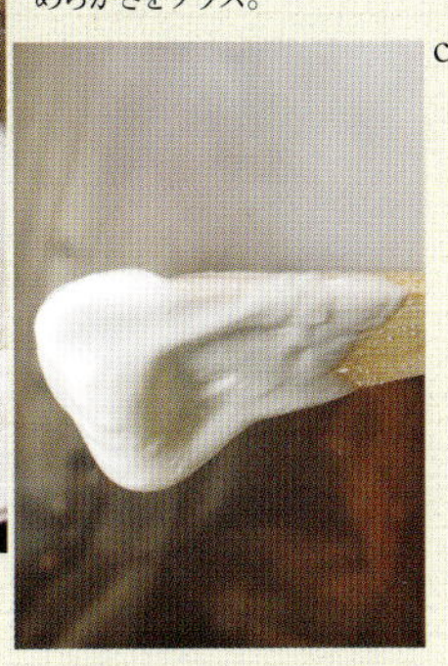

c
成形しやすいよう、ややかために練り上げる。生クリームも加えてコクとなめらかさをプラス。

d e
注文ごとに油で揚げるため、1人分ずつ茶巾に絞って成形し、提供しやすくする。

f
ごく低温の油でじっくり揚げる。動かすと破けて水分が出てきてしまうので、動かさずに揚げる。

g
あえて焦げ目をつけることで、見た目も「焼き白子」を彷彿とさせる洒落と驚きのある一品に。

h
ポン酢の隠し味としてオイスターソースを加えて、ほんのり中華を感じる味わいに。

〆鯖の燻製

イシモチを燻製にする杭州料理を青背の魚で応用。自ら毎日河岸に行って仕入れる旬の魚(取材時はサバ)を塩締めにして、ややレアな状態にスモークし、香り高く美しい光沢が魅力の一品に仕上げる。たっぷりの塩で締めてサバの味を凝縮させた後、花椒をブレンドした塩をふって味と香りをのせる。はしりのサバは軽めの塩で、脂がのっているサバは塩が浸透しにくいため、やや強めにふるようにする。燻煙材はウッドチップではなく、米とジャスミンの茶葉、ローリエを使ってさわやかな香りを添える。4割程度火が入るイメージでややレアな状態に燻した後、15分ほど常温におくことで、皮目が美しい金色に輝く。9000円、12000円、15000円、(ともに税抜)コースの一品

材料(1尾分)

真サバ…1尾
塩…適量
酢水…適量
山椒塩(※)…適量
燻煙材
- 砂糖…400g
- 米…2つかみ
- ジャスミン茶(茶葉)…3つかみ
- ローリエ…8枚

※山椒塩
ミルで挽いた花椒とモンゴル産岩塩をブレンドしたもの。

作り方

1 サバは三枚におろして腹骨を包丁ですき取り、両面に塩を強めにふって1時間おく(a)。
▶後でスモークすることを考慮し、たっぷりの塩をふって短時間で締め、レアに仕上げる。

2 1を水洗いし、酢水に両面15分ずつ、計30分漬ける。

3 水気を拭き取り、小骨を抜いて薄皮を引く。

4 山椒塩を両面にふり、そのまま10～15分おく。脂がのったサバは塩が浸透しにくいので、全面を覆うよう強めにふる。

5 燻製の準備をする。中華鍋にアルミホイルを2枚敷き、砂糖、米、ジャスミン茶葉、ローリエの順に入れる(b)。
▶色づけのため、砂糖はたっぷり使用。米や茶葉、ローリエでさわやかな香りを添える。

6 5の中央にセイロなど台になる物を置いて強火(内火のみ)にかける。煙が立ったら、皮目を上にして網に並べた4をのせ、蓋をして燻す。鍋の中に火がつかないよう、時々蓋をとりながらしばらく燻し、皮の白い部分が黄色くなってきたら取り出す(c)。
▶短時間ではきれいな色がつかないため、じっくりと4割程度火が入るよう燻す。身の縁が沿ってしまうと火が通りすぎなので注意。

7 6を常温に15分ほどおく。皮目が徐々に金色になり、光沢が生まれる(d)。

8 皮目に一本切れ目を入れて7～8㎜厚にスライスし(八重造り)、器に盛る。

a

b

c
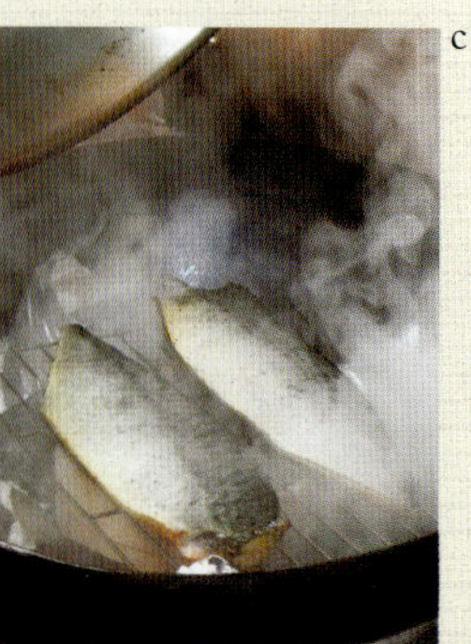

d

皮目の美しさと花椒の香りで魅力を高めた

〆鯖の燻製

雲子の唐煎り

タラの白子のことを、関西圏では「雲子」と呼ぶ。旬の魚介を使うコンセプトに沿い、身がしっかりした新鮮な雲子を使い、「辣子」の手法を用いて鷹の爪や花椒とともにから炒りにする。雲子の揚げ衣は、片栗粉でなく素材の水分を通しにくいコーンスターチを使い、サラサラの状態に溶くこと。そして、190℃の油で揚げるのが、表面をカリッと、中はとろとろの食感に仕上げるポイントだ。たっぷりの鷹の爪は、辛味よりも香りづけの意味で使用。炒る際は大きく鍋を振りながら、弱火で焦がさないように香りを出す。雲子に茄子を組み合わせてもよく、一皿で異なる食感が味わえて、より魅力が増す。9000円、12000円、15000円(ともに税抜)コースの一品

材料(1皿分)

雲子…100g
衣
- コーンスターチ…100g
- カスタードパウダー…3g
- 塩…ひとつまみ
- 強力粉…30g
- 水…200ml(分量は状態を見て調節)

強力粉…適量
花椒(粒)…ひとつまみ
鷹の爪(中国産)…30g
長ねぎ(みじん切り)…大さじ2
香菜(みじん切り)…大さじ2
山椒塩(134ページ参照)…適量

作り方

1 雲子を3%の塩水(分量外)に入れ、軽くもんでから30分ほど漬けて臭みを取る(a)。
2 1を水洗いし、ハサミでやや小さめの一口大に切る。
3 2の水気をキッチンペーパーでしっかり拭き取る。
▶独特の臭みが残らないよう、水気はしっかり拭き取る。牛乳に漬けて臭み取りしてもよい。
4 衣の材料を混ぜ合わせる。薄い膜を張るイメージでからまるよう、水の量は垂らしてみてサラサラと流れる状態になるくらいに調節して加える。
5 3に強力粉を薄くまぶして4の衣をつけ(b)、余分な衣を落として190℃に熱した白絞油に入れる。
▶180℃では低く、200℃だと温度が高すぎて焦げやすい。190℃がベスト。
6 玉杓子で油をまわし、油に散った余分な衣を取り除きながら揚げ、表面を触ってカリッとしたら取り出す(c)。身が崩れないようジャーレンを何度か大きく振ってしっかり油をきる(d)。
7 中華鍋をきれいにして花椒と鷹の爪を入れ、大きく鍋をふりながら焦がさないようにゆっくりから炒りする。
8 煙が出てきたら長ねぎと香菜のみじん切りを入れて炒り、香りが出たら6を戻し入れてからめる。
9 仕上げに山椒塩をふって味付けし、器に盛る。

a

b
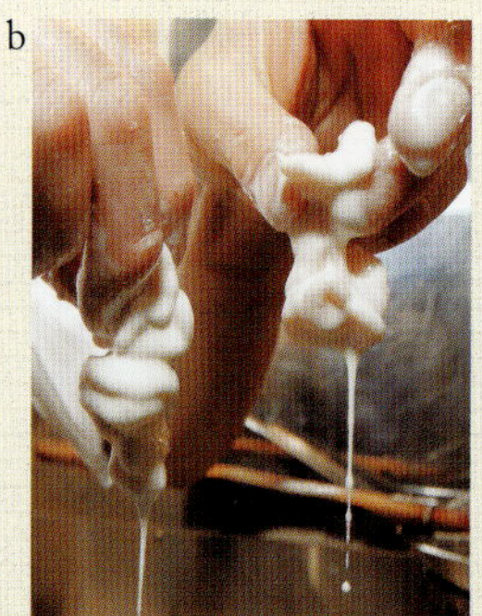
c

d

花椒や鷹の爪の香りと雲子のとろける食感を味わう

雲子の唐煎り

中国菜

膳楽房 ゼンラクボウ

オーナーシェフ **榛澤知弥**

1976年東京都生まれ。大学時代から居酒屋でアルバイトし、卒業後は社員になって、様々なジャンルの調理技術を取得。中国料理を志して、東京・幡ヶ谷『龍口酒家』で10年間にわたり修業を積む。2013年4月に独立し、同店をオープン。

調味料や肉加工品を自家製

地下鉄・飯田橋駅から徒歩1分、和食店やフレンチレストランなど、多彩な飲食店が軒を連ねる神楽坂の路地を入った場所に『膳楽房』はある。

オーナーシェフの榛澤知弥氏は、大学生の頃から計6年間、手作り料理を提供する居酒屋で働き、様々なジャンルの料理を覚えた。その中から、時代を経ても廃れることがなく、またダイナミックな調理法にも惹かれて、中国料理の道を志すことを決意。縁あって、創作中華の名店として知られる東京・幡ヶ谷の『龍口酒家』に入り、10年間にわたって修業を積んで、２０１３年4月にこの店をオープンさせた。

一軒家を改装した店舗は、まるでカフェのよう。「中国料理をもっと身近に、日常使いのできる店に」と、若い女性が一人でも気軽に入れるように、白を基調とした外観や内装を施した。

グランドメニューは、一品料理が約25種類と麺飯類が12種類。中心価格帯は１５００円前後。そのほか、日替わりメニューを15種類ほど用意している。だれもが知る中国料理の定番メニューに加え、その日に入荷した野菜や魚介を使う季節料理も提供する。

「修業した店は独特で、作れるものは何でも作る方針でしたし、メニューもおまかせコースのみで、その日にある材料を元に即興で料理を仕上げていくスタイルでした。修業先で様々な食材の扱い方を学び、お客様の好みによって臨機応変に料理を作ることを経験させてもらいました」と話す榛澤シェフ。

そんな榛澤シェフが打ち立てたこの店のコンセプトは「ラボ＝研究所」。修業の経験を活かし、調味料や香油、肉加工品などを手作りしたり、中華の伝統製法をベースに独自のメニューを開発したり。試行錯誤を重ねながらメニューを作り上げていく厨房を、味づくりの研究場所としてとらえている。

たとえば豆板醤は、豆豉と花椒、辣粉を混ぜて火を入れた後、ハスの葉に包んで3～4日熟成させて作ったもの。「手作りすると塩気が抑えられ、料理も思い通りの味が出せる。それに、香りもあっておいしい」と榛澤シェフ。古典的な料理にもこうした自家製調味料を使用し、また、腸詰やベーコンなど肉加工品もまとめて仕込んでおき、炒め物や煮込みなど幅広いメニュー活用して、オリジナリティを出している。

旬の素材を活かしシンプルに

さらに、旬の素材を活かした調理も榛澤シェフのモットー。「本日のおすすめ」を記した黒板には、「イクラ紹興酒漬けとカニの炒飯」や「金針菜とエビの炒め」など、ほぼ定番化しているメニューもあるが、中心は産地直送のえぞ鹿やカキ、ゆり根といった、旬の素材を活かしたメニューだ。

「契約農家から仕入れる野菜など、おいしい素材を活かしたい。そのために、1品につき使う素材を2種類ほどに絞り、調味料もどんどん引き算して、シンプルな調理を心がけています」。

メイン素材を軸に、合うサブ素材と調理法を導き出す。そうしてトライ＆エラーをくり返し、よりおいしくてオリジナリティのあるメニューを作るべく、日々挑戦している。

現在の客層は、30～40代を中心にシニア層まで、全体の7～8割を女性客が占める。年配客や女性客からは「中華でもシンプルでやさしい味つけだから食べやすい」との声が聞かれ、リピーターになって宴会の予約を入れてくれるケースも多いという。また、仕事帰りの女性が一人で来店し、料理をおまかせで注文してワインとともに楽しむ姿も珍しくない。こうした幅広い客層やニーズを掴んだ結果、全30席の規模で、夜は開業以来、毎日予約で満席になるほどの人気を博している。

「うちは同じ料理も日々、研究を重ねて味が進化していくので、リピートするほど楽しめる店です。お客様の要望に応えながら料理を出す自由さもウリですね」と榛澤シェフ。今後も新たなアプローチで、中国料理の世界を広げていきたいという。

店＝研究所（ラボ）。中国料理の世界を広げる調理の探究を

今はなき台湾料理店の腸詰を再現した看板料理

自家製 腸詰

自家製 腸詰

榛澤シェフがほれ込んだ、東京・小岩にあった台湾料理店の腸詰を再現。注文ごとに低温でじっくり揚げて、表面はパリッと、中からジューシーな肉汁が溢れ出るおいしさを魅力にした。豚肉は粗めに手切りされたものを仕入れ、赤身と脂身を7対3の割合で指定してジューシーな味わいを表現。調味料を合わせる際は粘りが出ないよう、肉の中に味が入るぐらいで止め、肉らしい歯ごたえを出す。味付けは甘みや五香粉を控えめにし、だれもが食べやすい味わいに。保存料や添加物は使用しない。干す時間は一晩程度と短時間に抑え、やわらかな弾力に仕上げる。好みで自家製の豆板醤や甜麺醤をつけて食べてもらう。ほとんどのお客が注文する『膳楽房』の看板メニュー。1本850円(税込)

材料(40〜50本分)

豚挽き肉(バラ肉7対背脂3)
…5kg

A
- 塩…40g
- 五香粉…5g
- 胡椒…20g
- 白酒…175g
- ハチミツ…220g

豚腸…適量
長ねぎ、香菜…各適量
自家製豆板醤(※)、自家製甜麺醤(※)…各適量

※自家製豆板醤
鍋に豆豉と花椒、辣粉を混ぜて加熱した後、ハスの葉に包んで3〜4日熟成させたもの。

※自家製甜麺醤
鍋に赤だし味噌(京都・石野味噌)、砂糖、醤油、水を入れ、火にかけながら練り上げたもの。

作り方

1 豚肉はバラ肉7対背脂3の割合で業者に粗く挽いてもらったものを仕入れ、大きめのボウルに入れる(a)。
2 Aの調味料をボウルに入れて混ぜ(b)、1に加えて肉のまわりに調味料をなじませる程度に混ぜる(c)。
3 豚腸は水洗いして水に漬けて戻し(塩漬けの場合)、腸詰機にセットする。
4 2を適量手に取り、軽く手に打ちつけて空気を抜き(d)、腸詰機にも空気が入らないよう押し込めるように入れる。手を口金に添えながら絞り出し(e)、空気が入らないように詰める。
5 詰め終わったらところどころ針を刺して空気を抜き、タコ糸で10cm前後の長さに縛り、扇風機で風を当てながら一晩吊るしておく(f g)。
6 5を1本ずつ切り離して、冷凍保存しておく。
7 6を冷蔵庫に移して解凍し、注文ごとに130〜140℃に熱した白絞油に入れて5〜7分かけてじっくり揚げる(h i)。
8 食べやすくスライスして器に盛り、白髪ねぎ、香菜、豆板醤、甜麺醤を添える。

a

豚肉は国産のものを使用。肉の食感が残るよう、1.5〜2cm角ほどに粗く切ったもので、背脂を3割混ぜてジューシーさを出す。

b

甘みは砂糖でなくハチミツを使って、やわらかな甘さを出す。甘さはやや抑えめにし、五香粉もクセのある香りが苦手な人も多いので控えめに加える。

c

ハンバーグパテのように粘りが出るまで練り混ぜるのではなく、肉の中に調味料を入れる程度に軽く合わせ、ごろっとした肉の存在感を出す。

d

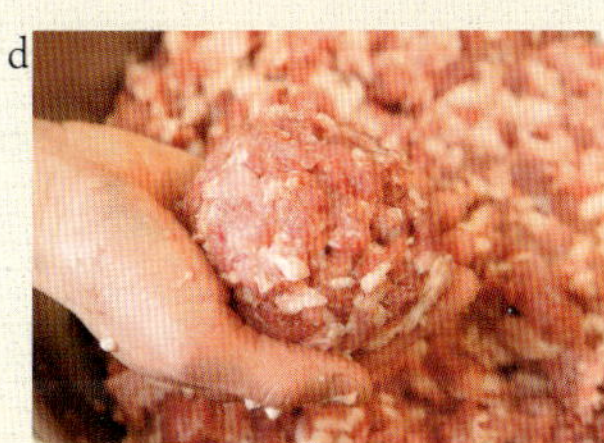

e

生地は詰める前に空気を抜き、加熱の際の破裂を防ぐ。肉を詰める際は、機器の流れのままでは肉の詰まりが悪い。流れにブレーキをかけるように手で速度を調整し、肉がしっかりと詰まった太さのある腸詰を作る。

f

扇風機で風を当てながら厨房に一晩吊るし、表面が乾く程度に干す。やわらかくジューシーな肉汁のおいしさを残す。

g

h

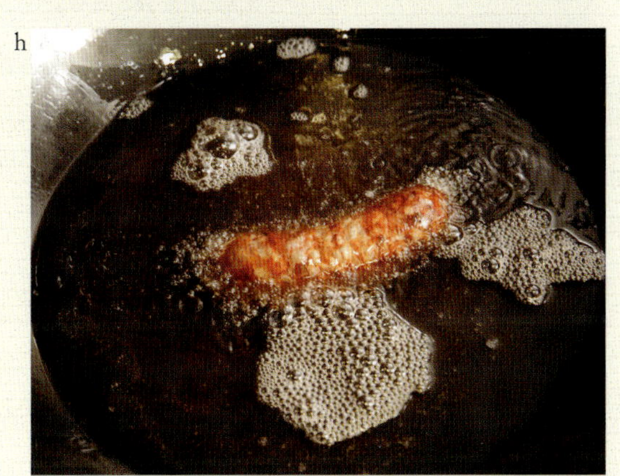

肉が締まってかたくならないよう、低温でじっくり揚げる。空気穴から肉汁が出てきてから1分ほど揚げて取り上げる。スライスして中がややピンク色の状態がベスト。

i

自家製ベーコンと菜の花の炒め

自家製のベーコンと季節の青菜を組み合わせた、日替わりメニューの一品。ベーコンは一日だけ干して、肉の旨味を凝縮させながらやわらかな食感に仕上げる。調理に使う際に燻製香が強調されないよう、燻製にはかけない。五香粉をまぶすと表面がざらついて口当たりが悪くなるため、水でホールスパイスを軽く煮たものを豚バラ肉にまぶし、香りを移す方法を行う。菜の花と炒める際は、まずベーコンを油で炒め、ベーコンの風味が移った油で菜の花を炒める。菜の花は芯がかたいため、鶏ガラスープを加えて少し煮立て、均一なかたさにするとともに味を含ませる。野菜はブロッコリーやグリーンアスパラガス、空芯菜などもよく合う。１３５０円(税込)

材料

●自家製ベーコン(仕込み量)

豚バラブロック肉…2kg
長ねぎ青い部分…20本分
生姜…60g
A
- 花椒(粒)…3g
- 桂皮…5g
- 八角…3個
- 陳皮…7g

塩…100g

●仕上げ(１皿分)

自家製ベーコン…20g
菜の花…120g
B
- 濃口醤油…小さじ1/2
- 塩…ひとつまみ
- 胡椒…少々
- 紹興酒…大さじ1

鶏ガラスープ…大さじ2
白絞油…適量

作り方

1. 自家製ベーコンを作る。豚バラ肉はブロックで仕入れ、3cmほどの厚さにカットする。
2. 中華鍋に適量の水(分量外)とAを入れて火にかけ、沸いてから2〜3分ほど煮て香りを移す。
3. ボウルに長ねぎの青い部分とスライスした生姜、塩を入れ、粗熱をとった2を入れて手でもみ込む。ねぎがやわらかくなってなじんだら、豚バラ肉を入れたボウルに移し、軽く手でもみ込む(a)。これをバットに移し、冷蔵庫で3日間ねかせる。
4. 3を風通しのよい場所に1日吊るして干す(b)。
   ▶干し終わりは、手で触って締まり具合をみる。表面がかたくなるまで干すのではなく、しっとりとして弾力があり、表面の水分が飛ぶ程度に干すのが目安(c)。
5. 料理を仕上げる。菜の花は3〜4cm長さに、ベーコンは3mm厚に切る。
6. 中華鍋を熱して白絞油をなじませ、ベーコンを入れて色が変わるまで炒める。
7. 6に菜の花を入れ、Bで味付けして炒める。少ししんなりしたところで鶏ガラスープを入れ(d)、かたい芯の部分がやわらかくなるまで炒めて器に盛る。

a

b

c

d

自家製ベーコンと菜の花の炒め

エゾ鹿とゆり根の炒め

ジビエらしい香りのよさが魅力の根室産えぞ鹿と、冬が旬のゆり根を組み合わせた、季節を感じさせる炒め物。鹿肉は脂身が少なくヘルシーな肉として知られ、特にえぞ鹿は肉質がやわらかくクセも少ない。ゆり根のほか栗や落花生など、ほっくりした食感の素材とよく合う。調理のポイントは、鹿肉を加熱する際に締まってかたくならないよう、卵と片栗粉をからめて揉み込んでおくこと。また、鹿肉とゆり根を油通しする際は、中まで火を入れないようにすることだ。特にゆり根はほっくり感だけでなく、シャリッとした食感も出すため、中心が白く残る程度に火を入れるようにする。最後にスープで少し煮込んで、野趣味溢れる鹿肉の風味をゆり根に移す。1800円(税込)

材料(1皿分)

えぞ鹿モモ肉…70g

A

- 濃口醤油…適量
- 紹興酒…適量
- 塩、胡椒…各適量
- 全卵…適量
- 片栗粉…適量

ゆり根…80g

長ねぎ…1/3本

B

- 鶏ガラスープ…80ml
- 濃口醤油…大さじ1
- 砂糖…4g
- 紹興酒…大さじ1
- 胡椒…少々

水溶き片栗粉…適量

作り方

1 えぞ鹿は血抜きしたモモ肉を仕入れて1.5cm角に切り(a)、まずAの調味料で下味をつけてから、溶き卵と片栗粉を加えてもみ込む。

2 ゆり根はまわりについたおがくずを洗い落とし、外側の鱗片から1枚ずつはがして、変色した部分を包丁で削り取る。長ねぎは2cm厚の斜め切りにする。

▶ゆり根は変色した部分を丁寧に削り取って白さを際立たせ、料理に仕上げた際に、えぞ鹿との色彩のコントラストを美しく作る。

3 材料を油通しする。多めの白絞油を中温に熱して1のえぞ鹿肉を入れ、軽く火が通ったらゆり根、長ねぎを順に入れてさっと火を通す(b)。

4 同じ中華鍋にBを入れ、沸いたら3を入れて強火で2分ほど煮る(c)。

▶味付けは、えぞ鹿肉の濃厚な味わいに合わせ、醤油と砂糖をややきかせた調味に。

5 仕上げに水溶き片栗粉を加えて火を止め、余熱でとろみをつける。

a

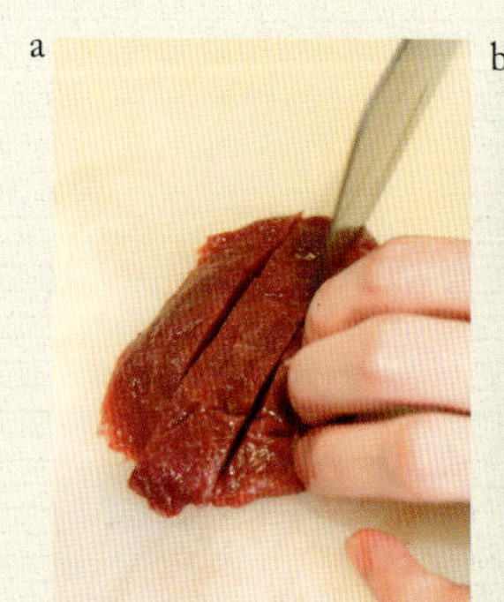

b

c

エゾ鹿とゆり根の炒め

龍の翼 リュウノツバサ

店主 佐藤祐城

1975年東京都生まれ。武蔵野調理師専門学校卒業後、『白雲閣（現・リビエラ東京）』の中国料理部門で4年勤務。その後、居酒屋などに6年、焼鳥店に10年従事する。原点に立ち返り、中国料理で独立を果たす。

生け簀の活魚と珍中国野菜

色とりどり、鮮やかな野菜が目を引く一皿は、うま味調味料を使用せず、厳選された調味料で素材の旨味を引き出す優しい味わいが印象的だ。東京・練馬にある『龍の翼』は、こうした見た目にも身体に優しい料理で、濃い味わいの中国料理とは一線を画し、老若男女に親しまれている一軒である。

住宅街に立地し、近隣に区役所があることから、平日は区役所勤めの人が昼、夜ともに利用。さらに、界隈に少ないベビーカーでの入店可能なバリアフリー設計で、全席禁煙でもあるため、休日はファミリーも多く訪れる。客単価をみても、ファミリー層の２０００円から、飲酒中心の客層の６５００円前後まで幅広い利用がされている。

店主の佐藤祐城氏は、結婚式場の中国料理部門、居酒屋、焼鳥店など、様々な業種の調理と運営を経験。独立前に働いた焼鳥店では、調理以外にホールで接客サービスの経験も積んだという。「居酒屋での独立も考えましたが、料理一本でちゃんと勝負したいと、自分の原点である中国料理店を選びました」と、佐藤氏は振り返る。

看板メニューに掲げる食材は2つ。一つはオーダーを受けてから店内に設置された生け簀より取り出して調理する新鮮な魚介類と、もう一つは日本ではまだ見慣れない中国野菜だ。

「珍しい中国野菜で生のものは原価が高くなりますが、しっかり味わえる量を使って、コストパフォーマンスの高さを意識していますね。また、もっといろいろな料理を食べて欲しいので、大皿料理ではなく、量を抑えた一皿を提供しています」と佐藤氏は話す。

記憶に残る要素をちりばめて

店のシンボルとして入口横に置いた生け簀には鯵、車エビ、鮑、サザエ、ハマグリなどを入荷によって用意。ほか、要望に応じて伊勢エビやイシダイも仕入れる。オーダーが入った後に、佐藤氏自らが網を持って生け簀から水揚げする様子も、どの客席からもよく見える演出の一つとなっている。

中国野菜は、生のものを中国から輸入する業者から仕入れ、週に一度配送される。通関ごとに残留農薬検査をクリアしたものだけを扱うため、万が一お客から尋ねられたときでも、安全性の高さを説明できる点で選んだ。

珍しい中国野菜は、名前だけではイメージがつかないため、野菜の特徴と写真を記載した「中華野菜リスト」を用意して客席に置いている。野菜の姿、味わいを解説してあり、店側としては口頭説明の時間や手間がなくなるため、接客サービスの簡略化に結実する。

食材以外に、調味料にも力を入れている。例えば、風味づけとして利用する紹興酒は、六大紹興酒の一つと言われる「黄中皇」の3年ものを使用。雑味がなく旨味が強いため、料理との相性がよい。醤油は愛知で作られる「天然醸造丸大豆醤油 巽」を使う。

「醤油は塩分が強すぎず、旨味の強いものを選びました。うま味調味料を使わないので、調味料が持つ旨味を大切にしています。素材の味わいを生かす調理にも合いますね」と佐藤氏。

アルコールの主力メニューは、調理酒としても使用する黄中皇以外に、日本では珍しい中国酒を豊富に用意して店内に並べて飾った。

また「君山銀針」や「東方美人」、「金萱茶」など中国茶は、30種をラインナップ。この豊富な品揃えが、酒を飲めない若年層や家族客、女性客などの来店動機につながっている。価格はビール、紹興酒とほぼ同じ500円前後〜。中国茶を注文するお客は、2〜3種類を飲む人も多いため、売上に貢献するアイテムにもなっている。

「海鮮中華と珍中国野菜が入口になっていますが、記憶に残る何かが必要だと考えています。それが、店内の生け簀であったり、豊富な中国茶であったり。利用してみて『ただの中華だね』で終わらない要素をちりばめることで、思い出してもらえる店にしたいと思っているのです」と佐藤氏は語る。

食材の珍しさや演出で“記憶に残る”中国料理店に

一口サイズの麺と野菜が酒をすすめるつまみにも

猫耳（マオアール）と珍中華野菜 レモン風味炒め

猫耳(マオアール)と珍中華野菜レモン風味炒め

猫の耳のような形をした麺・猫耳(マオアール)。中国では五目炒めに用いるのが主流だが、レモンスライスや生トマト、バターなどを加えることで洋の雰囲気に仕上げた。一口サイズなので食べやすく、お酒のつまみとしても相性がよい。具材にはチシャトウ、シーフールー、パプリカと彩り鮮やかで、シャキシャキとした食感を持つ野菜を選んだ。仕上げに加えるトマトは甘みと酸味を、そしてレモンは爽やかな酸味がアクセントになる。味付けは、鶏ガラスープに黄中皇(紹興酒)などを合わせたスープで全体をまとめる。1080円(税込)

材料(2人前)

猫耳
- 強力粉…50g
- 薄力粉…50g
- 水…40g

チシャトウ…50g
シーフールー…50g
パプリカ…少々
鶏モモ肉(皮を取り除く)…100g
長ねぎ…少々
生姜…少々
葉ニンニク…少々
合わせスープ
- 鶏ガラスープ…適量
- 紹興酒…適量
- 岩塩…適量

水溶き片栗粉…少々
ねぎ油…適量
鶏油…少々
トマト…1/2個
レモン…少々
バター…少々

作り方

1. 猫耳を作る。ボウルに強力粉と薄力粉に入れ、水を3回にわけて加えながら箸で混ぜ合わせる(a)。ポロポロの状態になったら手でこね、ひと固まりにして濡れ布巾をかけ、室温で30分休ませる(b)。
2. 麺台で生地にコシが出るよう数回こね、丸く成形する。小麦粉の打ち粉(分量外)をし、麺棒で2㎜厚の円形にのばし、縦横各1㎝幅にカットし四角形にする(c d)。
3. 片栗粉の打ち粉(分量外)で生地を一つずつほぐす。四角の角を上にし、中心を親指で押しながら外側にひねり猫の耳のような形にする(e)。成形したら少しおいて表面を乾燥させる。乾かすと生地のコシが強くなる。
4. チシャトウ、シーフールー、パプリカは角切りにする。鶏肉は角切りにし、塩、胡椒で下味をつけ、溶き卵、片栗粉、サラダ油(すべて分量外)をからめておく。
5. 中華鍋に多めの油を入れ、鶏肉、チシャトウ、シーフールー、パプリカの順に油通しをし、油をきる。
6. 同じ中華鍋に1cm角のひし形に切った長ねぎ・生姜・葉ニンニクを入れ香りを出し、5の野菜と肉を戻し炒める(f)。
7. 同時に沸騰した湯に塩、サラダ油(ともに分量外)、猫耳を入れ茹でる。浮き上がったら水を切り、6の中華鍋に加える(g)。さらに合わせスープを入れ中火で炒める(h)。
8. 汁気を切るように、水溶き片栗粉を加える。ねぎ油、鶏油を入れ全体に混ぜ合わせたら火を止め、角切りにしたトマト、塩(分量外)で皮を洗いスライスしたレモンを入れざっと混ぜ合わせる(i)。仕上げにバターを加え、手早く混ぜる。

<仕上げ>

f

野菜、肉は油通しし火入れしているため、
ねぎや生姜の香りをまとわせるように炒める。

g

猫耳は茹でてから
鍋に加える。

h

合わせスープはあらかじめ合わせておくことで
味がなじむと共に、加熱時間を短縮できる。

i

レモンとトマトは酸味をプラスするため、
余熱で具材全体と混ぜ合わせる。

<猫耳>

a

粉類に水分が行き渡るよう、
少量ずつ加水。手でこねて
生地をまとめたら、30分おくこ
とでグルテンを落ち着かせる。

b

c

成形しやすいよう四角形
にカット。四隅の半端な
生地は使用しない。

d

e

強く圧をかけると生地が一部だけ薄くな
るため、丸めるイメージで成形する。

活エゾ鮑と珍中華野菜の肝ソース炒め

店内の生け簀から取り出した、活きの良いエゾアワビを丸ごと用いた一品。肝を使ったソースは、アワビを蒸した時に出る蒸し汁とスープを加え、なめらかになるまで撹拌する。香りに鶏油とねぎ油を用いる以外は味付けをせず、肝の濃厚な味と磯の風味を最大限活かした。野菜とアワビを炒める際は、ヒマラヤの岩塩と、雑味がなく旨味の強い3年熟成の黄中皇を合わせたスープで調味。具材にもしっかりと味付けを施すことで、肝ソースをからめなくとも味わえるようにし、食材の鮮やかな彩りを盛りつけに反映させる。時価（写真は3535円・税込）

材料（1皿分）

活エゾアワビ…1個（100g）
マコモ茸…50g
シーフールー…50g
水蓮菜…50g
パプリカ…少々
長ねぎ…少々
生姜…少々
合わせスープ（148ページ参照）…適量
水溶き片栗粉…適量
ねぎ油…少々
鶏油…少々
肝ソース
- 活エゾアワビの肝…適量
- 鶏ガラスープ…適量
- ねぎ油…少々
- 鶏油…少々
- 水溶き片栗粉…適量

水蓮菜は、特徴である長さを盛りつけに活用。セロリやセリのような風味があり、つまみとしても味わえる野菜だ。

作り方

1 マコモ茸は表面を厚めにむき、一口大にカットする。パプリカも同様に一口大に切り、シーフールーは皮ごと縦半分を厚めにスライスする。
2 鍋に水を沸かし、塩（分量外）、水蓮菜を入れる。沸いたらザルにあけ、手で絞るように水をきる。ねぎ油をかけ照りを出し、器に盛りつける。
3 アワビは塩（分量外）をつけタワシで表面を洗い、殻ごとバットに入れ蒸し器で5分蒸す。蒸し過ぎないように注意する。
4 アワビは殻から外し、肝、口、ヒモを外して身の部分をスライスする。
▶アワビは厚めにスライスして食感を活かす。
5 肝ソースを作る。取り外したアワビの肝と、バットに残った蒸し汁をボウルに入れ、鶏ガラスープでのばし、多少粒々感を残しながらハンドブレンダーでなめらかにする（a）。
▶ブレンダーで回しやすいよう、スープの量は肝の状態を見ながら調整する。
6 中華鍋に油をなじませ、5を入れ弱火で加熱し、沸いたら水溶き片栗粉を少量ずつ加え、食材にからむ程度のとろみをつける。仕上げにねぎ油と鶏油を加え香りを出す（b）。
7 中華鍋に多めの油を入れ、低温の状態からマコモ茸、シーフールー、パプリカの順に油通しをし、油をきる。
8 同じ中華鍋を熱し、1cm角のひし形に切ったねぎと生姜を入れ、香りが出たら野菜を戻し炒める。合わせスープと切ったアワビも入れてさっと炒め、水溶き片栗粉でとろみをつける。仕上げにねぎ油、鶏油を加える。
9 2の器に8を盛り、まわりに肝ソースを注ぐ（c）。
▶肝ソースは具材に絡めずに使うと彩りよく仕上がる。

a

b

c

野菜と柔らかなアワビに濃厚な肝ソースを添えて

活エゾ鮑と珍中華野菜の肝ソース炒め

生ザーサイと皮付き豚ばら肉の白湯煮込み

冬期が旬の生ザーサイを使用した一品。生ザーサイは、火を入れるとホクホクとした食感になるため、素材感を活かし厚めにカットする。また、ほのかな苦味も楽しんでほしいと、味付けはヒマラヤの岩塩のみと最低限で決める。皮付き豚バラ肉は臭みを取るように下茹でし、肉の甘味を引き出す。白湯は皮付き豚バラ肉と鶏ガラを炊いて作り、あくまでも色づけとして用いる。仕上げの花椒が辛味のアクセントとなる。生ザーサイは、彩りを活かした塩炒めやサラダなどの他、スープの具材などにも活用する。１０８０円（税込）

材料（1人前）

生ザーサイ…80g
皮付き豚バラ肉…80g
長ねぎ…少々
生姜…少々
葉ニンニク…少々
鶏ガラスープ…適量
紹興酒…適量
岩塩…少々
白湯（煮こごり）…少々
水溶き片栗粉…少々
鶏油…少々
ごま油…少々
花椒粉…少々

9月から春先まで収穫される生ザーサイ。淡い緑の彩りを活かして調理する。

作り方

1 豚バラ肉は皮目をバーナーで焼く。鍋に水、塩、長ねぎ、生姜、花椒（すべて分量外）、豚バラ肉を入れ1時間弱茹でる。粗熱を取り小分けにしておく。

2 ザーサイは厚めに皮をむく（a）。筋や変色した部分も取り除き、厚めにスライスする（b）。鍋に湯を沸かし塩とザーサイを入れ、アクが出たらザルにあけ水で洗う（c）。下茹でしたザーサイは、水を張った容器で保存して変色を防ぐ。

▶ザーサイのかたい皮や筋、変色部分は彩りや見た目に影響するため、丁寧に取り除く。また、下茹でするることでエグミがとれ、食べやすくなる。

3 中華鍋をよく焼き、油をなじませてから、1cm角のひし形に切った長ねぎ、生姜、葉ニンニクを炒め、香りが出たらスープ、紹興酒、厚めにカットした1の豚バラ肉、2のザーサイを加えひと煮立ちさせる（d）。

▶生ザーサイのホクホク感を活かすため、あまり煮込み過ぎないよう注意する。

4 岩塩で調味し、豚バラ肉の脂部分が透き通ってきたら白湯（皮付き豚バラ肉と鶏ガラを炊いて煮こごりにしたもの）を入れ溶かす。

5 鍋を回しながら、水溶き片栗粉を少量ずつ加え、とろみを調整する。仕上げに鶏油とごま油を加えて焼き切り、花椒で香りづけをする。

a

b

c

d

生ザーサイのホクホク感とほろ苦い風味を活かす

生ザーサイと皮付き豚ばら肉の白湯煮込み

川国風味

小林

店主 林 強介

1981年愛知県生まれ。専門学校を卒業後ホテルに入社。四川料理と出会い、単身中国・四川省へ渡る。帰国後に上京し、銀座の四川料理店で3年従事。2007年には共同経営に参画し中国料理店を出店、1年半後に独立する。

円卓で宴会する楽しさを提案

東京・芦花公園の住宅地に立地する『川国風味 小林』は、オーナーシェフ林強介氏が2009年7月に独立した一軒だ。林氏は、就職先のホテルで四川料理と出会い、その奥深さに惹かれ四川省へと渡り3ヵ月滞在したという。現在は、毎年1回は欠かさず食材調達や食べ歩きなどを目的に、中国・成都周辺へと足を運び、現地の雰囲気を料理に反映させている。

「オープン当初は周辺に飲食店も商店も少なく、近隣に住む方以外、わざわざ来るような場所でもなかったので、半年はガラガラでしたね。それでも、バイトの教育と、来店したお客様にまた来てもらうことは大事に続けました」と林氏。半年を過ぎた頃から徐々にお客が定着しはじめ、一度利用したお客の再来店率が上がった。さらに、クチコミによる新規客の来店も増えた。

現在では近隣住民以外に、沿線に住む目的来店客も集客。15坪・20席の規模で、昼と夜1回転ずつを安定して維持しており、その多くがリピーターによる予約利用だという。

同店の特徴は、小規模店に珍しく8名掛けの円卓を一卓設置している点だ。「円卓を置くことによって、確保できるはずの客席にならないし、大人数の利用がなければ円卓は効率が悪い。15坪の店での経営面では非効率ですが、それよりも円卓で宴会をするというスタイルを、お客様には楽しんでほしいと思ったのです」(林氏)。現在は円卓を利用したいというリピーターも多く、宴会利用に重宝されている。

調理は常時、林氏一人で行うため、お客を待たせてしまうこともある。そのため、一度に大量に作り置きができる「怪味腰果」を、初めの料理が出るまでのサービス品として提供するようにした。四川料理特有の辛味や、クセを省いた味付けは好評で、残ったものを持ち帰るお客も多かったという。そこで1袋180g700円のパックと、プレゼント用にもなる箱詰め1100円の販売を開始。結果、昼夜問わず食事をしたお客が買って帰るなど、売上の底上げにもつながった。

国産食材のブランド力に着目

林氏は現在の四川料理を「繊細な味わいに進化してきている」と評する。しかし、「その進化に必ずしもならう必要はない」と話す。日本で四川料理店をやる以上は本格四川にこだわるより、日本の食材を取り入れ、日本人の口に合うような調味も必要だと考えているのだ。食材で言えば、中国や台湾から空輸する中国野菜の他、名古屋コーチン、岩中豚、和牛など、名のある国産食材を使用。こうしたブランドで説得力とインパクトを持たせ、中国料理に馴染みの薄いお客にも訴求する。

一方で前述したように、毎年四川に足を運ぶことから、現地の雰囲気を取り入れ、調味料は基本的に中国のものを用いる。「現地の調味料の方が、その特徴が色濃く出る」と林氏が言うように、風味は本場に近いものに仕上がるようにしているのだ。

このように、国産食材と中国調味料のマッチングをうまく活用しつつ、調理法には林氏流の考え方を採用。例えば、肉味噌は、豚の粗挽き肉に紹興酒を吸わせてから炒めることで、表面の水分を飛ばしサクサクに仕上げる。また、通常炒めものを作る際は、ねぎと生姜で風味づけをするが、同店ではそれらをあくまで香辛料としてとらえ、風味が前面に出過ぎないようにするなど、独自の四川料理を追求している。

「僕はクリエイティブじゃなく、見たものを真似して取り入れる性格なんです。例えば、日本のコース料理って、提供する順序がだいたい固定されていますよね。けど、中国の方は柔軟性がある。だから当店でも、お客様の飲んでいる酒や、食べ進める速度などの状況を見ながら料理の提供順を変えます。お客様に満足していただけるために必要なことを、常に考える。僕は、いつも気軽に使える〝街場の中華屋〟を目指したいんですよ」と林氏は話した。

ゲストの満足に必要なことを、常に思考する職人に

お酒にマッチする辛味と、サクっとした食感が身上

怪味腰果　複雑な味のカシューナッツ

怪味腰果
複雑な味のカシューナッツ

空豆で作る四川の菓子をカシューナッツで応用。カシューナッツは揚げる前に茹でることで表面に張りを出す。そして、きつね色になるまで揚げ、中の水分を飛ばしサクっとした食感に仕上げる。辛味となる鷹の爪は深煎りして香りを出し、ミルサーで挽いて使用。また香りのよい花椒は、やや風味を感じる程度に配合し、誰でも食べやすい味わいにしている。コースではアミューズとして提供する他、お酒を飲むお客にはつまみとしてサービスすることも。コースの一品

材料（仕込み量）

カシューナッツ…1kg
砂糖…200g
水…100g
複合スパイス
- 塩…8g
- 花椒（粉末）…3g
- 鷹の爪（粉末）…9g

作り方

1. カシューナッツは沸騰した湯に入れて、さっと湯通しする（a）。こうすると仕上がりの食感にハリが出る。
2. 中華鍋にたっぷりの白絞油を入れ、カシューナッツを薄いきつね色になるまで揚げて油を切る（b）。
3. 中華鍋に水と砂糖を入れ、とろみがつくまで水分を蒸発させていき、水飴状にする（c）。すべての材料を混ぜ合わせたスパイスとカシューナッツを入れ（d e）、火を止める。
4. 火を止めてからも全体にからむように混ぜ続け（f）、冷えて再結晶した砂糖でカシューナッツ一粒一粒をコーティングさせる（g）。
5. 器に入れ2～3時間常温で粗熱を取る。

贈り物などのプレゼント用として重宝される箱詰め1100円。700円の箱なしは、食事帰りに購入していくお客も多いという。

a

張りのある食感に仕上げるため、揚げる前に一度湯通しすることで水分を含ませる。

b

油から上げた後も余熱で色が変わるため、淡いきつね色の状態で引き上げるとよい。

c

砂糖の1/2量の水を加え、砂糖を溶かしながら水分を蒸発させ、とろみが付くまで加熱する。

d

e

スパイスが焦げ付かないように、必ず火を止めてから全体を混ぜ合わせる。

f

お玉で鍋はだをかくように下から上へ返しながら混ぜ合わせると、全体が混ざりやすい。

g

一粒一粒の表面の砂糖が冷め白っぽくなったら、均一に混ざった証拠だ。

四川担担麺

汁なしで辛味の効いた担々麺は料理の一品ととらえ、一皿麺75gと少量で提供。肉味噌に用いる豚肉は、炒める前に紹興酒を含ませることで水分を飛ばしつつ表面を焦がし、サクサクとした食感に仕上げる。また、紹興酒が肉の甘味を引き出す役目も発揮する。肉味噌の調味料で用いる自家製の甜麺醤は、小麦粉をじっくりと炒めることで麦が香る風味に。麺は醤油や黒酢、ラー油などの調味料にからむよう、中太の縮れ麺を採用する。仕上げに松の実を乗せることで、風味が格段とよくなる。７００円(税込)

材料(1人前)

肉味噌(1人前は小さじ1)
- 豚粗挽き肉…500g
- 紹興酒…100g
- 自家製甜麺醤(※)…150g
- 中国醤油…50g

醤油…小さじ1
黒酢…小さじ1
おろしニンニク…適量
豆豉…適量
長ねぎ(みじん切り)…適量
芽菜(みじん切り)…適量
ラー油…大さじ1
松の実…適量
万能ねぎ…適量
中華麺…75g

※自家製甜麺醤

小麦粉を焦がすように炒め、香ばしい香りと色を出した甜麺醤。麦の風味が主張する。

小麦粉…適量
白絞油…適量
砂糖…適量
水…適量
中国醤油…適量

1 中華鍋をよく焼き白絞油を馴染ませ、小麦粉をきつね色になるまで炒める。
2 砂糖、水、中国醤油を加え水分がなくなるまで沸かす。

作り方

1 肉味噌を作る。ボウルに豚肉を入れ、紹興酒で揉む(a)。力を入れて練らないように注意する。
2 中華鍋をよく焼き、油がなじんだら1の豚肉を入れる。ダマにならないよう、手早くかき混ぜてほぐしながら炒める(b)。
3 肉の色が変わったら、甜麺醤、中国醤油を加え、甜麺醤の水分も蒸発させるように強火で炒め続ける(c)。
▶この時、豚肉の脂が浮き上がり表面をさらに焦がしてくれる。
4 中華麺を鍋で茹でる。
5 器に醤油、黒酢、おろしニンニク、豆豉、みじん切りのねぎと芽菜、ラー油を入れる。そこへ茹で上がった麺を入れ、上に肉味噌をのせ、小口切りした万能ねぎと松の実を散らす。

a

b

c

中太縮れ麺に、麦が香る自家製甜麺醤の肉味噌を

四川担担麺

四川ポルチーニのスープ

力強い香味を持つ四川ポルチーニをスープに。四川ポルチーニは2日かけて、表面の汚れなどを掃除するという手間をかける。合わせる上湯は、雲南ハム、名古屋コーチン、岩中豚のスペアリブと特徴のある食材を贅沢に使用。四川ポルチーニの風味に負けない、濃厚ですっきりとしたスープに仕上げる。スープの香り、味わいを感じて欲しいので、コースの序盤に出すこともあるし、そうめんを落として締めの一品とするなど、柔軟性を持たせた提供の仕方を行なう。コースの一品。単品は１２５０円(税込)

材料(1人前)

四川ポルチーニ(戻した状態)…20g
上湯(雲南ハム、名古屋コーチンのガラ、岩中豚のスペアリブなどでとったもの)…200g
紹興酒…小さじ2
塩…少々

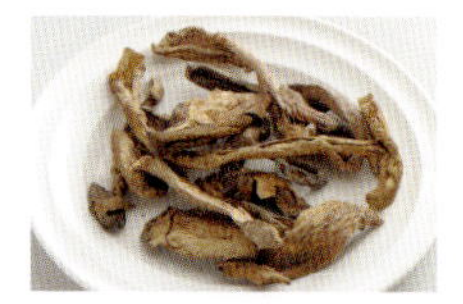

四川ポルチーニは強い香りが特徴。水で戻し表面を洗ってもまだ香るほど力強い。

作り方

1 ポルチーニは一晩水につけて戻し、一つずつ表面を手で洗い石突きを取り除く。これを2日繰り返す。
▶写真(a):一晩水で戻した状態。水が黒くなっているのがわかる。この水は汚れを含むため捨てる。写真(b):表面は指でこするように汚れを取り除く。水の汚れ具合を見るため、白い器に移してから洗った方がよい。

2 上湯と紹興酒、塩、ポルチーニを器に入れ、ラップをして蒸し器で2時間蒸す(c)。
▶蒸し器でじっくり蒸すことで、ポルチーニの旨味をスープに溶かす。一人前ずつ調理できるのもメリット。

a

b

c

四川ポルチーニのスープ

なかの中華! Sai サイ

店主 宮田俊介

1980年兵庫県生まれ。辻調理師専門学校卒業後、同校の職員助手として勤務。その後上京し『福臨門』で2年、『火龍園』で10年務め、独立準備を進めながら『揚州名菜 秦淮春』で1年従事し、2014年8月に独立を果たす。

日替わり海鮮料理で特徴化

ＪＲ中野駅より徒歩13分。周辺には警察署や病院、大学などに加え、居住区が混在するエリアに『なかの中華！Ｓａｉ』はある。その立地特性から、平日は近隣会社員が、休日は近隣住民が来店。地域に親しまれる中国料理店として、その認知度を高めている。

同店は、大通りに面したビルの1階に立地。エントランスの石畳を抜けた先に、白を基調としたカフェのような客席が広がる。この中国料理店らしからぬ空間が女性客からの評判もよく、居心地のよい雰囲気を醸している。

「一人客からグループ客まで、お酒を楽しみながら利用していただくのが理想です」と話すのは、店主の宮田俊介氏。一人利用客向けに、オープンキッチン前にカウンター席を用意する他、宴会利用ができる半個室も設置し、幅広い利用動機に対応する。

宮田氏が供する料理の基盤は、主に修業先の『火龍園』で培われている。同じく修業先の『福臨門』で養った点心の技術も活かし、『Ｓａｉ』では当初、小籠包を看板に掲げ、店のマークにも小籠包のイラストを使った。特徴はその日に生地から手づくりする生の小籠包であること。開業後、海鮮料理での特徴を打ち出してきた。この理由を宮田氏は次のように話す。

「現在では店の認知度も高まってきたので、点心とは別の中国料理もあることをアピールしたいと思ったのです」。

利用する魚介類は、毎日業者から仕入れる他、週に1～2回は築地に赴き、自らの目利きで買い付ける。こうした魚介を使った料理は日替わりメニュー内の「本日の海鮮」として提供。魚は一匹丸ごとを仕入れるため、例えば「高知県産メヌケの蒸し物」でも、切り身、アラ、カマの部位ごとにメニュー化し、調理法だけでなく部位による味わいの違いも提案する。

酒場利用へ誘導を

「従来の中国料理店って、大皿をシェアするイメージがありますよね。それだと、いろんな種類を食べる前にお腹がいっぱいになってしまう。これを覆したかったんです」と宮田氏。メニューは基本、ポーションを落とし、価格を下げて提供。女性一人でも数品オーダーできる量を意識し、点心も1個単位でのオーダーを可能としている。

メニュー構成は仕入れによって内容を変える日替わりと前菜、点心、蒸料理、おつまみ・一品料理、お食事。また、コース3100円～は予約不要で、同店のオススメが一通り食べられると、初来店客からの支持を集める。

一人で調理することからオペレーションの効率を考え、メニュー構成でのオーダーコントロールを採用。例えば、仕込んだものを蒸すだけの前菜を多めにラインナップする。特に蒸料理と点心でグランドメニューの半分を占める他、食べてもらいたい料理は、オーダーしやすい値付けに設定している。

オープン当初は、鍋を振る食事系料理にオーダーが集中し、しかも、注文がばらけるので提供時間が遅くなることも多かった。酒と料理を楽しむ店であることをアピールしながら、ご飯と麺の量を半分程度まで減量。また、エビチリや焼きそばなど、定番メニューをあえてなくした。

「メニュー構成や量を変えることで、店側としてもやりやすい方向へと誘導できました。結果、食事のみで利用するお客様は減り、酒場的利用の方が増えましたね」と宮田氏は言う。

アルコールにも注力しており、主力の中国酒は紹興酒の他、白酒やライチワインなども含め全17種を用意。中国酒に親しみやすいよう、好きな中国酒3種を選べる「唎き酒セット」930円も提案する。また、紹興酒を飲みやすくしたサングリアや梅酒も揃えることで、女性客にも訴求している。

現在のオーダーパターンは、料理4～5品とお酒2杯で客単価4000円。お酒を飲みながら楽しむ人で、6000円まで引き上がるという。

生小籠包を看板に、“酒場的”中国料理店を目指す

スープの旨味を追求した、毎日手作りする生小籠包

小籠包

小籠包

その日に生地から打つ生小籠包は、冷凍ものに比べ生地にかかるストレスが少ないため破れにくいのが特徴。また、蒸す時間が短く、提供スピードアップにつながるなど、多くのメリットを有する。スープとなる煮こごりと肉あん、そして皮の一体感を意識し、肉あんは細かいミンチ肉でふわっとした食感に仕上げる。一方で煮こごりは、通常水から具材を煮ることが多い中、同店では鶏ガラスープを使用。さらに、だし昆布に含まれるアミノ酸で旨味を補うなど、小籠包の真髄とも言えるスープの旨味を追求した。１個210円(税込)

材料

●煮こごり(仕込み量)

豚皮の粗挽き…2kg
鶏モミジ…1kg
長ねぎ青い部分…適量
生姜…適量
だし昆布…1枚
鶏ガラスープ…3ℓ
板ゼラチン…80g

●肉あん(仕込み量)

豚バラ挽き肉…2kg
塩…36g
砂糖…36g
濃口醤油…60g
老酒…120g
白胡椒…適量
生姜(みじん切り)…200g
ねぎ油(ラード)…60g
ごま油…32g
水…50g

●仕上げ

生地(17〜18個分)
- 強力粉…50g
- 薄力粉…50g
- 水…46g
- かん水…1滴

小籠包のあん(17〜18個分)
- 煮こごり…100g
- 肉あん…200g
- 長ねぎ(みじん切り)…17g

作り方

1. 煮こごりを作る。鍋にたっぷりの水を入れ、豚皮の粗挽きとモミジをボイルしアクを取り、ザルにあける。
2. 蒸し器に入る鍋に1と、長ねぎの青い部分、生姜薄切り、だし昆布、鶏ガラスープを入れ(a)、ふたをして4時間蒸す。
3. 2の鍋を火にかけ、中弱火で1時間煮詰める。
4. 火からおろし、水でふやかした板ゼラチンを加え全体を混ぜ合わせた後、ザルで漉す。氷水に当てながら分離しないよう底からかき混ぜる。
5. 冷えて固まり､ポロポロの状態になったらフードプロセッサーで細かくし、小分けにして冷凍しておく(b)。
6. 肉あんを作る。すべての材料を混ぜ合わせる。この時、全体が混ざる程度で練りすぎないよう注意する。小分けにして冷凍しておく。
7. 小籠包のあんを仕上げる。前日から冷蔵庫で解凍しておいた煮こごりと肉あん、ねぎのみじん切りをボウルに入れ混ぜ合わせる。ラップをせずに冷蔵庫でしめる。
8. 生地を作る。強力粉と薄力粉をザルでふるい、かん水を加えた水を入れて粉と混ぜる(c)。ひとまとまりになったら手のひらで軽くこね、ビニール袋に入れ5〜10分寝かせる。
9. 生地表面がつやっとした感じになったら(d)、棒状にのばして1つ8g程度にカットする(e)。ビニール袋の中に戻し、打ち粉をする(f)。
10. 生地一つずつを手のひらで押し広げ、麺棒で1㎜厚･直径7㎝の円形にのばす(g h)。
11. 生地の中央に約18gのあんを入れ、形を整えなが包む(i j)。オーダーがあるまで、冷蔵庫で保存する。
12. オーダーを受けてから蒸し器で5分蒸して提供する(k)。

<仕上げ>

g

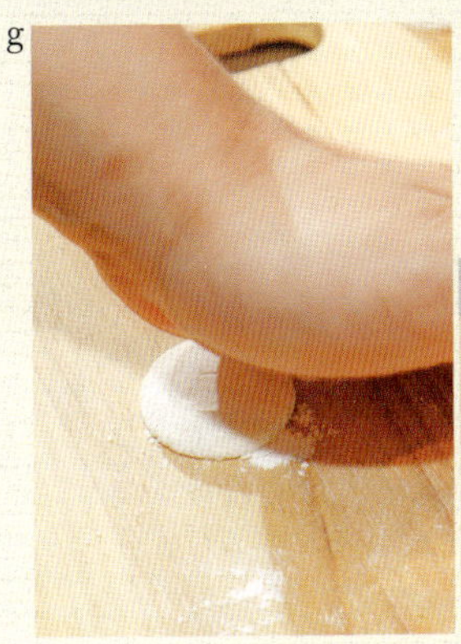

生地を手で押し広げ、厚さが均等になるよう麺棒で円形にのばす。乾燥に注意し手早く作る。

h

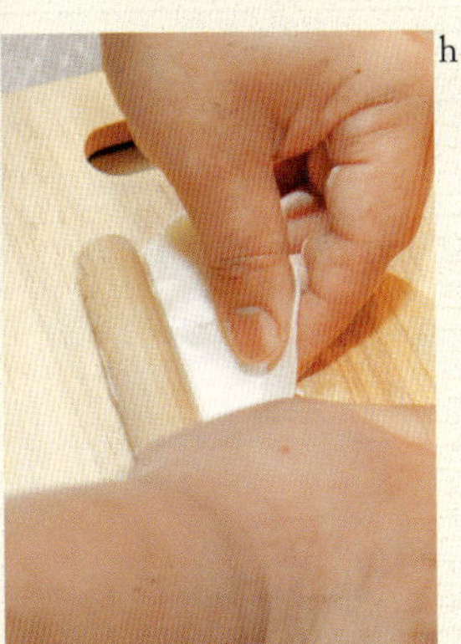

あんと生地の重さは計26g。生地の中央にあんをのせ、細かくひだを取りながら包み、包み終わりをしっかり捻る。生地がのびにくいため、破けないよう注意する。

i

j

k

オーダーが入るまでは冷蔵庫で保存する。生は冷凍ものに比べ蒸し時間が短い。

<煮こごり>

豚皮からゼラチンが出過ぎないよう粗引きを使用。また、だし昆布は旨味の補いに。

a

b

煮こごりは細かくしてから冷凍。解凍時は水が出るため、一晩冷蔵庫内で解凍する。

<生地>

c

d

粉とかん水溶液を合わせたら(c)、(d)のようにつやっとなるまで5～10分ねかせる。

e

f

棒状にして1個8g程度に分割。生地と打ち粉をビニール袋に入れ、軽く袋をふってまぶす。

サクサクローストポーク

サクサクの皮と、口の中ですっと溶けるジューシーな肉が特徴である、皮付き豚バラ肉の焼き物(脆皮焼肉)。通常は明炉で焼き上げるが、オーブンでも調理できるように開発した一品だ。オーブン調理のポイントは、皮に穴を開け蒸気を逃がしながら高温で表面が炭化するまで焼き上げること。この焼き上げに気を使うことで、仕上がりのサクサク感が変わる。味付けは、焼成前に塩や五香粉、粗挽き黒胡椒などをすり込むことで決める。また、提供時は辛味のアクセントにマスタードを添える。1人前950円(税込)(写真は2人前)

材料(仕込み量)

皮付き豚バラ肉…2kg
重曹…ティースプーン1/2杯
水…12〜13ℓ
赤酢…適量
豚バラ肉の皮側の調味料
- 塩…適量
- 五香粉…適量
- 粗挽き黒胡椒…適量

豚バラ肉の肉側の調味料
- 塩…適量
- 五香粉…適量
- 粗挽き黒胡椒…適量
- 砂糖…適量(塩1に対し、砂糖1.5の割合)

作り方

1. 鍋に分量の水と重曹を入れ溶かし、皮目を下にした豚バラ肉を1時間茹でる。この時、皮目が鍋底に付くと焦げるため、底に金ザルを入れ、肉が浮いてこないように重石もする。
2. 1を水に入れて冷まし、肉目に数カ所切り込みを入れる。
3. 皮目に皮側の調味料をすり込み30分おいた後、肉側に肉用の調味料をすり込み、さらに30分おく。
4. 皮目の調味料を濡れ布巾で拭いて取り除き、皮目に赤酢を塗る。
5. 120℃のオーブンで1時間焼成し、1日半常温で表面を乾かす(a)。
   ▶乾燥する冬期はそのまま室温で、夏期はラップをせず冷蔵庫に入れるとよい。
6. 180℃のオーブンで5分焼き、皮目が柔らかくなったら取り出す。オーブンは300℃に温めておく。
   ▶温めて皮の表面を柔らかくし、次の工程で針をさしやすくする。
7. 肉面が焦げないよう、周囲をアルミホイルで巻く。ピケ針で皮目にまんべんなく穴をあけ(b)、網を敷いたバッドにのせオーブンに戻し15分焼く。
   ▶300℃の高温で焼成するため、肉の面はアルミホイルでしっかり覆って焦げを防ぐ。
8. 表面が黒く焦げたら取り出し、ペティナイフで表面の焦げた部分を削る(c)。黒い部分がある程度なくなったら、手にサラダ油(分量外・白絞油でも可)を取り、細かい焦げを洗い流す。
   ▶炭化した部分は苦みとなるため、刃を軽くこすりつけるように削る。
9. 表面の油をキッチンペーパーで拭き取り、300℃のオーブンで数分焼き固める。
10. 肉の周囲は火が通りすぎてかたくなっているため、すべて切り落とす。食べやすい大きさにカットして提供する。

a

b
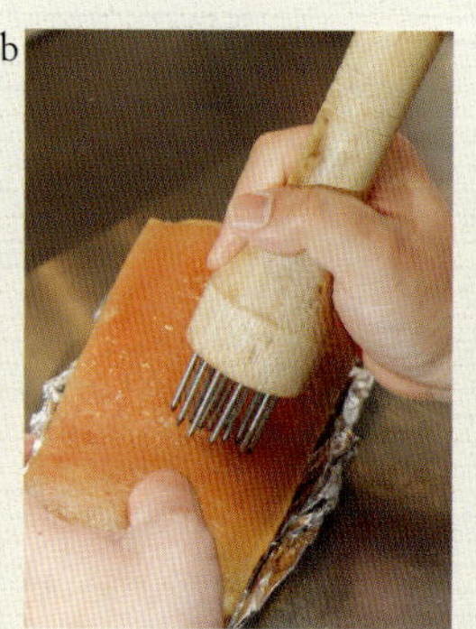

c

オーブン一つで作る皮付き豚バラ肉の焼き物

サクサクローストポーク

フォアグラと牛ホホ肉 赤ワインオイスター 煮込み

多めの赤ワインとオイスターソースなどで、柔らかくなるまで煮込んだ牛ホホ肉と、フォアグラのコクのある風味を一皿に。冷凍保存するフォアグラは脂が出やすいことから、この脂の風味を活かそうと考案した煮込み料理だ。付け合わせの野菜は、季節によって内容を変えることで四季を表現。野菜自体にスープ、塩、胡椒、砂糖の調味を施すため、箸休めとしての役割も果たす。ソースは牛ホホ肉を煮込んだ煮汁をベースに、フォアグラの脂を加えることで香りと旨味をソースに移す。２２００円(税込)

材料

牛ホホ肉の煮込み(1皿分は100g)

(仕込み量)
- 牛ホホ肉…4kg
- エシャロット…2個
- ニンニク…3片
- 甜麺醤…適量
- 赤ワイン…適量
- 鶏ガラスープ…適量
- オイスターソース…適量
- 醤油…適量
- 砂糖…適量
- 白胡椒…適量
- 生姜(スライス)…適量

(以下1皿分)
- フォアグラ…60g
- 強力粉…適量
- 鶏ガラスープ…適量
- 砂糖…適量
- オイスターソース…適量
- 中国たまり醤油…少々
- ごま油…少々

野菜の付け合わせ
- 新じゃが芋…1個
- スナップエンドウ…2個
- パプリカ(赤・黄)…適量
- 菜の花…適量
- かぼちゃ…適量
- 鶏ガラスープ…適量
- 塩…適量
- 胡椒…適量
- 砂糖…適量
- 紹興酒…適量

作り方

1 牛ホホ肉の煮込みを作る。牛ホホ肉はブロックのまま、フライパンで表面を焼く。

2 熱した鍋にサラダ油(分量外)を入れ、みじん切りしたエシャロットとニンニクを炒める。香りが出たら甜麺醤、赤ワインを加えアルコールを飛ばし、鶏ガラスープ、オイスターソース、醤油、砂糖、白胡椒、生姜を加える。

3 2に焼いた牛ホホ肉を入れ、沸騰したら弱火で4時間炊く。途中、詰まり過ぎたらスープを足す。炊いたら漉して、煮汁は小分けにして、肉はカットしてそれぞれ冷凍保存する。

4 オーダーが入ったら、牛ホホ肉を蒸し器で温めておく(a)。フォアグラの片面だけに塩(分量外)をし、全体に強力粉をまぶす。

5 付け合わせの野菜を調理する。野菜はそれぞれほどよい大きさに切っておく。蒸して火を通しておいたじゃが芋を多めの油に入れ、色がついたらかぼちゃ、パプリカを入れさっと加熱し油を切る。

6 中華鍋に水を入れ沸かし、塩と酒を入れる。じゃが芋以外の野菜を入れさっとボイルし、湯を切る。

7 中華鍋に鶏ガラスープを入れ、塩、胡椒、砂糖を加え、全ての野菜を戻し、スープがからむようにさっと炒める。ザルにあけ、余分な水分はきっておく。

8 料理を仕上げる。中華鍋に油を熱し、強力粉をまぶしたフォアグラを入れ、鍋をまわしながら両面にさっと焼き色をつける(b)。鍋に残ったフォアグラの脂を漉してとっておく。

9 中華鍋に鶏ガラスープを入れ、3で小分けにした煮汁50mlを入れ温める。8のフォアグラの脂、砂糖、オイスターソースで調味し、半分にカットしたフォアグラを入れ全体をからめる(c)。フォアグラを取り出し、ソースの仕上げに少量のたまり醤油とごま油で照りを出す。

▶フォアグラは、作り方8では表面を焼き固める程度にし、この段階で中まで火を通す。ソースにフォアグラの風味を移す役割も。

10 器に野菜と温めた牛ホホ肉、フォアグラを盛り、9のソースをかけて提供する。

a

b

c

フォアグラと牛ホホ肉　赤ワインオイスター煮込み

1965年東京都生まれ。東京・赤坂『天苑』、六本木鳥居坂ガーデン『露店』（いずれも現在は閉店）で修業後、『崎陽軒本店』と『戸塚崎陽軒』の中国料理レストランに計7年間勤め、料理長を経験。2004年8月に『瑞雪』をオープン。

中国料理 瑞雪 ズイセツ

店主 名雪寛己

鮮魚料理が売れる店づくり

小田急線梅ヶ丘駅から続く商店街を3分ほど歩いた場所にある『瑞雪』。2004年8月にオープン以来、近隣住民に愛されながら営業を続けてきた広東料理の店だ。「ミシュランガイド東京2015」で一つ星を獲得して以来、遠方からの利用も増えている。

店主の名雪寛己氏は、宮城県気仙沼市にて、実家が経営する中国料理店で働いていたが、庶民的な中華とは違った料理も作ってみたいと、上京。広東料理の店で修業後、横浜『崎陽軒』で料理長を務め、その後、住まいのある世田谷・梅ヶ丘に同店を開いた。

現在、夜のメニューは6500円のおまかせコースのみ。元々はアラカルト利用がほとんどだったが、2016年4月よりコース一本化に踏み切った。

アラカルト時代、来店客の8割が注文したのが、魚を1尾丸ごと食べさせる「鮮魚料理」。魚1尾の重量別に価格を付け、姿蒸しにするのが基本。これに500円を追加すると、半身を蒸し物に、もう半身を刺身にして、2種類の調理法で提供。1000円を追加すれば、さらに頭でスープをとった麺料理が付き、1尾の魚を3種類の調理法で提供する。「値が張る印象の姿蒸しを注文しやすくしたい」と考えた、名雪氏のアイデア策だった。

現在のおまかせコースは、この鮮魚料理をメインに組み立てている。基本構成は、前菜、お刺身サラダ仕立て、フカヒレ入り季節スープ、季節の一品料理、肉料理など、鮮魚の姿蒸し（魚の種類はおまかせ）、お魚だしのつゆそば、デザート盛り合わせという全8〜9品で、内容は月替わり。たとえ2名利用でも、半身を刺身に使うことで、清蒸を姿でダイナミックに楽しめるよう配慮する。

今回、コース一本化を決めた理由は、お客、店、双方のメリットを考えてのこと。以前は、鮮魚料理の価格は仕入れによるため安定しなかったが、いまはお客側に価格の安心感が生まれた。食材に無駄がなくなり、清蒸が入って6500円というお得な価格設定に還元もできた。店側にとっては、食事全体で季節感を演出しやすくなり、また、コースのみなので作業的にも負担を軽減することができたという。

鮮魚は、常連客に紹介をうけた島根県益田市の市場から直送でアオハタなど時季の魚を仕入れ、かつ築地も併用して安定した仕入れを行っている。

本格・海鮮広東料理で差別化

淡白な味付けの多い広東料理を主に提供し、さらに鮮魚を中心にしたメニューを打ち出すことで、地元に住む中高年層の心を掴み、リピーターを獲得している同店。しかし、オープン以降10年超の間には紆余曲折があった。

広東料理をやってきた名雪氏だったが、開業当初は地域密着の店を目指そうと、エビチリや麻婆豆腐といった、日本でポピュラーなメニューを揃えた。

「でも、自分が長年やってきたのは本格広東料理。〝何か違う〟という思いをずっと抱えていました。そして6〜7年前に原点に返り、自分がやってきた広東料理を提供しようと、修業時代に身につけた料理をベースに、オリジナリティを加えたメニューに変えていきました」と名雪氏は振り返る。

自分の得意な海鮮料理が少なかったため、鮮魚を仕入れて海鮮メニューを増やした。日本人の味覚に合うよう、油っぽさを感じさせない調理を意識し、本来は中国醤油を使うところを醤油にするなど、素材を活かしたさっぱりとした調味を心がけたところ、地元の中高年層の常連客が徐々に増えていった。

お客が自分の店に何を求めて来るのか考えたとき、「上質な素材をシンプルに食べられること」だと気づき、原価率が4割を超えても、夫婦二人の経営で人件費を抑えながら、おいしいものを提供しようと考えた。都心なら1万円は下らない本格鮮魚料理が、地元にいながらに手頃な価格で食べられる。そうした価値を生んだことで、本当の意味での地域密着型を実現させた。

上質な鮮魚をシンプルに調理するスタイルを信条に

清蒸青石斑　アオハタの姿蒸　熱々葱油がけ

清蒸青石斑

アオハタの姿蒸
熱々葱油がけ

「清蒸」は刺身にできるほど鮮度のよい白身魚を蒸し上げ、旨味を閉じ込める調理法。上にのせた長ねぎに熱々のねぎ油をかけて香り高く仕上げる。旬の魚の中から、今回はアオハタを使用。ポイントは新鮮な魚を選び、ウロコ取りなど下処理をしっかりして、蒸しすぎないこと。蒸し時間は1尾500g（掃除後）の魚なら10分が目安。本来は7分半ほど蒸して骨の周りの身を半生状態に仕上げるが、日本ではレアは敬遠されるため、身がふっくらするまで蒸している。魚の旨味が凝縮されている蒸し汁は、鶏スープ（二番だしでよい）と合わせて"つゆだく"で提供し、締めにご飯にかけて味わってもらう。6500円（税抜）コースの一品（写真は1尾500g・3～4人前）

材料（1尾分）

アオハタ（掃除したもの）…500g
魚の下味
- 塩…5g
- 酒（※）…15g
- 濃口醤油…5g

長ねぎ…1本
ねぎ油（ピーナッツ油を使用）…40g
胡椒…少々
調味料A
- 鶏スープ…200ml
- 濃口醤油…18g
- 塩…2g

香菜、大葉…各適量

※酒
紹興酒と日本酒を同割で合わせたもの。

作り方

1. 長ねぎの半分は白髪ねぎに、残りは芯も含めて薄い斜め切りにする（a）。
2. アオハタの下処理をする（b）。中華鍋に湯を沸かし、差し水をして70℃ぐらいまで温度を下げ、掃除したアオハタをさっとくぐらせて（c）、すぐ氷水につける。
3. 包丁で細かなウロコを取り除き、火通りをよくするため、背側に隠し包丁を入れる（d）。
4. 下味をつける。片手でアオハタを持ち、塩を全体にまんべんなくふる（e）。隠し包丁を入れたところに酒を注ぐ。
5. 長ねぎ（分量外）をバットに並べて土台にし、その上に4のアオハタをのせて醤油を全体にかけ、隠し包丁を入れた箇所も開いてかける。
6. 5を蒸籠に入れて、10分ほど蒸す（f）。
7. 器にアオハタを盛り、胡椒をふって斜め切りにした長ねぎをのせる。
8. ねぎ油を強火にかけて煙が出るまで熱し、7のねぎの上からかける（g）。
9. 中華鍋にAと蒸し汁を入れて熱し、8にかける（h）。白髪ねぎを飾り、ちぎった香菜と大葉のせん切りを別添えにする。

a

長ねぎは芯の部分が甘くおいしい。中心がかたくなる真夏以外は、まわりだけでなく全て使う。

b

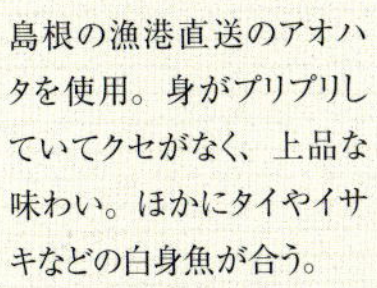

島根の漁港直送のアオハタを使用。身がプリプリしていてクセがなく、上品な味わい。ほかにタイやイサキなどの白身魚が合う。

c

熱湯だと皮がむけてしまうので、差し水をして70℃ぐらいまで温度を下げた後、湯に通す。

d

アオハタのうろこを取り、背側に隠し包丁を入れる。火の通りが良くなり、味もよく入る。

e

魚が上質かつ新鮮なので、下味の塩はすりこまず、ふりかけるようにして、素材の味を活かす。

f

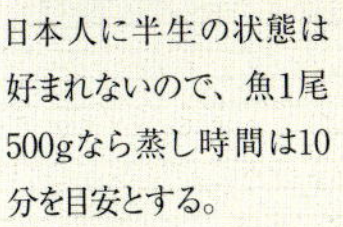

日本人に半生の状態は好まれないので、魚1尾500gなら蒸し時間は10分を目安とする。

g

ねぎ油は直前に煙が出てくるまで高温に熱し、熱々を長ねぎにかけて香りを立たせる。

h

蒸し汁入りのスープをたっぷりかけ、中国のまかないのようにご飯にかけて食べてもらう。

避風塘雷猴
ホンモロコのスパイシー炒め

香港を中心に提供されている、魚介とパン粉を使った香ばしくスパイシーな炒め物。「避風塘」とは天候不良などの際に漁船が避難する場所で、漁師料理を意味する。エビやソフトシェルなどで作られるが、今回は島根・益田から直送される「ホンモロコ」を使用。主に関西の和食で使われる淡水魚で、特有の生臭さがなく淡白な味わいが特徴だ。このホンモロコを骨ごと食べさせるため、150℃の油からゆっくり揚げていく。炒めた野菜の甘味と唐辛子や黒胡椒の辛味、ホンモロコの腹ワタの苦味の調和が味わいどころ。ねぎ油で別に炒め、しっかりと油を切ったパン粉のサクサクした食感がアクセントを添える。季節料理（要予約／参考価格1500円）

材料（1皿分）

ホンモロコ…80g
ホンモロコの下味
- 塩、胡椒、ごま油、酒（※）…各適量

片栗粉…適量
A
- パン粉（細目）…50g
- ねぎ油…30g
- 椒塩（※）…少々

B
- 緑・赤ピーマン（みじん切り）…各10g
- 生青唐辛子（輪切り）…2本分
- 玉ねぎ（みじん切り）…15g
- 長ねぎ（みじん切り）…10g
- 一味唐辛子…少々
- 黒胡椒…少々

椒塩（※）…ひとつまみ
香菜…適量
白絞油…適量

※酒
紹興酒と日本酒を同割で合わせたもの。

※椒塩
塩に五香粉を合わせたもの。

作り方

1 パン粉を仕込む。熱した中華鍋に白絞油をなじませ、Aのパン粉と少量のねぎ油を入れる。少しずつねぎ油を足しながら、弱火で焦がさないようにきつね色になるまで炒め、椒塩を加える。キッチンペーパーにとって1日〜2日かけてしっかり油を切る（a）。
▶パン粉はよく油をきってサクサク感を出す。

2 ホンモロコは水洗いして下味をつけ、片栗粉をまんべんなくまぶす。

3 白絞油を150℃ぐらいに熱し、2のホンモロコを入れて揚げる。油が180℃ぐらいになり、きつね色になってきたら火力を強め、表面をカリッとさせてから取り出し、油を切る（b）。

4 熱した中華鍋に白絞油をなじませ、Bを入れる。一味唐辛子が焦げやすいので、入れる際は鍋をコンロから少しはずす。焦がさないよう、弱火でじっくり炒める。
▶野菜が持つ甘みを引き出すように、弱火でじっくり炒める。

5 4に3のホンモロコを入れて椒塩をひとつまみ加え、さらに1のパン粉を加えてからめながら、パン粉を焦がさないようにさっと炒める（c）。

6 器に盛り、香菜をちぎって散らす。

ホンモロコは体長3cmほどの淡水魚。12月〜2月頃までしか手に入らない、幻の魚ともいわれる希少な魚。同店では、休耕田を利用して養殖された島根県益田市産のものを仕入れている。生臭みがなく、下処理せずそのまま使える。

a

b

c

希少な小魚「ホンモロコ」をスパイシーな漁師風料理に

避風塘雷猴

雲燕扒海皇 石州瓦礫

魚介のウニとカブあんかけ
石州瓦のお皿でオーブン焼き

グラタンのような見た目とまろやかな味わいで人気を集める、冬の創作メニュー。広東のウニ入りフカヒレスープと野菜のあんかけをモチーフに、オーブン料理にアレンジした。エビ、白子、ホタテといった海鮮と野菜を具材に、エビのミソや生ウニなどを使った濃厚な味わいのあんをかけてオーブンで焼き上げる。和食の「かぶら蒸し」をヒントに、あんにかぶのすりおろしを加えてやさしい口当たりを出すのがポイント。耐熱性の高い石州瓦の器を使って和の趣を出し、熱々のシズル感も魅力にする。季節料理（要予約／参考価格２０００円）

材料（1皿分）

天使のエビ…1尾
タイの切り身…1切れ
生ホタテ…1個
真ダラの白子…50g
下味
- 塩、胡椒、ごま油、酒（※）…各適量

卵白、片栗粉…各適量
ブロッコリー…1片
しめじ…10g
百合根…15g
カニ肉（ズワイガニ）…5g
水菜…少量
あん
- かぶ（すりおろし）…小玉1個分
- 生ウニ…15g
- 鶏スープ…200ml
- 塩…2g弱
- グラニュー糖、オイスターソース、濃口醤油、胡椒、酒（※）…各少々

A
- コーンスターチ…5g
- 片栗粉…5g
- 水…適量

ごま油、ねぎ油…各少々
白絞油…適量

※酒
紹興酒と日本酒を同割で合わせたもの。

作り方

1. 天使のエビは頭を取って殻をむく。頭はスープのだしに利用するのでとっておく。
2. 1のエビ、タイ、ホタテ、白子はそれぞれ下味をつけ、白子以外には卵白をからめる。すべてに片栗粉をまんべんなくまぶす。
3. ブロッコリー、しめじ、百合根は塩茹でし、キッチンペーパーで水気をふきとる。
4. 熱した中華鍋に白絞油をなじませ、2の白子以外を入れて、両面に焼き色をつけて中をレアにソテーする。白子は焦げやすいので、別にさっとソテーする。
   ▶後でオーブン焼きにするため、火が入りすぎないよう注意。
5. 石州瓦の器にほどよい幅に切った水菜を敷いて3の野菜、4の魚介、カニ肉を盛る（a）。
6. あんを作る。中華鍋にねぎ油をなじませ、1で残しておいたエビの頭を入れて、エビの香りが出るようソテーする。酒と分量のスープの少量を入れ、玉杓子でエビの頭を叩いてミソを出す（b）。
7. 6からエビの頭を取り出し、かぶなどあんの材料を次々と入れ（c）、ウニはほぐしながら入れる。Aのコーンスターチと片栗粉を水で溶いて加え、とろみをつけたら、ごま油とねぎ油で香りをつける。
   ▶あんには、とろみが維持できるコーンスターチを片栗粉と同割で使い、しっかりしたかためのあんを作る。
8. 7のあんを5にかけ（d）、最初は200℃のオーブンで8分、その後250℃に上げて8分焼いて焦げ目をつけ、熱々を提供する。

a

b
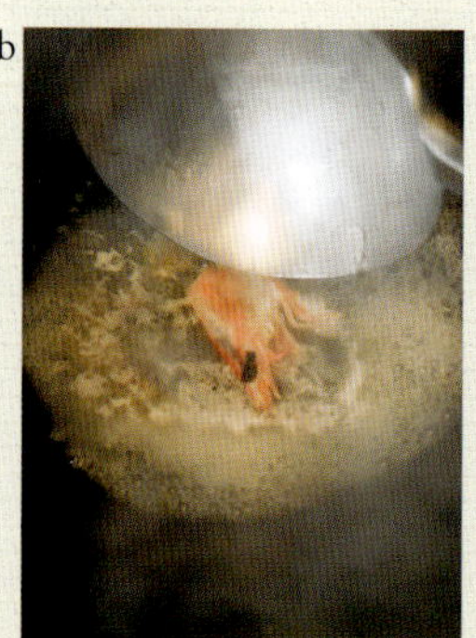
c

d

口当たりよく濃厚なあんをかけ、冬場においしいオーブン焼きに

生ウニの濃厚さとかぶによる軽さが絶妙なあん。海鮮や野菜によく合う。

雲蕪扒海皇　石州瓦碟

四川料理

蜀彩

ショクサイ

店主　**村岡拓也**

1971年神奈川県生まれ。東京理科大学を中退後、恵比寿『筑紫樓』や原宿『龍の子』などで修業し、四川省へ1年間留学。帰国後、『龍の子』へ戻って1年働き、その後は中華チェーンや広東料理店なども経験する。2011年10月に『蜀彩』を開業。

四川の食文化を肌で感じて

東京・経堂に店を構える『蜀彩』は、四川料理に特化したメニューで評判の中国料理店である。

店主の村岡拓也氏は、25歳のときに中国料理の道に入った。理系の大学を中退し、自分の進む道を決めかねていたとき、幼い頃に食べた四川料理のおいしさを思い出し、中華のコックを志すことに決めた。料理人としては遅いスタートだったが、恵比寿『筑紫樓』や原宿『龍の子』で3年ずつ修業を積み、地道に腕を磨いていった。特に、本格四川料理店『龍の子』ではひと通りの料理を経験し、その後の四川省への留学にもつながった。

「修業するうち四川料理にどんどん引き込まれていき、現地で本物の四川料理を見てみたい、食べてみたいと思うようになりました」という村岡氏。

1年に渡る四川省での生活では語学を学んだほか、プロのコックを養成する料理学校にも入り、今まで知らなかった伝統料理や地方料理を習った。留学で得たものは調理技術だけでなく、現地の食文化を肌で感じられたことだ。家庭で実際に食べられている料理や郷土食に対する思いなど、料理の本質の部分を、四川省の人たちとの関わりの中で知ることができた。

「四川料理はダイナミックで、真っ赤な色にも力強いパワーを感じる。四川の人間の良さが、料理に現れているんです。どんな料理も、まず現地の人や生活を見なければ追求できないと実感しました」と村岡氏。帰国後も約5年半に渡って修業に励み、確実に実力と自信を身につけて同店を開業した。

優しい味でも四川の奥深さを

同店は世田谷の住宅街を控えた立地にあり、客層は地元客が中心だ。昼は年配者や主婦、夜は夫婦や会社関係のグループ、ファミリーなど幅広い層が来店。昼や週末の夜は満席になることも多く、遠方からわざわざ来る四川料理ファンも掴む人気店となっている。

麻婆豆腐や担々麺など、日本でもよく知られたメニューが多々ある四川料理だが、村岡氏が本当に味わってほしいのは、四川省の人たちが好んで食べている地方料理や家庭料理である。しかし、こうしたメニューは日本でなじみがないため、アラカルトメニューは日本でポピュラーな四川料理を2~3割ほど織り交ぜながら構成している。

たとえば、肉料理は「糖醋里脊」や「宮保鶏丁」のように、日本で人気のメニューをしっかり押さえつつ、「辣子鶏（鶏肉の麻辣香り炒め）」や「樟茶鴨仔（鴨の紅茶漬け燻製香り揚げ）」といった特徴のあるメニューを組み込む。四川料理に詳しい人はもちろん、あまり詳しくない地元客にも満足してもらえるメニュー構成で、集客力を高めている。

「地元の常連さんの中には、なじみのないメニューに興味を示す方が少しずつ増えています。〝この料理はどんな味なの？〟と聞かれることが多くなり、最近は辣子鶏などが出るようになってきました」と村岡氏。辛そうな見た目から敬遠する人が多かったが、「食べてみたらおいしかった」と言ってもらえたときは嬉しかったという。

中華を食べ慣れているお客にはマニアックなメニューを現地の味付けで出すこともあるが、大半はポピュラーなものしか知らない客層である。まずはやさしい味つけで、日本人好みの食材を組み合わせながら、四川には辛くない料理があることやいろんな辛さがあるといった奥深さを伝えている。

「自分としては〝辛くておいしい〟ものを作りたい。そのために、唐辛子を使った舌が痛くなる辛さの料理に砂糖を合わせることもありますし、しびれる辛さの花椒もうまく使えばおいしさになる。四川の腸詰めは辛いけど、口の中で花椒がはじけてすごくおいしいんですよ」と村岡氏。

現在も年に1回は四川省に行き、現地の料理を探求するという村岡氏。今後も流行に流されることなく、四川料理の本質を追求し、名店といわれる店を目指していきたいと話す。

四川料理の奥深い魅力を、幅広い層に届ける

「粉蒸」の調理法をラム肉でアレンジ

粉蒸羊排　ラム肉の四川蒸し　蓮の葉包み

粉蒸羊排

ラム肉の四川蒸し 蓮の葉包み

身体を温める効果があると言われることから、同店では冬場に必ずラム肉の料理を提供している。これは、炒ったもち米を肉にまぶして蒸す四川料理の「粉蒸」の調理法を活用し、豚バラやスペアリブ、鶏肉を使うところをラム肉でアレンジした。複数の香辛料によるスパイシーな香りが漂い、もち米の効果でラム肉が柔らかくなって、タレのからみもよくなる。ラム肉は特有の臭みがあるため、香辛料の一つにクミンを加えて臭みを補うのがポイント。本来は蓮の葉で包んで蒸すが、今回は蓮の葉を別に茹でておき、まとめて仕込んでおける方法を紹介する。2400円(税抜)

材料

●ラム肉の四川蒸し(仕込み量)

仔羊の骨付き背肉(ラムラック)…1kg

調味料A
- 香辣油(※)…150ml
- 酒醸…大さじ2
- 豆板醤…大さじ2
- 生姜(みじん切り)…大さじ2
- ニンニク(みじん切り)…大さじ1

紹興酒…50ml

調味料B
- 十三香粉…小さじ1/2
- クミンパウダー…小さじ1と1/2
- クミンシード…大さじ2
- 炒辣粉(鷹の爪を炒めて粉末にしたもの)…小さじ1
- 花椒粉…小さじ1/2
- 白胡椒…少々
- 砂糖…大さじ2
- 濃口醤油…小さじ1
- 紅南乳…1個(10g)

もち米粉(※)…2つかみ
鶏ガラスープ…50ml
白絞油…適量

●仕上げ(1皿分)

ラム肉の四川蒸し…2カット
蓮の葉…2枚
じゃが芋(皮付きを蒸す)…4スライス
香辣油(※)…大さじ2
鷹の爪…3本
花椒粉…8ふり
長ねぎ(みじん切り)…ひとつかみ
香菜…適量

※香辣油
白絞油に12〜13種類の香辛料(白蔻(パイコウ)、豆蔻(ドゥコウ)、砂仁(シャーレン)など)を入れて弱火でじっくり温め、同割の四川産辣粉と韓国産辣粉を入れて、低温で混ぜて漉したもの。

※もち米粉
八角と桂皮各15g、もち米1kgを弱火でから炒りし、八角と桂皮だけを取り出してミルで粉砕する。もち米は別に粗めに挽いて、粉砕した八角･桂皮と合わせる。

作り方

1 ラム肉は骨と骨の間に包丁を入れて食べやすく切り分ける。筋がかたい場合は、数カ所に切り込みを入れる。
2 中華鍋を熱して白絞油をなじませ、Aを入れて弱火で香りが出るまで炒め(a)、1のラム肉にかける。
3 2の鍋に紹興酒を入れ、鍋肌に残った調味料と混ぜて2にかける。
4 3にBを加え(b)、手袋をして手で混ぜ、ラム肉に調味料をなじませる。
5 続いてもち米粉を入れて混ぜ(c)、鶏ガラスープを加えて混ぜる。
6 5にラップをかけて2時間ほど蒸籠で蒸す。これを1皿分ずつタレごとパックして冷凍しておく。
7 蓮の葉はさっと茹でて水洗いし、別に冷凍しておく。
8 注文ごとに、7の蓮の葉を戻して小さめのボウルに敷き、6のラム肉を2切れとじゃが芋をのせ、タレをかける(d)。
9 蓮の葉で包んでラップをかけ(e)、蒸籠で12分ほど蒸して温める。
10 中華鍋に香辣油(f)と半分に切った鷹の爪を入れ、鷹の爪が色づく位まで加熱する。
11 9の蓮の葉を開いて花椒粉と長ねぎのみじん切りをふり、10をかける(g)。器に盛りつけて香菜を飾る。

a

ラム肉に調味料がよくからむよう、豆板醤はやや多めに加えてじっくり炒める。

b

多種類の香辛料を使用。ラム肉の臭みを消すクミンは、パウダーとホールの両方を入れる。

c

もち米粉が多すぎると食感がぼそぼそするので、ラム肉にまとわせる程度の量を目安にする。

d

e

作業の効率化と素早い提供のため、ラム肉は仕込んで冷凍しておき、提供時に蓮の葉で包む。

f

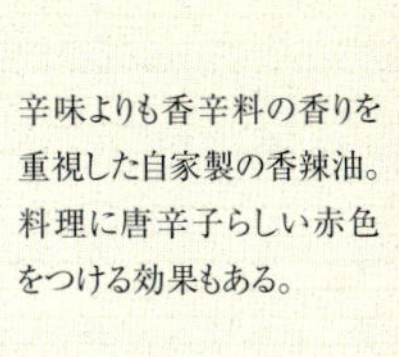

辛味よりも香辛料の香りを重視した自家製の香辣油。料理に唐辛子らしい赤色をつける効果もある。

g

仕上げに12～13種類の香辛料を使った自家製香辣油を熱してかけ、香りと色を添える。

炝香牛尾
牛テールの辛味煮込み 麻辣香り油仕立て

牛テールを使った冬のおすすめ料理。以前は牛テールを山芋とともに醤油味で煮込んで提供していたが、個性のあるテール料理を出したいと考案した。ヒントになったのは、四川の家庭料理「豆花牛肉」。細切りにした牛肉と豆腐を煮込んでとろみをつけ、熱した油をかけて香りを出す手法を、この料理に用いた。豆板醤で辛味をつけた牛テールを、里芋や山芋など旬の根菜とともに柔らかく煮てとろみをつけ、器に盛った後に、青花椒と鷹の爪の香りを添えた熱々の麻辣香り油をかける。辛めの味付けでありながら、水溶き片栗粉でやさしい口当たりを出し、青花椒のさわやかな香りもアクセントにしている。2400円(税抜)

材料

●牛テールの下ごしらえ(仕込み量)

牛テール…2本分(約2kg)
辣油…70ml
豆板醤…80g
煮汁
- 鶏ガラスープ…2.2ℓ
- 紹興酒…小さじ2
- 濃口醤油…大さじ3
- 塩…小さじ1/2
- 胡椒…少々
- 長ねぎ…10cm長さ
- 生姜(薄切り)…4枚
- 八角…2個

●仕上げ(1皿分)

牛テール(下ごしらえしたもの)…2カット
辣油…少々
豆板醤…小さじ1
鶏ガラスープ…200ml
濃口醤油…小さじ1
根菜類
- 里芋(蒸したもの)…6個
- 蓮根…2スライス
- 山芋…2切れ
- キクラゲ(戻したもの)…4枚
- 小松菜…1株

水溶き片栗粉…大さじ1
ごま油、ねぎ油…各適量
白絞油…適量
麻辣香り油
- 香辣油(180ページ参照)…大さじ3
- 青花椒(粒)…10粒
- 鷹の爪(半分に割ったもの)…10かけ

香菜…適量

作り方

1 牛テールの下ごしらえをする。牛テールは5cm幅にカットした状態で仕入れる(a)。熱湯で茹で、強く沸いてきたら水で洗って大きな脂を取る。
▶かたまりが大きいので、中のアクをしっかり出すよう下茹でしておく。

2 熱した中華鍋に辣油を入れてなじませ、豆板醤を炒める。香りが出たら煮汁の材料を入れて煮立てて、1の牛テールを入れて10分ほど煮込む(b)。
▶仕上げにかける香辣油や青花椒の香りで味わってもらう料理なので、味付けはシンプルに。

3 2をボウルに移し、牛テールがトロトロになるまで蒸籠で2時間30分～3時間ほど加熱。これを1皿分ずつパックして冷凍しておく。

4 注文ごとに、白絞油をなじませた中華鍋に辣油と豆板醤を入れて炒め、香りが出たら鶏ガラスープと醤油を入れて煮立てる。

5 4に戻した3の牛テールを2カット入れ、鶏ガラスープが足りなければ足す。

6 5に根菜類を入れ、根菜が柔らかくなるまで煮る(c)。

7 水溶き片栗粉でとろみをつけ、ごま油とねぎ油をかけて器に盛る。

8 中華鍋をきれいにして香辣油、青花椒、鷹の爪を入れて炒め、香りが出て鷹の爪が色づいたところで7にかけ(d)、香菜を飾る。

a

b
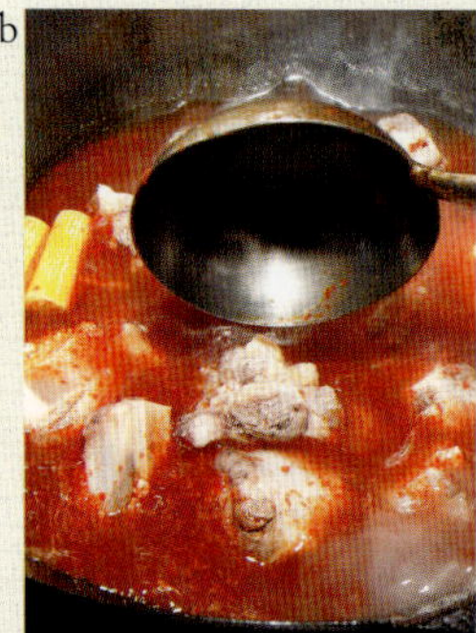
c

d

牛テールと根菜類を煮込み、青花椒の香りで個性的に
炝香牛尾

魚香酥雲豆
そら豆の魚香和え

グリンピースで作る四川の伝統料理「魚香青豆」を、甘味のあるそら豆に替えてアレンジした前菜。生姜やニンニク、泡辣椒で味付けする四川料理独特の「魚香」は、メイン料理によく使われる調味法。前菜に使うのは珍しいことから、中国料理に精通した人が来店した際、このメニューをコースの前菜に取り入れている。ポイントはそら豆の揚げ方で、形が崩れないよう低温の油で表面をカリッと、中はホクホクした状態に揚げること。最後に魚香ソースと酢などの調味料を和えることで、豆の持つホクホクした甘さに酸味がからみ、味の調和が楽しめる。700円(税抜)

材料(1皿分)

乾燥そら豆…100g
魚香ソース
- 泡辣椒(刻んだもの)…大さじ2
- 酒醸…小さじ1
- 生姜(みじん切り)…小さじ2
- ニンニク(みじん切り)…小さじ1弱
- 豆板醤…小さじ1/2
- 香辣油(180ページ参照)…50ml

調味料A
- 砂糖…小さじ3と1/2
- 塩…少々
- 黒酢…小さじ2
- 酢…小さじ1
- 濃口醤油…小さじ1

長ねぎ(みじん切り)…ひとつかみ
セロリ(中央のやわらかいところ/みじん切り)…ひとつかみ
香菜…適量

作り方

1. 乾燥そら豆(a)は一晩水に漬けて戻し、皮をむく。
   ▶生のそら豆が出回る時期は、ミックスすると彩りがよくなる。
2. アルミ鍋に水と1のそら豆を入れて、やわらかくなるまで茹でる(b)。茹で時間は豆によって異なるので、1/3ぐらいの豆が割れ始めるのを目安にし、ザルにあげる。茹で汁は旨味のあるだしになるので、煮込み料理などに利用する。
   ▶茹で方が足りないと甘みが出ず、茹ですぎると崩れてしまう。少々やわらかめな茹で加減に。
3. 白絞油を80℃ぐらいに熱し、2のそら豆を入れて最初は強火で揚げる。
4. 豆の水分が出て揚げ音が落ち着いたら弱火にし、豆が浮いてくるまで低温でじっくり揚げる(c)。
5. 揚げ終わりに強火にし、油の温度を上げて外側をカリッとさせ、油を切ってボウルに移す。
6. 魚香ソースを作る。熱した中華鍋に魚香ソースの材料を入れて香りを出すように炒め(d)、5にかける。
7. 6にAの調味料を入れて和え、長ねぎとセロリのみじん切りを加えてざっくり混ぜる。常温でも冷蔵庫で冷やしてもどちらもおいしく食べられる。
8. 器に盛り、香菜を飾る。

a

b

c

d
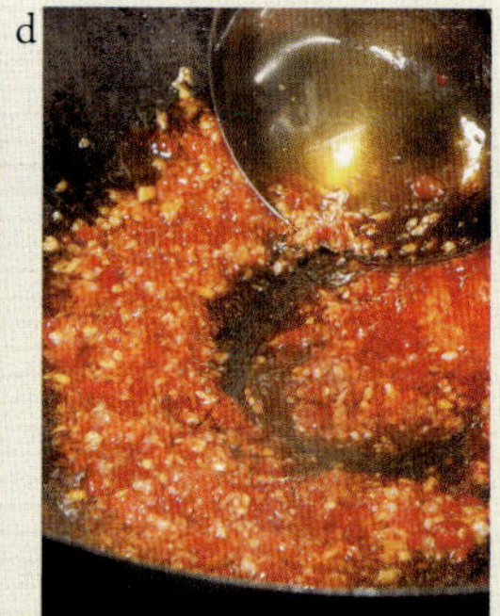

四川の伝統料理「魚香青豆」を、そら豆で

魚香酥雲豆

Chinese Restaurant

欣喜 キンキ

オーナーシェフ **青木欣也**

1972年東京都生まれ。新宿調理師専門学校を卒業後、横浜中華街『萬珍樓』で10年間にわたり中国料理の基礎を学ぶ。東京マリオットホテル錦糸町東武（現・東武ホテルレバント東京）などを経て、2011年６月に同店を開業。

野菜や豚肉なども食材を厳選

小田急線祖師ヶ谷大蔵駅から歩いて2分ほどの場所にある『チャイニーズレストラン 欣喜』。オーナーシェフである青木欣也氏の修業経験から、広東、上海、四川などの料理を中心に、独自の創作を加えたメニューも用意。内容を随時入れ替える「本日のおすすめ」約10種類を含むアラカルトは約55種類、夜は5400円の月替わりコースも揃えており、客単価は6000円ほどとなっている。

メニューづくりで青木氏が大切にしているのは、上質な食材を厳選し、素材の持ち味を活かして調理すること。たとえば野菜は、「エビベジ」の呼び名で有名ホテルのシェフにも選ばれている、栃木県下野市「海老原ファーム」の野菜をメインに使用。農家の人たちが手作業でつくることで知られ、野菜本来の味や香りが楽しめると、プロの間でも評判の高い野菜だ。同店ではきゅうりや青菜といった旬の野菜、中国野菜などを産地直送で週3回ほど仕入れており、冷蔵庫には常時40種類もの野菜をストックしている。この「エビベジ野菜」の持ち味を活かすよう、野菜によって蒸したり揚げたりと下ごしらえを変える。シンプルなサラダや炒め物にするほか、「エビベジ野菜の南瓜ソースがけ」（P190）のような創作メニューにして楽しませている。

また、豚肉は複数の銘柄豚を料理によって使い分けている。たとえば「自家製叉焼」には、霜降りが多く赤身の味わいも濃い、ハンガリー原産のマンガリッツァ豚の肩ロースを。「酢豚」は旨味のある脂肪とがっしりした味を持つ高品質のもち豚・平牧三元豚の上ロース肉を使用。「一つひとつの食材をしっかり研究し、使いこなせるようになってから中国料理の中に取り入れるようにしている」と青木氏は話す。

ワインとのマリアージュも提案

同店の客層は沿線の地元住民が中心で、昼は主婦など女性客、夜は年配者から若いファミリーまで広範囲に渡る。オープンから5年以上が経ち、近年は常連客を楽しませるメニューづくりも心がけている。

「自分自身、同じ食材ばかり出てくるのが嫌なんです。1回の食事でいろんなものが食べたい」という青木氏。味付けも醤油、塩、味噌など様々な味の料理をメニュー表に並べる。お客が同じ味の料理ばかりを注文しないよう、サービススタッフが「この2品は同じ味なので、こちらの塩味のメニューはいかがでしょう」などと提案する指導も行っている。

今後は中国料理の基礎はしっかり押さえた上で、新たな可能性にも挑んでいきたいという青木氏。

「たとえばゼラチンはホテルで働いていた頃から使っていますが、〝冷やし固めるもの〟という概念ではなく、液体にとろみをつける使い方もできる。水溶き片栗粉とは違い、とろみ加減がさらっとしていて、独特のツヤも出ます。今後は使い方を探求し、中国料理の世界にも広めていきたいですね」。最近は洋食の勉強も始め、中華に取り入れる試みもスタートしているという。

また、試飲会にも出向くほどワイン好きな青木氏は、〝中華とワインのマリアージュ〟にも注目している。同店ではボトルで3000〜4000円台を中心とした約30種類のワインを用意。たとえば白ワインならソーヴィニヨン・ブランなど、料理の油をすっきり流してくれるような、辛口でのど越しのよいもの。赤ワインなら肉に合うジンファンデルや南アフリカのピノタージュなど、軽いけれどしっかりしていてほんのり甘いものと、中華との相性を考慮してセレクト。他に季節のおすすめも3種類ほど用意するなど、ワインの品揃えにも力を入れ、常連客を中心に注文を増やしている。

「私の基本は、お客様が喜ぶ料理を作って提供するということ」という青木氏。中国料理の料理人として、自分の技術をどれだけ伸ばし、常連のお客を喜ばせるかを今後も追求していく。

上質な食材を選び、素材を活かす調理を追求

自家製調味料を駆使した人気の高い前菜を一皿に

本日の前菜 盛り合わせ6種

本日の前菜 盛り合わせ6種

旬のものや人気の高い前菜6種を盛り合わせた一品。青木シェフは前菜を、その店のシェフの料理への姿勢がみえる、プロフィールのような存在だと考えている。「欣喜特製四川風よだれ鶏」は、大山どりのムネ肉を、香味野菜や紹興酒とともに旨味を閉じこめるようにゆっくり蒸し、コクや酸味、辛味のある自家製ダレで食べさせる。「広東風自家製叉焼」は、霜降りが多く赤身の味わいも濃い、ハンガリー原産のマンガリッツァ豚の肩ロース肉を使用。自家製叉焼醤をベースにした漬け汁に漬けた後、肉汁と柔らかな食感を逃さないようにオーブンで焼く。「アワビの香味煮」は、生アワビを大根おろしでじっくり蒸す「和」の技法を活用。鶏レバーやハチノス料理にも使う、9種類の香辛料を効かせた自家製醤鍋ソースで煮込む。「紫大根の甘酢漬」は、紫大根の色を活かした漬物。「カキのオイル漬け」は、蒸した後に燻すことで、カキの持ち味を活かした一品。中央にある「金時人参のムース」は、金時人参の持つ自然な甘味や鮮やかな色合いを楽しませる、なめらかなムース。金時人参が入荷する12～1月に毎年登場する。5種・2人前2160円(税抜)～(写真は、6種・1人前の盛り合わせで1260円)

広東風自家製叉焼

材料(仕込み量)
マンガリッツァ豚肩ロース肉…600g
漬け汁
- 塩…112g
- 濃口醤油…300g
- 日本酒…375ml
- 砂糖…900g
- 叉焼醤(※)…75g
- トマトケチャップ…38g
- うま味調味料…75g
- 梅肉…1個分
- 花椒粉…少々
- 五香粉…少々
- 食用色素…少々
- 全卵、香菜、玉ねぎ(スライス)…各適量

かけ汁
- パイナップル缶(シロップなし)…1缶
- ハチミツ…500g
- 香菜…4～5枚
- 水あめ…適量
- 陳皮…ひとにぎり
- 食用色素…少々

※叉焼醤
仙台味噌…1kg
海鮮醤…500g
酸梅醤…450g
純練りごま…83g
紅南乳…60g
老酒…60ml
A1ソース…120ml
オイスターソース、陳皮(水で戻してセイロで蒸し、裏の薄皮をむいてみじん切りにする)、四川豆板醤…各少々

1 すべての材料を混ぜ合わせる。冷蔵庫で保存する。

1 バットに漬け汁の材料をすべて合わせ、豚肩ロース肉を入れて4時間ほど漬ける(d)。
2 1から豚肉を取り出し、天板を敷いた網にのせて形を整えてオーブンに入れ、230℃で7分焼く。オーブンの温度を180℃に落として4分半焼き、火を消して余熱で5分火を通す(e)。営業中はホットウォーマーで保管する。
3 かけ汁の材料を合わせて30分蒸し、漉しておき、注文ごとに2にかける。

d

豚肉は、霜降りが多くジューシーな、マンガリッツァ豚を使う。まず、自家製叉焼醤ベースの漬け汁に4時間ほど漬ける。

e

230℃で7分、180℃で4分半、余熱で5分火を通す。包丁の刃先などをさして、透き通った汁がでれば焼き上がり。

金時人参のムース

材料(19cm四方の流し缶1台分)
金時人参…500g
赤パプリカ…1個
全卵…8個
生クリーム…45ml
砂糖…大さじ1
塩…小さじ1

1 金時人参は皮をむいて適当な厚さに切り、セイロでやわらかくなるまで20分蒸し、冷ましておく。
2 赤パプリカは直火で黒く焦げるまで焼き、氷水にとり、流水にあてながら皮をむく。種を取り、ペーパーで水気をふき取ってから細切りにする。
3 フードプロセッサーに1、2、生クリーム、全卵8個のうち卵黄のみ3個分、砂糖、塩を入れて(a)、均一になるよう攪拌する。
4 全卵5個と残りの卵白3個分をボウルに入れ、空気が入らないように溶く。ここに3を加えて、ゴムべらで切るように混ぜる(b)。
5 ラップを流し缶にのせて、型の隅々まで指を当てて敷き詰め、4を流し入れてゴムべらで表面を平らにならす(c)。
6 上からラップを二重に張り、蒸籠に入れ、蓋を少しずらした状態で50～55分蒸す。
7 蒸し上がったらラップを取り、型をひっくり返してペーパーを敷いたバットにのせ、型からはずす。ペーパーをかぶせてラップをかけ、上に重石をのせてそのまま冷ます。冷めたら冷蔵庫に入れて、翌日切り分ける。

a

金時人参にパプリカなどを足してペースト状にする。

b
蒸したときに生地が膨らみ過ぎるのを防ぐため、卵は空気が入らないように溶き、人参のペーストと合わせるときは切り混ぜる。

c

流し缶に流したら、ゴムべらで表面を平らにし、空気抜きはしない。空気をぬくとしっとり感が損なわれる。

材料（1皿分）

欣喜特製四川風よだれ鶏…適量
広東風自家製叉焼…2スライス
アワビの香味煮…2スライス
紫大根の甘酢漬…適量
金時人参のムース…2カット
カキのオイル漬け…1粒

作り方

1 すべての品を見栄えよく盛りつける。

アワビの香味煮

材料（仕込み量）
生アワビ…30個
塩…適量
大根おろし…適量
醤鍋（※）…適量

※醤鍋
A
豚足ハーフスライス2.5本、豚骨（砕く）1kg、鶏胴ガラ2本、牛スジ660g
B
人参1本、玉ねぎ2個、水10ℓ、濃口醤油1.5ℓ、日本酒300ml、老酒600ml、長ねぎ適量、生姜適量、卵の殻適量、八角・草果・陳皮・甘草・桂皮・紅米・ローリエ・花椒・沙姜片…各適量※香辛料はすべてさらしで巻いておく
C
氷砂糖1kg、うま味調味料・塩…各適量

1 Aはそれぞれ掃除をしてからボイルし、アク抜きする。
2 鍋に1とBを入れ、3時間ほど煮る。
3 仕上げにCを加えて味を調整し、漉した後、醤鍋に継ぎ足して使う。

1 アワビは塩をふってタワシでこすり、流水で洗う。大根おろしをのせて2時間蒸す。
2 アワビの身を殻からはずし、醤鍋に入れて30分煮込む。
3 火を止め、そのまま1時間漬け込む。

欣喜特製四川風よだれ鶏

材料（仕込み量）
鶏ムネ肉（大山どり）…2kg
長ねぎ…適量
生姜…適量
塩、うま味調味料、老酒…各適量
タレ
上白糖…4g
一味唐辛子…4g
胡椒…少々
濃口醤油…36g
中国たまり醤油…96g
黒酢…60g
老酒…30g
毛湯…100ml
ラー油…大さじ6
ごま油…大さじ2
山椒油…大さじ2
A
毛湯…2.4ℓ
老酒…30ml
花椒…ひとつかみ
塩…10g
うま味調味料…5g
きゅうり、カシューナッツ、香菜…各適量

1 鶏ムネ肉は水洗いし、沸かした湯に長ねぎのぶつ切り、生姜とともに入れて火を消し、蓋をして5分蒸す。
2 別鍋に長ねぎ、生姜、たっぷりの湯を沸かし、塩、うま味調味料、老酒を加えて味付けする。ここに1の鶏肉を移し入れ、火を止めた状態で蓋をして20分ほど蒸らし、冷ましておく。
3 タレの材料をすべて混ぜ合わせる。
4 鍋にAを入れて沸かし、冷ましたものに3のタレを加えて混ぜる。
5 きゅうりのせん切りの上に4をかけ、2の鶏肉を食べやすく切り分けて盛り、砕いたカシューナッツをふって香菜を飾る。

紫大根の甘酢漬

材料（仕込み量）
紫大根…10個
漬け地
塩…500g
水…5ℓ
鷹の爪（種を除く）…5本
生姜（スライス）…少量
甘酢
酢…900ml
砂糖…1kg

1 紫大根は皮をむき、蛇腹に目を入れて角切りにする。
2 漬け地の材料を合わせた中に1を入れ、8時間漬ける。
3 2を水で洗い流して塩気を取り、ザルに上げて重石をし、水気をきる。
4 甘酢の酢と砂糖を合わせて3を入れ、1週間漬ける。

カキのオイル漬け

材料（仕込み量）
生ガキ（むき身）…500g
片栗粉…適量
下味
水…500ml
塩…15g
老酒…大さじ1と1/2
濃口醤油…大さじ1/2
レモン（スライス）…2枚
長ねぎ（みじん切り）…適量
生姜（みじん切り）…適量
燻煙材
砂糖…230g
プーアル茶（茶葉）…75g
米…230g
サラダ油…200ml
塩…5g
ピーマン、赤パプリカ、大根…各適量

1 ボウルにカキを入れ、片栗粉を軽く混ぜてから水できれいに洗う。カキはすぐに使えるよう、洗って水に浸けておく。
2 ボウルに下味の材料を混ぜ合わせ、1のカキを入れて3時間ほど漬ける。
3 2をザルに上げ、カキを蒸籠に並べて10～12分蒸す（f）。
4 燻製を行う。中華鍋にアルミホイルを1枚敷き、砂糖、プーアル茶、米の順に敷く。上に網をのせ、カキがくっつかないように刷毛でごま油（分量外）を塗り、3のカキを並べる。やや強めの火にかけ、煙が出てきたら中～弱火にし、ボウルを被せ、軽く香りを付ける程度に1分間燻す（g）。
5 ボウルにサラダ油と塩を入れて泡立て器でよく混ぜ、燻した4を入れて、時々混ぜながら2日ほど漬ける（h）。
6 せん切りにしたピーマン、赤パプリカ、大根とともに盛る。

f

カキは下味をつけ、蒸籠で蒸して火を入れる。

g
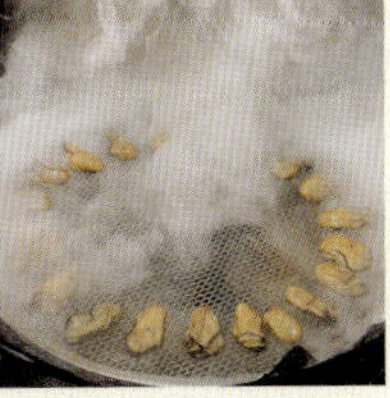
カキ本来の旨味を出すため、まわりに軽く香りを付ける程度に燻す。

h

燻したカキは、オイルに2日ほど漬けると食べごろに。

エビベジ野菜の南瓜ソースがけ

「エビベジ」は、栃木の海老原ファームで作られた野菜のこと。手作業により丹誠込めて作られる野菜を直送で仕入れ、旬野菜本来の味や香りを堪能させる、広東スタイルの一品に仕上げる。野菜はそれぞれのおいしさを最大限に引き出す方法で下処理し、素材のよさを最も逃さない「蒸す」調理法で加熱するのがポイント。ソースにも旬の野菜を使い、今回はかぼちゃの裏漉しやスープなどで作ったものを合わせた。同店では「エビベジ」メニュー目当てのお客も多く、アラカルトの注文にも応じている。5000円(税抜)コースの一品

材料(1人前)

春菊…1株
広東白菜…1/4株
青梗菜…1/4株
カリフラワー(バイオレットクイン・
オレンジブーケ)…各適量
パプロング(パプリカ)…適量
万願寺唐辛子…適量
かぼちゃソース
- かぼちゃ(蒸して裏漉したもの)…75g
- 毛湯…300ml
- 老酒…適量
- グラニュー糖…3g
- 塩…3g
- 水溶き片栗粉…13g

「海老原ファーム」の野菜は、おいしさにこだわって生産され、有名ホテルやレストランでも使われている。『欣喜』でも週3回ほど仕入れ、中国野菜も含めて常時40種類もの野菜を各メニューにフル活用している。季節ごとの新顔の野菜もあり、ここでも、紫色の「バイオレットクイン」やオレンジ色の「オレンジブーケ」といった珍しいカリフラワーや、細長いパプリカ「パプロング」などを使用。

作り方

1 青梗菜、広東白菜は1/4株にカットし、軸の根元に十字に包丁目を入れる。カリフラワー2種は、小房に分け、1房ずつ使う。万願寺唐辛子は3cm長さの斜め切りに、パプロングは1.5cm厚さの輪切りにする(a)。

2 青梗菜、広東白菜、カリフラワー2種は、蒸す前に常温のサラダ油(分量外)をサッとかけ、その後、1分半ほど湯通ししておく。
▶油をかけて野菜にコーティングすることで、下茹での際に余分な水分を中に入れず、食感を残すことができる。

3 蒸籠に2と万願寺唐辛子、パプロングを入れて1分半蒸す。春菊は30秒蒸す(b)。

4 かぼちゃソースを作る。中華鍋に毛湯と老酒、蒸して裏漉したかぼちゃを入れて火にかけ、玉杓子でかぼちゃを溶かしながら混ぜる。かぼちゃが混ざったら、グラニュー糖と塩を加えて味付けし、水溶き片栗粉を少しずつ加えてとろみをつける(c)。
▶かぼちゃの甘味を活かしつつ、温野菜に合うようやや濃いめの味付けにする。
▶ソースのとろみはかたすぎず、温野菜にほどよくからまる程度につけると、野菜の味わいを活かすことができる。

5 器に野菜を彩りよく盛り付け、かぼちゃソースを上から流す。

a

b

c

産地直送のこだわり野菜の味や香りを活かした一品

エビベジ野菜の南瓜ソースがけ

カキのバーベキューソース炒め

旬のカキときのこやパプリカ、ズッキーニなどの野菜類を、彩りを考えて組み合わせた炒め物。ポイントは、カキを加熱したとき、しぼんで型くずれしないよう揚げること。高温～中低温～高温と油の温度を3段階に調節し、カキの旨味を閉じこめながら揚げて、しっかり存在感が残るようにする。味付けのベースとなる沙茶醤は、ピーナッツバターやココナッツミルク、エバミルクなどをプラスした自家製。これに、醤油ダレとして使える自家製炒汁を融合させ、オリジナルのバーベキューソースにしている。濃厚でコクがあり、ご飯が進む味付けに仕上げた。1680円(税抜)

材料(1人前)

生ガキ(むき身)…6粒
片栗粉…適量
エリンギ…60g
しめじ…60g
赤パプリカ…20g
ヤングコーン…15g
マコモ茸…15g
ズッキーニ…25g
塩…少々
合わせ調味料
- 炒汁(※)…大さじ1
- 沙茶醤(※)…大さじ1/2
- 毛湯…大さじ1

水溶き片栗粉…少々
ごま油…少々

※炒汁

濃口醤油…1250ml
淡口醤油…300ml
日本酒…225ml
酢…110ml
砂糖…455g
うま味調味料…120g
オイスターソース…155g
トマトケチャップ…245g

1 すべての材料を合わせて沸かし、アクを取って漉す。

※沙茶醤

ニンニク(みじん切り)…1と1/2片分
玉ねぎ(みじん切り)…1/2個分
バター…25g
沙茶醤…125g
砂糖…大さじ1と1/2
塩…大さじ1/2
うま味調味料…大さじ1/2
濃口醤油…大さじ1
豆板醤…大さじ1/4
ピーナッツバター…大さじ1と1/2
ココナッツミルク…50ml
エバミルク…大さじ1

1 バターでニンニクと玉ねぎを炒めて冷まし、エバミルク以外の材料とともに混ぜ合わせ、最後にエバミルクを合わせる。

作り方

1 エリンギは2～3㎜程度の厚さにスライスし、しめじは小房に分ける(a)。赤パプリカは5㎝大くらいの乱切りに、ヤングコーンは5㎝長さの斜め切りにする。マコモ茸とズッキーニは飾り切りし、マコモ茸は4.5㎝長さ・2㎜厚さのひし形の薄切りに、ズッキーニは4.5㎝長さ・3～4㎜厚さに薄切りにする(b)。

2 カキはよく水洗いして水気を取り、全体に片栗粉をまぶす。

3 中華鍋にサラダ油を180～190℃に熱し、2のカキを入れて衣を固めるようにカリッと揚げる。カリッとしたらすぐに油を足して温度を140℃ぐらいまで落とし、徐々に温度を上げながら中心まで火を通すように揚げ、気泡が細かくなる前に取り出す。

4 中華鍋の油の量を減らし、200℃ぐらいまで上げたところに3のカキを戻し、まわりについた余分な油を飛ばすようにさっと揚げる(c)。

5 中温のサラダ油にマコモ茸、ズッキーニ、赤パプリカ、エリンギ、しめじを順に入れて、さっと油通しする。ヤングコーンは常温の油をかけてから、塩少々を加えた湯で茹でる。

6 油をなじませた中華鍋に合わせ調味料を入れて加熱し、煮立ったところに4のカキと5の野菜類を入れてからめる(d)。最後に水溶き片栗粉を加えてとめ、香り付けにごま油を加えて仕上げる。

a b

c

d

カキのバーベキューソース炒め

1980年東京都生まれ。都内の調理師専門学校を卒業後、中国料理店やホテルなどで修業。その後、香港や上海などでの研修を経て、グランドハイアット東京『チャイナルーム』にて経験を積む。2010年より『JASMINE』の総料理長を務める。

JASMINE 憶江南

ジャスミン イージャンナン

総料理長　**山口祐介**

江南料理の素朴な味に魅了

都内に3店舗を展開中の『中華香彩JASMINE』。最新店舗『憶江南』の店名は、中国・江南地方の漢詩の題名から付けたもの。その名の通り、江南料理を中心としたメニューを楽しませる店だ。

メニュー数はアラカルトが約60種類。江南料理の他、『JASMINE』の看板料理にもなっている「よだれ鶏」、「直火焼き北京ダック」「四川麻婆豆腐」など代表的な中国料理や、薬膳スープ、手作り点心なども用意する。

年4回内容が変わるディナーコースは6500円、8000円、10000円の3コースあり、どれにも江南料理を組み込んでいる。コースとアラカルトの注文の割合は3対7で、アラカルト注文の方が多い。

客層は平日の昼は9割以上が女性客、夜は40代以上のビジネスマンの接待が中心。週末は地元の家族連れなどが訪れ、客層は幅広い。

アルコールメニューは山口シェフ自身がセレクトした紹興酒が約10種類と、料理に合わせて選べる品揃えの多さが特徴。そのほか、専属ソムリエが選んだワインも豊富で、シャンパンのほか、各国の白ワインが20種類、赤ワイン30種類がほどあり、接待利用などで注文を集めている。

総料理長の山口祐介氏は、広東料理店から修業をスタート。その後、江南地方の料理に出会い、素材を活かした素朴な味わいに魅了されたという。

「江南地方は長江(揚子江)の下流域にあたる、上海や杭州、紹興、蘇州、鎮江など南岸地域一帯を指します。川魚や淡水魚、豚やアヒル肉、米も豊富で、紹興酒の発祥の地もあり、数々の名菜が生まれています」と山口氏。代表的な料理に、杭州の「乞食鶏」、鎮江の「肴肉(豚スネの煮こごり)」、江南の醤油煮込み「獅子頭」などがある。

日本ではあまり聞き慣れない江南料理だが、山口氏は「中国の中でも文化レベルが高く、繊細な料理が数多く見られる。四季があって、八角や桂皮などクセのある香辛料を多用しないなど、日本と共通する点も多い。もちろん食材も水も違うし、油も多く使いますが、一つずつ溶きほぐしていくと日本料理に近い要素があって、日本人の口にも合うと思います」と話す。

江南伝統料理を日本へつなぐ

そうした江南料理を日本人に知ってもらいたいと、3店舗の中でも『憶江南』では江南料理に力を入れている。たとえば今回紹介した蘇州名物の「松鼠魚」(P195)をはじめ、「川海老の炒め物」も名物の一つ。ぷりっとしたエビの食感とは異なり、川エビは淡白でフワッとしていて、まったく別の食感が楽しめる。この川エビに杭州の龍井茶の香りをまとわせた一品だ。

山口氏は中学生の時から横浜中華街に通い詰めるほど、中国料理の虜になった。現在も中国に伝わる昔ながらのレシピが好きで、伝統的な技法を大切にしたいと考えている。コースにも組み込んでいる「獅子頭」は、江南地方の代表的な調理法「紅焼」を用いた一品。伝統的なレシピに則り、醤油や砂糖、紹興酒で煮込んだ、こってりとした味わいの人気メニューだ。

「僕はオリジナル料理ではなく、中国料理を作りたい。本来なら江南料理そのものを再現したいけれど、アレンジしなければならない部分もある」と山口氏。たとえば、「豚スネ肉の塩漬けとフォアグラのテリーヌ鎮江風」。江蘇省鎮江の名物料理「豚スネの煮こごり」をベースに、豚スネ肉だけでは日本人を惹きつけられないため、フォアグラのコクを組み合わせている。

「それが〝(目黒)東山の料理〟といわれるかもしれませんが、芯としては江南伝統料理を日本に広めたいという思いがあります」と話す山口氏は、今も年1～2回は中国を訪れているという。現地の料理を視察したり、日本では入手しにくい調味料を調達したりして、江南料理を楽しませるための取り組みを続けていく。

日本では希少な中国・江南地方の伝統料理に注力

刀工を駆使して松鼠をかたどる江南地方の名菜

松鼠魚　魚の蘇州風飾り揚げ、甘酢あんかけ

松鼠魚

魚の蘇州風飾り揚げ、甘酢あんかけ

江南地方の名菜として知られており、桂魚を使うことが多いが、日本での入手は困難なためクロソイ、カサゴ、ハタを使っている。味のよさと同じくらいに揚げたときの姿のよさが重要で、魚が反り返って尾ビレがピンと立った様子がリスの姿に見えなくてはならない。尾の先はつけたままで中骨を取り除く、皮すれすれまで身に切り込みを入れるなど、刀工(包丁技術)の見せ所が多い。液状の調味料で隅々までしっかり下味をつけるのが特徴。甘酢あんに熱い油を練り込むと衣にあんがしみ込みにくく、サクサク感が保たれる効果がある。魚を揚げるのとあんを作る作業を併行して、揚げ立てに熱々のあんをかけるときの音も一興に。この音がリスの鳴き声に似ていることからついた料理名ともいわれる。3000円(税込)～※魚の種類・大きさによって変動

材料(1皿分)

クロソイ…1尾
下味用調味料
　塩、白胡椒、紹興酒、
　水溶き片栗粉…各適量
片栗粉…適量
溶き卵…少々
あん
　甘酢(※)、水溶き片栗粉、
　白絞油…各適量
ミニ椎茸…適量
コーン…適量
スナップエンドウ(1cm長さに切る)
　…適量
塩…適量
水溶き片栗粉…適量
松の実(甘く煮て揚げたもの)
　…適量
白絞油…適量

※甘酢
水…600g
ケチャップ…600g
穀物酢…400g
上白糖…160g
ザラメ…160g
柚子茶…60g
レモン汁…40g

1 鍋にレモン汁以外の材料を合わせて火にかけ、沸騰したら火を止める。粗熱が取れたらレモン汁を加える。

作り方

1 クロソイのウロコ、内臓を取って流水で洗う。胸ビレの部分に包丁を入れて頭を落とす。顎の上部の接合部分をハサミで切って二つに切り分ける(a)。ヒレ部分を飾りに使い、接合していた部分をハサミで切って平らにする(b)。
2 三枚おろしと同様に身、中骨、身の三枚におろすが、尾ビレでつなげておき、最後に中骨だけを切り落とす(c)。腹骨を取り、小骨を骨抜きでていねいに取り除く。
3 尾を手前にして2をおき、8～10㎜幅で斜めに切り目を入れる(d e)。皮に傷をつけないように注意する。
4 同様に皮は切らないようにして縦に8～10㎜幅に切り目を入れ格子状にする(f)。もう一方の身も3と4を行う。
5 水に浸けて花を咲かせる(g)。
6 下味用調味料をむらなく混ぜ、5にまぶし10分ほどおいて下味をつける(h)。
7 6の水気を取り、まんべんなく片栗粉をまぶしつけて余分な粉を叩いて落とす(i)。
8 身の背側の一部分だけに溶き卵を塗り、離れている左右の身をくっつける。尾ビレを左右の身の間にくぐらせる(j)。1の頭にも片栗粉をつけて余分な粉を落としておく。
9 鍋にたっぷりの白絞油を熱して200℃にする(煙が立つくらい)。8の状態のまま、切り目を下にして油に入れる(k)。よく花が咲くように、油に入れたら少し左右に揺らす。頭も油に入れて揚げる。こんがりときつね色に揚がったら身と頭を取り出して油をきる。
10 ミニ椎茸、コーン、スナップエンドウは油通しをしてから白絞油で炒め、少量の水溶き片栗粉をからめ塩で淡く味をつける。
11 網にのせた9に、玉杓子で220℃くらいの高温の油をまんべんなくかけて仕上げ揚げをする(l)。
12 11と同時進行で、もう一人が熱した甘酢に水溶き片栗粉を加えてとろみをつけ、熱い白絞油を加え、練り込むように混ぜて甘酢あんを作る。
13 10を器に敷き、11の揚げた身をおいて頭を飾る(m)。上から熱い甘酢あんをかけて松の実を散らす。

a

b

掃除したクロソイの頭を落とし、頭は顎の上部の接合部分をハサミできって2つに切り分ける。写真上左のヒレ部分を飾りに使い、接合していた部分をはさみで切って平らにする。

c

身は三枚おろしの要領でおろすが、尾ビレでつなげておき、中骨だけを落とす。

d

e

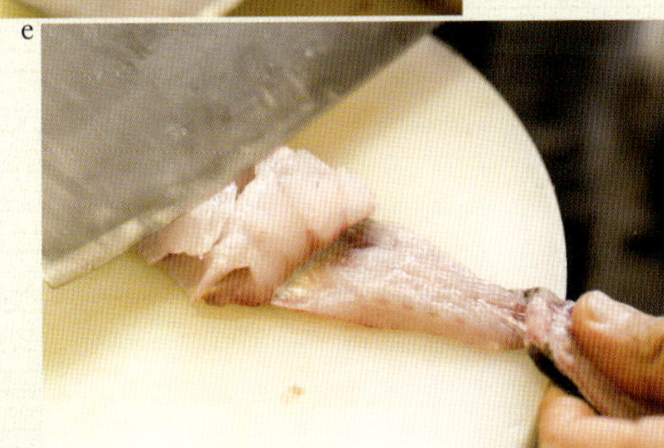

尾を手前にしておき、頭の方向に刃を向けて寝かせながら、8〜10㎜幅で斜めに切り目を入れ（上）、包丁をたてて身を返す（下）。皮まで届く程度に深く切り込むが、皮に傷をつけないようにする。

f

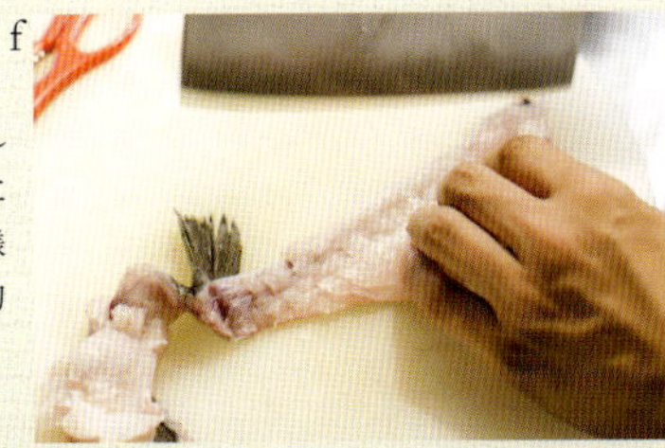

尾ビレまで切り目を入れたら、縦に8〜10㎜幅に切れ目を入れる。同様に皮は切らないように切り目を入れる。

g

水に浸けて身を離す。

h

液状の調味料で隅々までしっかり下味を入れる。

i

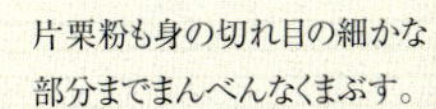

片栗粉も身の切れ目の細かな部分までまんべんなくまぶす。

j

背側の一部分に溶き卵を塗り、離れている左右の身をくっつけ、尾ビレを左右の身の間にくぐらせる。

k

クロソイの頭側と尾ビレ側の両端を持ち（油に入れるときは、片側はトングでつかむ）切り目を下にして高温の油に入れる。油に入れたら、よく花が咲くように少し左右に揺らす。

l

きつね色になったら網に取り出し、揚げ油を220℃まで上げ、まんべんなくかける。

m

揚げた身を、尾を立てた姿で盛って頭を飾り、熱々の甘酢あんをかける。

本帮麺拖蟹

すいとんをまとわせた上海蟹の特製甘醤油炒め上海風

この料理は上海の家庭でよく食べられており、山口シェフが現地で食べて感動し、ぜひ日本でも紹介したいとアレンジをせずに作っている。ただ、現地の家庭料理ではしめた蟹をざっと二等分するだけだが、日本人向けにはかまをはずしてエラ、口、内臓を取り、はさみにあるとげや足の先を切り落とすといったきめ細かい処理を行う。すいとん生地はかたさが重要となり、鍋に落としたときに容器からぎりぎりで流れるくらいが最適で、蟹にまといつかせるように流し入れる。独特の弾力を持つ生地が蟹の旨味を吸って余さず味わい尽くせる。上海蟹1杯につき3600円(税込)。写真は2杯使用

材料（1皿分）

上海蟹…1杯
強力粉…適量
すいとん生地
- 強力粉…適量
- 水…適量

生姜（みじん切り）…適量
万能ねぎ（みじん切り）…適量
調味料
- 中国たまり醤油…大さじ2
- 紹興酒…大さじ2
- 水…適量（蟹がすっかり浸るくらいの量）
- ハチミツ…大さじ2
- 濃口醤油…適量
- グラニュー糖…適量

百合根…適量
金針菜…適量
塩…適量
水溶き片栗粉…少々
ねぎ油…適量
ごま油…適量
白絞油…適量

作り方

1 ひもで縛ったままの上海蟹の心臓にペティナイフを突き刺し、そのまま約5分おく（a）。息が止まったらひもをはずし、裏返してはかまをはずしてエラ、口、内臓を取り除く。
▶縛った上海蟹は息を止めてからひもを取らないとショックで自ら足をはずしてしまうため、見きわめが大切。

2 足の第2関節のとげのある部分から先を切り落とす。ハサミの関節にあるとげを取り除き、縦に半分に切る（b）。

3 ミソ、卵、身が露出した断面のみをおおうように薄く強力粉をはたく。

4 白絞油を180～200℃に熱して3の上海蟹を入れ、表面が揚がったら取り出す。

5 強力粉を多めの水で溶き、なめらかではなく、ゆっくり流れ落ちるくらいのかたさの生地を作る。

6 鍋にねぎ油を熱し、強火で生姜、万能ねぎの順に炒める。中国たまり醤油を加えたら一回沸騰させてたまり醤油独特のにおいを飛ばす。

7 紹興酒と水を加えて混ぜ、4の上海蟹を加えて火が通るまで煮る。

8 アクをていねいにすくったら中火に落としてハチミツを加えて1～2分煮る。

9 5の生地を上海蟹の上に流し入れる（c）。蓋をして生地にきちんと火が入るまで煮る（d）。

10 百合根は1枚ずつはがしてほくほくした食感になるようにしっかり下茹でし、金針菜はサッと下茹でして、白絞油で塩炒めにして、少量の水溶き片栗粉で薄くとろみをつける。

11 9の蓋を取って余分な水分を飛ばし、濃口醤油とグラニュー糖で味を調え、水溶き片栗粉を加えてとろみをつける。鍋肌に沿ってねぎ油、ごま油の順に流し入れて風味を加える。百合根、金針菜とともに盛り付ける。

a

b

c

d

本帮麺拖蟹

上海蟹の旨味をすいとんが受け止める上海家庭料理

香糟三宝
鶏と巻きエビ、磯ツブ貝の香糟風味

紹興酒の酒粕を主とする「香糟」は、天然アミノ酸が豊富に含まれるため旨味が濃いのが特徴で、素材を漬け込むための漬け地とされることが多い。現地では漬け地がスーパーでも売っているくらいポピュラーな料理で、前菜という位置づけである。材料中の余分な水分が出て身が締まり、塩分がほど良くしみ込んだ状態にするには3～4日漬け込むとよい。鶏肉は熱湯に入れたらすぐに火を止め、余熱でじんわりと火を入れるとやわらかくジューシーに仕上がる。巻エビ、磯ツブ貝も同様に余熱で火を通し、それぞれの食感を活かしている。参考価格2000円

材料(1皿分)

骨付き鶏モモ肉…1本(うち300gを使用)
巻エビ(有頭)…4尾
磯ツブ貝…4個
スナップエンドウ…4本
紹興酒…少々
漬け地
　A(水10に対して香糟1の割合で合わせたもの、塩、チキンパウダー、グラニュー糖 各適量)…適量
　紹興酒…Aの分量の20%量

香糟は紹興酒の酒粕に塩や砂糖、香辛料などをなじませてから漉した調味料。紹興酒を生産する江南地方一帯で主に使われている。

作り方

1 鍋に湯を沸かし、骨付き鶏モモ肉を入れたらすぐに火を止める。ラップで蓋をして40分間余熱で火を通す。40分経ったら取り出し、氷水にあげて締める。
2 鍋に湯を沸かし紹興酒少々を加える。巻エビの背ワタを取り除き、殻付きのまま熱湯に入れる。すぐに火を止めてエビに火が通るまで余熱で火を通し、氷水に落として締める。
▶ミソが固まる程度に火を通し、身がかたくなるまで加熱し過ぎないよう注意する。
3 エビと同様に磯ツブ貝も紹興酒少々を加えた熱湯に入れたら、ただちに火を止めて5分おいて余熱で火を通し、氷水に落として締める。スナップエンドウは熱湯でさっと湯通しして氷水に落とす。
4 漬け地を作る。まず、水10に対して香糟1の割合で合わせ、1時間蒸して水に香りをしっかりと移す。これを漉し、塩、チキンパウダー、グラニュー糖を混ぜて味を調える(Aとする)。粗熱が取れたらAの20%量の紹興酒を加えて混ぜる。
5 漬け地の味が染みやすいように、1の骨付き鶏モモ肉の骨の内側に沿って包丁目を入れる(a)。容器に材料がかぶるぐらいの4を用意し、骨付き鶏モモ肉を漬け、ガーゼをかぶせて冷蔵庫に3～4日おいて味を含ませる(b)。
6 巻エビ、磯ツブ貝、スナップエンドウも4に漬け込み、ガーゼをかぶせて冷蔵庫に3～4日おいて味を含ませる(c)。
7 提供時に、漬け地から骨付き鶏モモ肉を取り出して水分をふき、骨の上から関節の下に向けて包丁を入れて骨をはずし(d)、身を食べよく切る。巻エビ、磯ツブ貝、スナップエンドウとともに器に盛る。

a
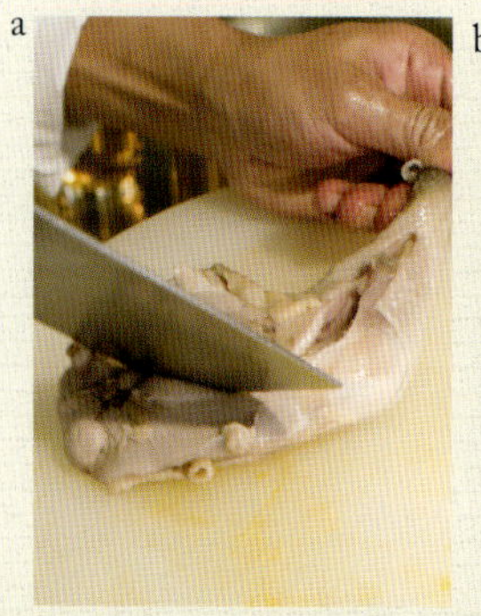
b

c

d
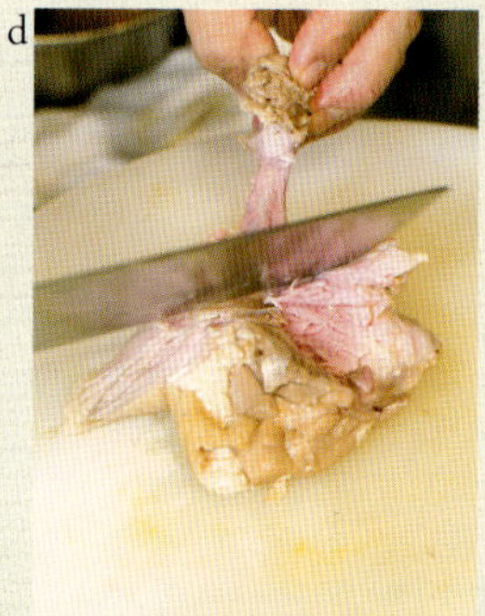

香糟三宝

しっとりとした鶏肉に香糟の旨味がしみ込み、食欲をそそる

中国料理 銀座

芳園 ホウエン

料理長 **横尾博志**

1972年神奈川県生まれ。1991年よりグランドプリンスホテル新高輪『古稀殿』に勤務の後、2001年よりウエスティンホテル東京『龍天門』にて陳啓明氏に師事。焼き物料理長を務める。本場、シェラトン香港ホテル&タワーズ『天宝閣』にて焼味師の技術を習得した。

年配客も食べやすい軽さを

東京・銀座のビルの６階に位置する『芳園』は２０１４年１月に開業。料理長の横尾博志氏は、23年に渡り有名レストランで勤め上げた広東料理の熟練の料理人であるだけでなく、香港で焼味師の技術を学び、フグの調理師免許も所有するなど、多彩な技能と経歴をもつ。それらを生かし盛り込んだ料理は、舌の肥えた銀座の客だけでなく、最近急増している本場の味を知る中国人客からも好評を得ている。

同店がテーマに掲げるのは、魚介をふんだんに使う伝統的な広東料理をベースに、油や塩を控えるなど〝軽さ〟を意識して仕上げる中国料理。接待客が多く、注文の８割を占めるコース料理(６５００円～３万２５００円の６種)を主軸に軽さを表現している。

「クセのない広東料理は日本人に合うと思うんです。さらに銀座という場所柄、お客様の年齢層は高め。油っぽいものは苦手だけど本格的な中国料理は食べたい、という方のために、コースは、食べ心地は軽く胃にもたれず、しっかり満足感もある。そんな流れをイメージして構築しています」と横尾氏。

人気の１万５００円のコースの一例を見ると、鮮魚の香港風サラダなど、さっぱりながら胃袋を刺激する前菜にはじまり、２品目は得意とする焼き物を少量ずつの盛り合わせにしたもの。その後、旨味は濃厚ながらさらりと食べられるフカヒレの煮込み。北京ダック、メインの海鮮や肉の炒め物、麺飯、デザートと続き、１品の量は控えめに、海鮮料理を２～３品を織り交ぜながら、徐々にボリュームを上げていく構成だ。また中華ならば１品は刺激のあるものが欲しい、という声もあるため、「麻辣豆腐煲」(Ｐ２０８)のようなパンチのある１品も組み込んでいる。

ボリュームのある中国料理をガッツリ食べたいという客もいる。その場合勧めるのは、同店ならではの食べ応えのある焼き物や肉料理の単品メニュー。迫力のある軍鶏の丸ごとローストやスープなど、中国料理店の醍醐味を楽しめるアラカルトで提案をしている。

素材へのあくなき探求心

「食材へのこだわりは譲れない」と断言する横尾氏。

広東料理の主役の魚介は、毎朝築地市場へ自ら足を運び、鮮度のよい近海の魚介を厳選して仕入れている。中でも注力するのは、やはりフグだ。香港ではあまり食べられないが、日本では人気が高く、高級感のある皿に仕立てられる点も魅力。甘みのあるトラフグは刺身風に、淡泊な白サバフグは炒・揚・蒸と幅広く揃え、広東風フグ料理を看板メニューとして打ち出している。

海鮮料理と並び、シェフのスペシャリテとして厳選素材で独自の味わいを生んでいるのが焼き物。焼き物は皮を味わう料理とも言えるが、厚く上質の皮がついた肉は日本では入手が難しい。豚肉は、知人に紹介してもらった南九州畜産興業に、自身が作りたい焼き物を理解してもらい、皮と骨付きの鹿児島県産上豚を選んでもらっている。皮はクリスピーに、脂身は甘くジューシーに仕上がり、焼豚やサクサク焼きなどに最適だという。鶏肉にいたっては、山梨県・中村農場の生産者と、中国料理に適した皮が厚く旨味の濃い八ヶ岳軍鶏を６年かけて共同開発した。

こだわりは食材にとどまらず、紹興酒は浙江省紹興市で生産しているブランドに惚れこみ、熟成したふくよかなタイプを４種類用意。最近は中国料理とワインのマリアージュも定着し、紹興酒とワインの比率は１対１に。同店の味に合うワインをシニアソムリエが選定している。

中国料理の傾向として、「以前は素材より技ありきでしたが、最近は素材ありき。素材の魅力を引き出す技や調味料の使い方を考え、素材からレシピも発想します」と横尾氏。あっさりとした味が客の舌を魅了するのも、素材自体に力があり、それを生かす技があってこそ。この狙いが、一流店が集う銀座で常連客獲得につながっている。

厳選する素材を活かし、広東伝統料理を軽く深く

蒜茸吊乳鴿 国産乳鴿のスパイシーロースト

蒜茸吊乳鴿

国産乳鴿のスパイシーロースト

焼味師としての横尾シェフの真骨頂とも言える皿のひとつ。日本では希少な乳鴿の焼き物を、本場香港で習得したレシピで再現した。たっぷりの香味野菜で鴿の臭みをおさえつつ、風味を添えるのが最大の特徴。タバスコの辛味をきかせたどこかエスニックな味わいのつけダレは、シェフのオリジナルだ。乳鴿は、日本で唯一食用ハトの飼育をしている茨城県の業者から、血抜きした生後20日後のものを入荷。鮮度が落ちると臭みが増すため、朝締めたものをその日のうちに調理する。水あめ液を塗る・干す・窯で焼く・揚げるという工程を経ながら、水分と脂を徐々に落とす加減を見極めることが肝心。最終的に艶やかで香ばしく、シワひとつない皮のパリパリとした食感を主役に仕立て上げる。最初はそのまま、好みでタレをつける食べ方をすすめているが、タレの辛味と酸味が油ののった皮をより食べやすくする。4800円(税抜／３日前からの予約制)

材料(作りやすい分量)

乳鴿(1羽400g)…2羽
乳鴿のハツ・レバー・砂肝…各2羽分
紹興酒…適量
詰め物
- ニンニク(すりおろし)…150g
- エシャロット(みじん切り)…75g
- 生姜(みじん切り)…37.5g
- 塩…37.5g

水あめ液(※)…適量
タレ(※)…適量
トッピング
- 揚げたパン粉、揚げたみじん切りニンニク、カレー粉、塩…各適量

白髪ねぎ、赤ピーマン(せん切り)、香菜…各適量
ねぎ油…適量

※水あめ液
穀物酢…250ml
水あめ…125g
紅水(食紅を水で溶いたもの)…少々

1 水あめを湯煎にかけて溶かし、酢と紅水を混ぜ合わせて冷ます。

※タレ

タレはグラニュー糖の他、赤酢にも甘味があるため、タバスコを加えて辛味と酸味をプラスしバランスをとる。

醤油…180g
赤酢…180g
グラニュー糖…120g
タバスコ…10g
香菜(みじん切り)…2株分
赤ピーマン(みじん切り)…20g
エシャロット(みじん切り)…30g
揚げたみじん切りニンニク…80g

1 調味料をよく混ぜ合わせ、香味野菜を加える。

作り方

1 乳鴿はよく洗って水気をふく。紹興酒を全体にふりかけて少しおき、臭みをとる。
2 詰め物の材料を混ぜ合わせる。半量ほどを、軽くにぎって団子状にしながら腹の中の皮にまんべんなくすり付ける(a)。腹側を上にしておき、残りをおおうようにのせて外側と内側からしっかり風味をつける(b)。そのまま冷蔵庫に5時間～1日おいてなじませてから、外側、内側ともに水で洗い流す。
3 頭から足までよくのばし、約3分まんべんなく熱湯をかけると、皮がしまってピンと張る。皮の表面に油分が残っていると水あめ液ののりが悪くなるので、充分洗い流す。
4 排気口など風通しのよいところに吊るし、水分がとれるまで約3分しっかり乾かす
5 水あめ液(c)を刷毛でムラなく塗る。
6 8時間干して乾燥させる(d)。
7 窯に入れて140℃で約20分焼く(e f g)。
8 鈎にかけたまま吊るし、上から白絞油を繰り返したっぷりかけて皮を揚げる(h i)。油の温度は160℃からスタートし、180℃に上げる。
9 乳鴿の内臓類は1時間タレに漬け、汁気をきって片栗粉(分量外)をまぶし、白絞油で揚げる。
10 乳鴿の首、足首を切り落とし、胴体を縦半分に切り、さらに長さを半分に切る。
11 9と10を器に盛り、鴿にはねぎ油を、内臓類には混ぜ合わせたトッピングをかける。タレと付け合わせの白髪ねぎ、赤ピーマン、香菜を添える。

a

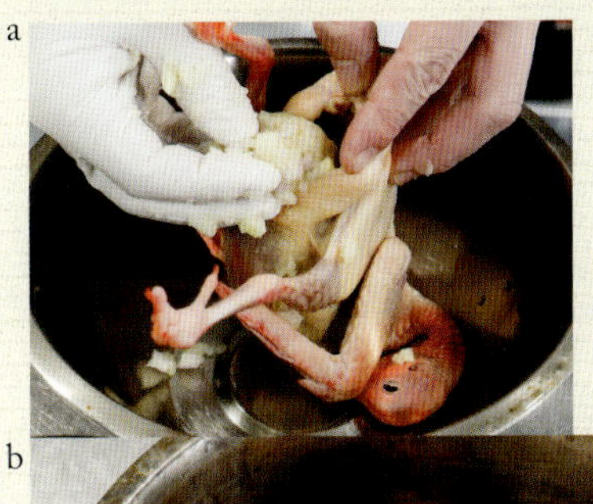

香味野菜の詰め物は、乳鴿の臭みを取りつつ風味づけするもの。ニンニクをつなぎ替わりにペースト状にすると、皮に貼り付けやすい。鴿の水分が出すぎないように、塩の量は鴿の重量の約5%を目安に設定。

b

c

水あめ液の濃度は皮を美しく仕上げるポイントの一つ。焼く間に鴿から程よく水分が出るように、酢を多めに配合して濃度を低めに調整している。焼き上がりにムラが出ないように、頭から下へ常に同じ方向に刷毛を動かし、全体にまんべんなく塗る。

d

表面のべたつきがなくなるまで、程よく風通しのよい場所に吊るしておく。ここでじっくり乾かすと、皮がピンと張って焼きムラができにくくなり、艶も出てくる。

e

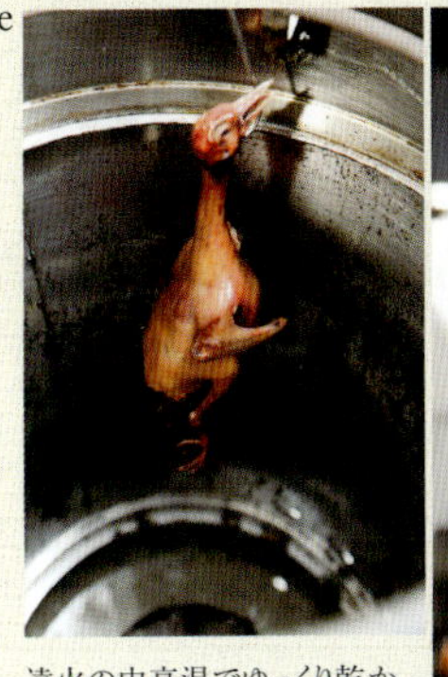

f

遠火の中高温でゆっくり乾かしながら焼くと、皮の脂が溶け出しハリも出てパリパリに。

g

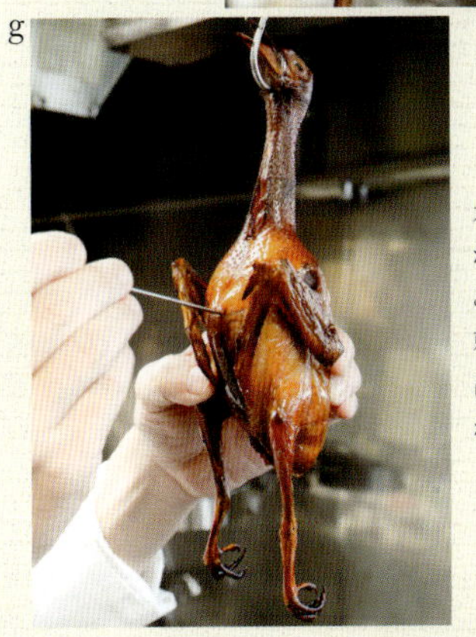

水分が抜けて軽くなれば焼き上がり。厚みのあるムネ肉に串を刺し、透明な肉汁が出ることでも見極められる。

h

i

出してすぐ揚げると、皮に付いた水分で油がはねるので注意。皮が破裂しないように、油は最初中温、なじんできたら高温に。皮が膨張し色が少し薄くなるのが揚げ上がりの目安。

鳳城虎河豚
とらふぐの香港風カルパッチョ

香港の刺身は、白身魚を多彩な薬味や具材と混ぜ合わせ、サラダ感覚で食べさせるカルパッチョ風。これに日本ならではの海の幸、トラフグを取り入れた。フグの調理免許をもつ横尾シェフならではの素材を生かした贅沢な前菜だ。香港でフグはあまり食されないが、日本では高級食材として人気なため、同店の名物魚介料理としてすすめており、コース料理の前菜としても提供してスタートのワクワク感を高めている。フグの甘みを引き立てるのは、ナッツやピーナッツ油の香ばしさと、醤油ソースに加えたニンニクの風味。高さを出した盛り付けで、モダンでしゃれた印象に仕上げている。季節に合わせて、トラフグをマダイやスズキなどの白身魚に差し替える。4800円(税抜)

材料(1皿分)

トラフグ…200g
ソース(適量を使用)
- (作りやすい分量)
- 醤油(ヒガシマル醤油)…200g
- 穀物酢…60g
- 紹興酒…30g
- グラニュー糖…35g
- ニンニク(すりおろし)…5g
- 胡椒…少々

A
- ピーナッツ、松の実、カシューナッツ、ワンタンの皮(せん切り)…各適量

B
- 水菜、レッドスプラウト、大葉、みょうが、生姜…各適量

フグ皮の湯引き…適量
赤ピーマン(せん切り)、香菜…各少々
白ごま、ピーナッツ油…各適量

作り方

1. フグは仕入れたらすぐにさばいて身欠きにし、2〜3日ねかせて熟成させ、旨味を引き出す。
2. 1のフグを薄造りにして、放射状に美しく器に盛る(a)。
   ▶断面の大きさを揃えて切ると見栄えよく仕上がる。
3. ソースの材料を混ぜ合わせる。
   ▶ソースは、白身魚の甘みが引き立つよう、定番の醤油ソースにニンニクをきかせた。
4. Aをそれぞれ低温の白絞油で揚げ、カリカリに仕上げる。
5. Bの水菜は食べやすく切り、大葉、みょうが、生姜はせん切りにする。材料をすべて混ぜ合わせる。
6. 2の中央に5の野菜を盛り、刺身に4のナッツを散らす。野菜にフグ皮(b)、ワンタンの皮をのせ、赤ピーマン、香菜を飾る。刺身にごまを散らしてピーナッツ油をかけて、全体に3のソースをまわしかける(c)。すべてを混ぜ合わせて食べてもらう。

a

b

c

香港スタイルの刺身料理を日本の高級素材で
鳳城虎河豚

麻辣豆腐煲

特製フワットロ豆腐の麻辣土鍋仕立て

同店のコース料理はライトな味わいでまとめているが、中国料理店ではやはり1品は刺激のあるものが欲しい、というお客の要望に応えた一品。麻婆豆腐をアレンジし、手作り豆腐、麻辣味の肉味噌、揚げ野菜を層に重ねることで、食べ進めたときの食感の変化やサプライズ感を生み出している。高たんぱく低カロリーの卵白で固める手作り豆腐は、健康志向の高いお客のために、横尾シェフ自身が試行錯誤の末に開発したもの。大豆臭さのない淡泊な味が、コクと複雑味のある肉味噌を引き立てる。さらに、すっきりとした辛さの辣椒酢をかけると、濃厚で単調になりがちな味にメリハリが付き、最後まで飽きずに食べられる。こうした辛味・酸味をきかせたタレを味や油が強い料理に合わせ、キレや変化を与えて軽さを出す工夫はシェフのスタイルの一つだ。2400円(税抜)

材料(土鍋小1台分)

手作り豆腐
- 豆乳…360g
- 卵白…140g
- 塩(伯方の塩)…8g

なす…2本
長ねぎ…1本
肉味噌
- 豚挽き肉のそぼろ(※)…120g
- A
  - 筍、戻した干し椎茸(ともにみじん切り)…各20g
  - ニンニク、生姜(ともにみじん切り)…各5g
  - 生唐辛子(みじん切り)…2本分
- B
  - 甜麺醤、豆板醤、麻辣醤…各20g
  - 豆豉(※)…10g
- C
  - 紹興酒…20g
  - スープ…160g
  - グラニュー糖…10g
  - 醤油…10g
  - 中国醤油…30g
  - ごま油、辣油、山椒油(※)…各5g
  - 辣椒酢(※)…小さじ3

水溶き片栗粉…適量
辣椒酢、青ねぎ(小口切り)、花椒粉…各適量
白絞油…適量

※豚挽き肉のそぼろ
豚挽き肉を炒めて醤油と砂糖で味付けしたもの。

※豆豉
黒豆…100g
グラニュー糖…6g
陳皮…1枚
ニンニク、生姜(ともにみじん切り)…各1片分
白絞油…100g

1 油に香味野菜、陳皮、砂糖、黒豆の順に加えて炒め、蒸籠で3時間蒸す。

※山椒油
花椒(粒)…10g
白絞油…90g

1 花椒を白絞油に一晩漬けて味をなじませ、蒸籠で3時間蒸す。

※辣椒酢

生唐辛子…2本(30g)
酢(ミツカン末広酢)…20g

1 唐辛子をみじん切りにし、酢を加えて1日おき辛味を移す。

作り方

1 手作り豆腐を作る。豆乳、溶きほぐした卵白、塩をよく混ぜ合わせ、浅めの器に流し入れ、ラップをかけて竹串で数カ所穴を開ける。蒸籠に入れて中火にかけ、ふたを少しずらして15分蒸す(a)。
▶こうして蒸すとすがたちにくい。作りおくと水分が飛んでパサパサになるので、オーダーごと作る。

2 なすは縦6等分に切り、長ねぎはなすと同じ長さに切る。白絞油を高温に熱し、なすと長ねぎを入れて素揚げにする。土鍋に長ねぎ、なすの順に重ねておく(b)。
▶麻辣味と相性のいいなすと長ねぎを土鍋の底に忍ばせ、食感の変化を楽しませる。

3 肉味噌を作る。中華鍋に白絞油をなじませ、A、豚挽き肉のそぼろ、Bの順に加えてよく炒める。充分に香りが立ったらCも順に加え、よく炒めて香りを立てつつ煮立てる。豆腐から水が出るので、水溶き片栗粉で強めにとろみを付け仕上げる。

4 3の肉味噌を2の野菜をおおう程度にかける。その上に、1の豆腐を薄くすくって重ね、ミルフィーユ状の層にする(c)。再度全体にたっぷり肉味噌をかける。

5 火にかけて煮立てて香りを立てる(d)。
▶よく熱することで自家製調味料のコクと風味がさらに引き立ち、提供した際のシズル感も増す。

6 火からおろして辣椒酢をかけ、青ねぎと花椒粉をふる。

a

b

c

d

卵白で固める自家製豆腐を肉味噌と重ねる

中国料理 銀座 芳園

麻辣豆腐煲

中国菜

一燈火 イットウカ

オーナーシェフ　小峰 崇

1979年埼玉県生まれ。辻調理技術研究所 中国料理課程を卒業後、東京・吉祥寺『竹爐山房』で3年に渡り修業。その後、辻調理師専門学校の職員となり、調理師の育成に尽力。2011年9月に地元の埼玉県東松山市で『一燈火』をオープン。

地元産の旬野菜を多用

関越自動車道東松山インター出口近くの国道沿いにある『中国菜 一燈火』。オーナーの小峰 崇氏は、中国料理の名店『竹爐山房』で修業し、調理師学校の講師を経験した後にこの店をオープンさせた。店内はカウンター席をメインにしたオープンキッチンで、迫力ある鍋振りなど中華ならではのライブ感を楽しませる造りになっている。

「熱い料理は熱く、冷たい料理は冷たく提供することや、食の安心安全を常に心がけ、調理シーンをお客様にすべて見せて、安心して食べていただくこと。こうした、基本中の基本を何よりも大事にしています」と小峰氏。

同店は郊外のロードサイドにあることから、主に地元や県内から、8～9割のお客が車で来店する。高速道の出口より近いこともあり、軽井沢方面から東京方面へ帰る際にたまたま立ち寄り、常連になるケースも多い。メイン客層は50～60代で、子育てが一段落した夫婦や70～80代の年配客も目立つ。昼は主婦など女性客が多くを占めるが、夜は夫婦や友人同士、カウンター席でゆっくり食事を楽しむ姿が多く見られる。

同店で提供する料理は中国の広域に渡るが、郊外という立地柄、個性の強い地方料理よりも代表的な中国料理が好まれる傾向にある。そのため、「黒酢の酢豚」や「麻婆豆腐」など、定番の中国料理はグランドメニューとして5～6品に絞って固定させ、それ以外に日替わりのおすすめ料理を13種類ほど用意して、定番をアレンジしたメニューも楽しませている。

小峰氏がメニューを考える際に重視するのは、季節に合わせた旬の食材を使うこと。店の周辺に農家が多いという地の利を生かし、すぐ手に入る新鮮な旬の野菜をたっぷりと使う。最近は、一般の人には目新しい野菜も取り入れ、「ツルムラサキのにんにく炒め」や「芥蘭菜のカキ油炒め」などを提供し、食通に喜ばれている。また、薬膳にも着目し、寒い時期には根菜やラム肉など身体を温めるといわれる食材を、夏場はウリ系の野菜や緑豆など熱をとるといわれる食材を積極的に使っている。

コースにもきめ細かな配慮を

コースメニューは7品目で構成する「月替わりコース」3500円を用意。人気の高い「ソフトシェルクラブのスパイシー炒め」は固定化し、前菜やスープなどで季節感を表している。

コースの構成は、まず全体のバランスを重視。甘・辛・酸・苦・鹹の五味や、炒める、揚げる、煮るといった調理法も偏らないように気を配る。

「調理のバランスをとるのは、オペレーション上の理由もあります。基本的に一人で営業しているので、一つの調理に偏ると提供が遅くなり、料理が冷めてしまうこともあるからです」と小峰氏。

「コース料理は、お客様の年齢に合わせた内容を心がけています」とも話す小峰氏。たとえば、年配客には油っぽくて胃にもたれるような料理は敬遠されがちなので、できる限り野菜を多用したり、油を極力控えたり。素材の旨味やコクを引き出しながら、あっさりと食べられるよう工夫して、年配客にもリピートしてもらえる料理を考える。また、年配客は料理を残すことに抵抗を感じる人も多いため、一品の量を8～9割に抑えるかどうかを個々に確認。少なめのポーションにした場合、アラカルトで追加できるようにするなど、臨機応変に対応している。

さらに、常連客の味の好みや苦手な食材をなるべく把握して、できる限り食材を差し替えることも行う。顧客の急な要望にも対応できるような材料や自家製調味料も日々準備しておくようにしている。

「一人営業なので難しい部分もありますが、可能な範囲でお客様の要望に応えるようにしています」という小峰氏。そうしたきめ細かな対応で、オープンから5年が経ち、常連が全体の7～8割を占めるまでに増やしている。

地域密着の考えで顧客のニーズに応えられる料理を

多彩な香辛料が醸し出す複雑な辛味が後を引く旨さ

麻辣炒軟殻蟹　ソフトシェルクラブのスパイシー炒め

麻辣炒軟殻蟹
ソフトシェルクラブのスパイシー炒め

1年中入手できて味･価格ともに安定しているソフトシェルクラブは使いやすく、「麻辣炒軟殻蟹」はよくメニューに採り上げる料理で人気も高い。ソフトシェルクラブは揚げむらができないようにまんべんなく片栗粉をまぶして、入れたときに泡がほとんど立たないくらいの低温の油で揚げると油跳ねをおこさない。一番大切なのはカリッと揚げることにあり、油の温度を必ず180℃まで上げてから取り出すようにする。スパイシー粉は、広東料理の「金沙粉」をアレンジしたもので、五香粉を加えたり、炒め香辛料にミックスペッパーを使ってより複雑な味わいを作り出している。炒め香辛料の中国青花椒のフレッシュな強い麻味が効果的である。1600円(税込)

材料(1皿分)

ソフトシェルクラブ…2杯
片栗粉…適量
スパイシー粉(1皿分は大さじ1)
- 唐辛子粉…40g
- ガーリックパウダー…10g
- 五香粉…小さじ1/4
- 花椒粉…2g
- 塩…20g
- 砂糖…15g
- 煎りごま…15g

炒め香辛料
- 朝天辣椒(半分にカットし、種を除く)…5個分
- ミックスペッパー(粗挽き)…小さじ1/3
- 青花椒…小さじ1/2
- 長ねぎ(細切り)…15g
- 生姜(薄切り)…5枚

松の実(ロースト)…5g
香菜…適量(お好みで)
白絞油…適量

作り方

1. ソフトシェルクラブは水分をよく拭き取り、4等分に切る(a b)。片栗粉をまんべんなくまぶす(c)。
2. 揚げ油(白絞油)が低温の状態で1を入れて揚げる(d)。ソフトシェルクラブの状態を確認しながら、油の温度を180℃まで上げ、表面がカリカリになったら油から引き上げる(e)。
3. 鍋に少量の白絞油を熱し、香辛料を弱火でじっくり炒める(f g)。
4. 香りが出たら2を鍋に戻して火を止める。あらかじめ材料を合わせておいたスパイシー粉大さじ1を入れ(h)、松の実、香菜を加えて混ぜ合わせ(i)、器に盛る。

a

b

ソフトシェフクラブは安定して仕入れやすく、よく活用している。食べやすく4等分にする。

c

揚げむらができないように、片栗粉はきちんとまぶす。

d

e

油の温度が高いと油が激しく跳ねて危ないため、低温の油に入れる。油から引き上げるときは温度を180℃まで上げてカラッと仕上げる。

f

g

油を熱した鍋で、唐辛子、ミックスペッパー、青花椒、ねぎ、生姜を弱火で炒め、香りを出す。

h

スパイシー粉は、あらかじめむらなく合わせておく。味のポイントとなるのは唐辛子粉、花椒粉、ガーリックパウダー。香ばしさと複雑な辛味があとを引くおいしさを作る。

i

最後にスパイシー粉、松の実、香菜を手早くからめて完成させる。

蕪菁蒸蝦子
蕪の蒸し物　蝦子ソースかけ

かぶは蒸すとかなりやわらかくなり、スジが残っていると口当たりが悪くなるため、皮を厚くむいてスジをきっちりと取るのがポイント。油通しすることで甘みと旨味が凝縮するが、色をつけないように中低温（140℃）で作業するのが重要だ。鶏スープで蒸して冷まし、漬け地ごと冷蔵で2日間保存できる。かぶは冷たいままで、漬け地に蝦子で味付けしたソースをかけて供する。蝦子の自然な旨味と風味が淡白なかぶの味わいとうまく調和し、おだやかに食欲を目覚めさせる。コースの前菜、一品料理として並行して提供している。600円（税込）

材料（2皿分・6人前）

かぶ…480g
鶏スープ…300ml
塩…小さじ1/2
長ねぎと生姜（くず）…各適量
蝦子…小さじ1
水溶き片栗粉…適量
ごま油…適量
中国パセリ…適量

大きなかぶは、すが入っていることが多く、小さいものだと皮を厚くむくため可食部分が少なくなってしまうので、中サイズ（直径6～8㎝くらい）が好適。葉がきれいで勢いのあるものが鮮度がよい。

作り方

1. かぶは水洗いして、葉を切って皮を厚めにむき、一口大に切る。
2. かぶに色をつけないように、揚げ油（白絞油）が低温のうちに入れ、140～150℃で油通しする（a）。
3. 2を湯通しして油を抜く。バットに移し、長ねぎと生姜のくずを加える。
4. 鶏スープを沸かして塩を加え、3のバットに注ぐ。
5. 蓋をして10分蒸す（蒸し時間はかぶの状態に合わせて調整する）。余熱で火が入りすぎないように、すぐにバットを氷水に当てて冷やす。蒸し地に浸したまま冷蔵庫で保存する。2日間保存できる。
   ▶冷えた段階で、写真（b）のように透き通るような状態になるとよい。
6. かぶの漬け汁150mlを沸かして蝦子を加え、塩（分量外）で味を調える（c）。水溶き片栗粉で少し弱めのとろみをつけてごま油を加えて風味をつける。バットに移して氷水で冷ます。
7. 冷たいかぶと中国パセリを皿に盛りつけ、6のソースをかける。

a

b

c

蝦子の上品な旨味と香りで、かぶの甘みを引き立てる
蕪菁蒸蝦子

蛤子炒麺
あさりのあんかけ炒麺

アサリの風味がよく、炒麺だが重すぎないため食事のしめに出てきても食べやすいと顧客に評判がよい一品。同店は年配のお客が多く、あっさりした料理が好まれる傾向にあり、小峰氏は、素材の持ち味をしっかり引き出して旨味やコクは十分に感じさせながらも、重くならない料理作りを心がけている。アサリは粒が大きく、横長で模様がはっきりしているものが味がよい。蒸すときにはふっくらした食感が残るように、口を開けた直後に蒸し器からあげるようにする。あんは麺とよくからむよう強めにとろみをつけ、麺もからみのよい平打ち麺を使う。麺を焼く際に鍋の中央に油が溜まってしまうので、麺全体に均等にまわるように油を小まめにかけながら焼き、最後に麺の油をよく押し出すと油っぽさが残らない。1200円（税込）

材料（1皿分）

アサリ…130g
人参…10g
玉ねぎ…20g
山東菜…1株（70g）
日本酒…少々
長ねぎ（厚めの斜め切り）…15g
生姜（薄切り）…5枚
A
- 鶏スープ…250ml
- 塩…小さじ1/3
- 紹興酒…少々

塩…適量
水溶き片栗粉…適量
ごま油…少々
中華麺（平打ち麺）…1玉（120g）
醤油…小さじ2
白絞油…適量

作り方

1. アサリは砂抜きをしてよく洗う。
2. 人参、玉ねぎ、山東菜はそれぞれ一口大に切る。
3. アサリは日本酒を少量ふりかけ、1分半〜2分ほど蒸す（a）。
   ▶加熱しすぎないように気をつける。目安はアサリの口が開くまで。
4. 人参と玉ねぎを160℃くらいの油で油通しする。
5. 鍋でねぎと生姜を香りが出るまで炒めてAを入れ、4の人参と玉ねぎ、2の山東菜を加える。
6. 3を蒸し汁ごと加えて塩で味を調える。水溶き片栗粉を加えてしっかりしたとろみをつけ、ごま油で風味を加える。
7. 麺を茹で、冷水でよく洗ってぬめりをとる。醤油小さじ2をまんべんなくまぶす。油ならしをした鍋で、麺に白絞油を小刻みにかけ回しながら両面を煎り焼く。
8. 網に上げた麺を玉杓子で押さえて油をしっかり切る（b）。器に盛り付けて6のあんをかける（c）。

a

b

c

蛤子炒麺

1971年千葉県市川市生まれ。市川グランドホテルを経て、松戸『榮鳳』で14年間修業。その後、松戸『竹琳』の総料理長を6年務め、2013年6月に独立して同店を開業する。現在は、㈳日本中国料理協会関東地区本部副本部長、千葉県支部支部長を務める。

中国料理

天廣堂 テンコウドウ

代表取締役 料理長 廣田資幸

ハイクラスな中国料理店

２０１３年にオープンした『天廣堂』は、ＪＲ松戸駅から徒歩５分の場所にある。オーナーシェフの廣田資幸氏は、同じ松戸にある『竹琳』で6年総料理長を務めた後に独立。計10年間に渡り、松戸の人たちに中国料理を提供し続けている。

廣田氏は、「松戸にありそうでなかった、慶事や弔事、接待などのシーンで使ってもらえる店」をコンセプトに、ハイクラスな中国料理店を目指してきた。夜の客単価を７０００〜８０００円に設定し、フカヒレや和牛など上質素材を用いたコースを用意。夜の人気は、旬の素材をテーマにした「月替わりのおすすめコース」（６５００円）だ。

たとえば、取材時の9月から10月初旬は、廣田氏の幼なじみが経営する千葉県市川市の名門梨園「梨屋　与左エ門」とのコラボで、梨づくしのコースを提供。「特選フカヒレと松茸の梨蒸しスープ」「上州牛塩漬け卵蒸し団子梨おろしソース」「梨の湯葉巻き干し貝柱餡かけ」など、豊水梨を用いた7品を楽しませる。昨年も同じ農園とのコラボレーションで梨のコースを提供し、約1ヶ月で２００食も出たほど評判を呼んだ。

廣田氏が作る料理のテーマは、〝地域の人に喜んでもらえる料理〟。住宅都市という立地を考慮し、メニューはだれもが知る定番の中国料理がベース。その上で、1ヶ月に1回の割合で来店してくれるリピーターを掴むため、メニューにオリジナリティを加えて付加価値を高めている。たとえば、フレンチの技法「コンフィ」を取り入れたり、メレンゲをソースに使ったりして、驚きや新しさを感じるメニューを開発。また、最近は「おいしさを決めるのは組み合わせ」ということにも着目。たとえば、脂ののったサンマと塩気に合ういちじくを組み合わせたり、一つの料理に「蒸す」だけでなく「オーブンに入れて乾かす」という調理法を併用したりして、おいしく仕上げるための工夫をする。

さらに、評判がよく定番化したメニューも、毎年ブラッシュアップして進化させるのが、廣田氏のこだわり。こうした独自性と工夫により、「今日はどんな料理を食べさせてくれるのか」と期待感を持って、定期的に来店する常連客を掴んでいる。

受け継がれた伝統を大切に

同店は年配客の割合が高いのも特徴。「中国料理なのに、胃にもたれないし、後味もすっきりしていて食べやすい」との声が多く聞かれ、そうした点もリピーターを増やしている要因の一つになっている。霜降り肉より赤身の多いランプ肉を使うなど、年配客にも食べやすい食材を選ぶほか、味付けの面でも、最近は昆布の水だしを積極的に活用している。

「知り合いのシェフに教わったのですが、昆布だしそのものは旨味が弱くても、醤油を加えると一気に旨味が引き立ったり、酢を合わせることで旨味が舌の上で分散され、より味わい深くなったりする。特に肉料理と相性がよく、炒め物のタレのベースなどに昆布の水だしを使っています」と廣田氏。日本人の味覚に合う味のベース作りも、地域の顧客を掴む秘訣となっている。

廣田氏の作る料理はどんどんシンプルになっているという。たとえば、今までは炒め物の彩りを添えるため、安易に赤ピーマンを使っていた。しかし、最近は自分が最も食べさせたい味が活きることを最優先し、その料理に使う理由のないものを安易に使わなくなった。より料理の本質を考え、メニューづくりを行うようになったのだ。

「旬の食材を使うのも、価格が安いということもありますが、身体が欲する栄養素を含んでいるので健康にいいという理由もある。そうした、伝統や昔から受け継がれたことは理にかなっていると、改めて思うようになりました。これからはそうしたことも大切にしながら、地域の人たちを楽しませる料理を作っていきたい」と廣田氏は話す。

驚きや新しさを感じさせるメニューで常連客を獲得

和牛の旨味とやわらかさを低温調理で引き出す

常陸牛ランプ肉の煎り焼き　上湯木野子ソース

常陸牛ランプ肉の煎り焼き 上湯木野子ソース

A5ランクの常陸牛ランプ肉を真空低温調理した後に焼き上げた一品。同店は年配客が多く、脂身の多い肉より赤身の方が喜ばれることから、赤身の中にほどよくサシの入ったランプ肉を使用。68℃で38分間、あらかじめ真空状態で低温加熱することで、肉本来の味わいや色鮮やかさ、やわらかさを出す。この肉は青椒肉絲やXO醤炒めなど他の牛肉料理にも活用し、調理時間の短縮に役立てている。ソースとして牛肉の下に敷いているのは、本しめじと玉ねぎを炒めて、上湯と共にペースト状にしたもの。他のきのこでも応用できるが、香りが強いものが向く。コースの中で味のバランスを図る際、塩味の肉料理が少ないと感じて開発した。5200円(税抜)コースの一品

材料(4人前)

和牛ランプ肉…300g
塩、胡椒…各適量
合わせ粉(片栗粉とコーンスターチを1対1で合わせたもの)…適量
岩塩…適量
すだち…2個
菜の花…適量
白絞油…適量
上湯木野子ソース(約8人前)
- 丹波本しめじ…200g
- 玉ねぎ…60g
- 上湯…250g
- 生クリーム…15ml
- 白絞油…適量

作り方

1 和牛ランプ肉を低温調理する。和牛ランプ肉はブロックで仕入れ、300gに分割して真空包装する(a)。

2 ボウルに湯を張って1を入れ、スチームコンベクションオーブンをスチームモード・68℃に設定し、38分加熱する(b c)。

3 上湯木野子ソースを作る。本しめじは小房に分け、玉ねぎは薄切りにする。白絞油をなじませた中華鍋に入れて弱火でじっくり炒める(d)。

4 3をボウルに移し、上湯を加えて蒸籠で30分蒸す(e)。蒸し終えたら、ボウルごと氷水に当てて急速に冷ましておく。

5 4が冷めたらミキサーにかけてペースト状にする(f)。

6 料理を仕上げる。2の和牛ランプ肉を包装から取り出し、2cmほどの厚みに切り分け、両面に塩、胡椒をふり、さらに、合わせ粉を全体にまぶす(g)。

7 中華鍋を熱して白絞油をなじませ、6を入れて両面に焼き色をつけ(h)、蓋をして弱火で肉が温まるまで火を通す。肉に竹串をさしてみて、竹串が温まっていれば取り出し(i)、油を切っておく。

8 ソースを仕上げる。中華鍋を熱して油をなじませ、5のペースト状にしたソースを入れて加熱する(j)。温まったら少量の生クリームを加えて混ぜる(k)。

9 盛り付け直前、熱した中華鍋に7の肉を入れてまわりをカリッと焼き上げ、一口大よりやや大きめに切り分ける。

10 器に8のソースを敷いて9の肉を盛り付け、上から岩塩をふる。茹でた菜の花と、すだち1/2個を添える。

<仕上げ>

g

低温調理をした牛肉を2㎝厚に切り分け、塩、胡椒をふり、合わせ粉をまぶす。粉をまぶすことで表面をパリッと焼いて肉のやわらかさを引き立たせ、肉汁を閉じ込める。

h

両面に焼き色をつけてから、蓋をして弱火で肉が温まるまで火を通す。

i

焼き上がりは竹串をさして、竹串が温まっているかどうかで判断する。あらかじめ低温調理しているので、肉に厚みがあっても短時間で肉汁を逃さず焼き上がる。

j

k

ペーストにしたソースは提供時に鍋で温め、生クリームを加えてコクと風味をプラスする。生クリームの量が多すぎると分離するので、少量加えるようにする。

<和牛ランプ肉>

a

b

肉にある程度の厚みがないと低温調理の効果がうまく出ないため、和牛ランプ肉は300gのかたまりで真空包装する。68℃のスチコンで38分加熱する。

c

加熱後の和牛ランプ肉。低温調理によって、肉本来の味わいや色鮮やかさ、やわらかな食感が表現できる。

<上海木野子ソース>

d

きのこは香りが強い本しめじを使用。玉ねぎと共に弱火でじっくり炒めて香りを出す。

e

炒めたきのこと玉ねぎに上湯を加えて30分蒸す。加熱後は、変色しないように急冷する。

f

冷めたらミキサーでクリーミーなペースト状にする。

砂肝のチャイナコンフィ

砂肝はコリコリとした食感をイメージする人が多い。そこで、火入れの技術によって、砂肝をしっとりと柔らかな食感に変えるサプライズ演出を施したのが、このメニュー。フランス料理の「コンフィ」と呼ぶ、低温の油でじっくり煮るように火を通す技法を活用。砂肝の下味に花椒の香りをつけたり、ラー油で辛味をきかせたりして、中国料理らしい味わいを出す。砂肝をしっとりとした食感のコンフィにするには、油の温度を92℃に保つのがポイント。ソースはナンプラーをベースにしたオリジナルのもので、肉料理に主張の強いソースをぶつけることで生まれるおいしさを楽しませる。5200円(税抜)コースの一品

材料(約18皿分)

砂肝…1kg
砂肝のマリネ用
- 塩…15g
- 花椒…10g
- ニンニク(スライス)…5片分
- ローリエ…6枚

特製旨辛ナンプラーソース
- A
  - ナンプラー…150g
  - 自家製ラー油…50g
  - 酢…90g
  - 濃口醤油…35g
  - 砂糖…110g
- ニンニク(みじん切り)…120g
- 朝天辣椒(粉)…40g
- ピーナッツ油…70g
- ごま油…40g
- 揚げニンニク(粉)…30g

トマト、水菜、紅芯大根、香菜
…各適量

作り方

1 砂肝のコンフィを作る。砂肝は半分に切り、塩(分量外)でもんだ後に水で洗い、水気をよく切る。ボウルに移してマリネの材料を入れてもみ込み、冷蔵庫に一晩おく(a)。

2 中華鍋に砂肝が浸るくらいの白絞油を入れて火にかけ、92℃まで温度が上がったら、1を調味料や薬味ごと入れる。

3 いったん下がった油の温度を再び92℃まで上げ、温度を保ったまま、加熱ムラが出ないよう時々混ぜながら90分間コンフィ(油煮)する(b)。
▶油の温度が下がると砂肝がかたくなってしまうので注意。

4 3をバットに移し、油に漬けたまま常温で冷ます。冷蔵庫で保存する。

5 特製旨辛ナンプラーソースを作る。ボウルにAの調味料を入れ(c)、ニンニクのみじん切りと朝天辣椒の粉末を沈まないよう静かにのせる。

6 ピーナッツ油とごま油を合わせて熱し、5の上からかけて香りを出す(d)。
▶油を熱しすぎると辣粉やニンニクが黒く焦げてしまうので、少し辣粉に垂らしてみて、シュワッと音が出る程度に熱するようにする。

7 6に揚げニンニクの粉末を加えて混ぜ、ボウルごと氷水に当てて冷ます。

8 器にトマトスライスを敷き、中央にざく切りにした水菜、半分に切った4の砂肝のコンフィを盛る。飾り切りした紅芯大根と香菜を飾り、7の特製旨辛ナンプラーソースをかける。

a

b

c

d

低温の油で90分加熱し、砂肝をしっとりした食感に

砂肝のチャイナコンフィ

新鮮生ガキの豆豉卵白オーブン焼き

「カキの豆豉炒め」をアレンジ。ソースに泡立てた卵白を混ぜたり、ココナッツの粉末をかけてオーブン焼きにしたりして、目新しさを出した。メレンゲは豆豉ソースと合わせて「芙蓉蟹」の手法でふわっと膨らませ、カキの上からかけることで旨味を逃さないようにしている。カキの下には里芋のペーストが隠れており、豆豉ソースを里芋ペーストが受け止め、豆豉がきいた濃厚なソースを余さず味わえるよう工夫している。季節により、百合根やかぼちゃなどを使ってアレンジもできる。5200円(税抜)コースの一品

材料(4人前)

生ガキ…4個
合わせ粉(片栗粉とコーンスターチを1対1で合わせたもの)…適量
調味料A
- ニンニク(みじん切り)…10g
- 生姜(みじん切り)…10g
- 豆豉…25g
- 酒醸…30g
- 紹興酒…適量

調味料B
- 酒…10g
- 濃口醤油…15g
- 砂糖…15g
- 中国たまり醤油…5g
- 清湯…100g
- オイスターソース…10g

水溶き片栗粉…適量
酢…適量
里芋ペースト(茹でて裏漉ししたもの)…100g
卵白…1個分
ココナッツファイン…適量
芹…適量

作り方

1 カキは殻からはずして洗い、30秒ほど熱湯で茹で、ヒダがめくれてきたら取り出し、氷水に移して冷ます(a)。
▶揚げる前に下茹でし、身をプリッとさせる。
2 1の水気をペーパーでふき取り、合わせ粉を全体に薄くまぶす。
3 中華鍋に揚げ油(白絞油)を入れて200℃ぐらいに熱し、2を入れて薄く色づくまで揚げ、油を切る。
4 中華鍋に、調味料Aの紹興酒以外をすべて入れて弱火で炒め、香りが出たら紹興酒を加える。続いて調味料Bを加えて混ぜ、少量の水溶き片栗粉を加えてとろみをつける。
▶後でメレンゲを合わせるので、とろみはやや控えめにしておく。
5 4に3のカキを入れて煮詰めながらからめ、仕上げに酢を加える。
6 カキの殻を洗い、殻の内側に里芋ペーストをのばし入れる。
7 オーブンシートを敷いた天板に粗塩(分量外)をのせて6を固定し、殻の中に5のカキを盛る(b)。ソースは中華鍋に残しておく。
8 ソースが残った中華鍋を強火にかけ、かたく泡立てた卵白を入れて混ぜながら膨らませる(c)。
9 7のカキの上に8をのせ、ココナッツファインをふる(d)。
▶ココナッツファインをふって香ばしさと食感、中国料理らしい味わいを出す。
10 180℃のオーブンで10分焼く。器に盛りつけ、茹でた芹を飾る。

a

b

c

d

メレンゲを使ったオーブン焼きで、カキ料理を目新しく

新鮮生ガキの豆豉卵白オーブン焼き

ENGINE エンジン

赤坂『うずまき』でシェフを務めた松下和昌氏が、2015年2月に独立。自分の目の届く範囲で営業したいと、カウンター主体の14坪の店舗を神楽坂の路地裏に構えた。和の要素を取り入れた繊細な味わいに定評がある。

- 住所／東京都新宿区神楽坂5-43-2 ROJI神楽坂 1F
- 電話／03-6265-0336
- 営業時間／11時30分～15時(L.O.14時)、18時～23時(L.O.22時)
- 定休日／日曜日、祝日
- URL／https://www.facebook.com/enginekagurazaka/
- 規模／14坪・18席
- 客単価／昼2000円、夜7000～8000円

川国風味 小林

名古屋コーチンや岩中豚など全国の名のある食材と、中国の調味料を用いた四川料理を提供。毎年中国・成都市に足を運び、現地で見た調理法や提供法を取り入れた料理を得意とする。

- 住所／東京都世田谷区南烏山3-23-7 芦花パークヒル3-101
- 電話／03-3308-0884
- 営業時間／12時～14時30分(L.O.14時)、18時～22時(L.O.21時30分)
- 定休日／水曜日(臨時休業あり)
- URL／http://kawakokuhuumikobayashi.web.fc2.com
- 規模／15坪・20席
- 客単価／昼1500円、夜4000円

自然派中華 cuisine クイジン

うま味調味料不使用に徹する四川料理を主軸に、野菜を多用した料理が特徴。「驚き」を料理のテーマに、色彩やプレゼンテーションにも創意を加え、女性の支持を獲得。2017年２月に同じ地区内に移転予定。

- 住所／兵庫県神戸市東灘区住吉宮町4-4-1 KiLaLa住吉1F
- 電話／078-821-5350
- 営業時間／11時30分～14時30分、18時～22時30分
- 定休日／日曜日、月曜日
- 規模／8坪・12席
- 客単価／昼1100円、夜2000～3000円

※移転予定先　住所／兵庫県神戸市東灘区住吉宮町3-14-12 フォレスタ住吉1F

中国料理の魅力を伝える　掲載27店一覧

中華菜房 古谷 フルタニ

点心師として長年活躍し、度々北京に渡って研鑽を積んだ古谷哲也氏が2012年にオープン。昼はつくりたての点心を味わうコースを、夜は白湯を使う料理を主軸にコースと単品を提供。北京で学んだ地方性の高い料理を積極的に紹介する。

- 住所／大阪府豊中市岡町南1-1-22
- 電話／06-6841-7281
- 営業時間／11時30分～14時(L.O.)、17時30分～21時30分(L.O.)
- 定休日／水曜日、月1回不定休
- URL／http://www.china-furutani.com/
- 規模／21坪・25席
- 客単価／昼3000円前後、夜6000円

四川料理 蜀彩 ショクサイ

四川省での生活で知った地方料理や家庭料理をベースに、住宅街立地で四川料理の奥深さを楽しませている人気店。伝統の調理法に食材でアレンジを加えた、独自の四川料理も提供している。

- 住所／東京都世田谷区経堂1-12-10　松原ビル2F
- 電話／03-3425-1668
- 営業時間／11時30分～15時(L.O.14時30分)、17時30分～22時30分(L.O.21時30分)
- 定休日／月曜日、火曜日不定休
- 規模／14坪・22席
- 客単価／昼1150円、夜3200円

中華 の弥七 ノヤシチ

和食の技法や盛りつけを取り入れ、年配客にも最後までおいしく食べてもらえる中国料理を提供。日本人の味覚に合わせた新ジャンルの中国料理を独自に開拓して、中高年男性のリピーターを獲得している。

- 住所／東京都新宿区荒木町8番地 木村ビル1F
- 電話／03-3226-7055
- 営業時間／11時30分～13時30分(L.O.)、17時30分～21時(L.O.)
- 定休日／日曜日
- 規模／10坪・13席
- 客単価／昼1500円、夜1万4000円

JASMINE 憶江南 ジャスミン イージャンナン

『JASMINE』の３店舗目として、中目黒の閑静な住宅街の中に2016年３月オープン。山口シェフが得意とする中国江南地方の郷土料理を中心に、ワインやシェフ自らがセレクトした紹興酒など、多彩なメニューを用意。

- 住所／東京都目黒区東山1-22-3
- 電話／03-6303-1927
- 営業時間／11時30分～15時(L.O.14時30分)、18時～23時(L.O.22時)
- 定休日／無休
- URL／http://nakameguro.jasmine310.com
- 規模／45坪・45席
- 客単価／昼1500～1600円、夜7000～8000円

中国家庭料理 菜の花 ナノハナ

ホテルオークラ『桃花林』で修業し、香港の干し鮑専門店『阿一鮑魚』でも研修した、広東料理一筋の加藤シェフが1996年にオープンした店。創業時より取り組む、鶏の唐揚げは、同店の名物料理。

- 住所／愛知県名古屋市千種区若水3-18-2 堀田ビル1階
- 電話／052-712-1182
- 営業時間／11時30分～14時、17時30分～21時30分(L.O.21時、日曜日・祝日はL.O.20時30分)
- 定休日／木曜日、第3金曜日
- 規模／20坪・17席
- 客単価／昼1600円、夜2500円

Chinese Restaurant 欣喜 キンキ

2011年６月にオープン。小田急線祖師ケ谷大蔵駅の商店街を一本入った隠れ家的な立地にあり、地元の人を中心に集客。店内は木目を活かしたシックな内装で、テーブル席のほか個室も完備し、会合にも利用されている。

- 住所／東京都世田谷区祖師谷1-8-17
- 電話／03-6411-3458
- 営業時間／11時～14時(L.O.13時30分)、17時～22時(L.O.21時30分)
  ※ランチは水～土曜日のみ営業
- 定休日／月曜日
- URL／http://kinki-aoki.com/
- 規模／20坪・28席
- 客単価／昼2000円、夜6000円

中国菜 火ノ鳥 ヒノトリ

古書から紐解いた広東と北京の古典料理を独自に解釈し、アレンジを加えた料理を提供。他では食せない珍しい料理と味わいに注目が集まる。主素材を際立たせ、自家製の乾物や漬物を使う旨味を活かした味に仕上げている。

- 住所／大阪府大阪市中央区伏見町2-4-9
- 電話／06-6202-1717
- 営業時間／17時～23時
- 定休日／日曜日、祝日
- 規模／13坪・14席
- 客単価／アラカルト5000円、コース7000円

中国菜 一燈火 イットウカ

店舗は建設会社のモデルハウスだった一軒家。ウッディな内装を活かしたオープンキッチンに改装した。「自然、安全、健康」をテーマに、地元でとれた旬の野菜をたっぷり使ったメニューで、地域の人を中心に集めている。

- 住所／埼玉県東松山市上野本196-2
- 電話／0493-21-1109
  [予約・問い合わせ専用]090-4709-1109
- 営業時間／11時30分～14時(L.O.13時30分)、17時30分～22時(L.O.21時)
  ※ともに売り切れ次第終了
- 定休日／月曜日、第3火曜日、その他不定休あり
- 規模／18坪・13席(予約宴会の場合は2階の16席利用可)
- 客単価／昼1000～2500円、夜2000～5000円

中国旬菜 茶馬燕 チャーマーエン

広東・四川を中心にした定番料理に加え、中国少数民族の珍しい料理なども楽しませる。食による健康・食の安心を店のテーマに掲げ、調味料は自家製を心がけ、食材の香りや旨味を活かす調理を行う。

- 住所／神奈川県藤沢市南藤沢20-15　第一興産18号館6F
- 電話／0466-27-7824
- 営業時間／11時30分～14時(L.O.)、17時30分～21時(L.O.)　※平日のランチは予約制
- 定休日／水曜日、木曜日の昼営業
- URL／http://www.cha-ma-en.com/
- 規模／18坪・20席
- 客単価／昼2500～2600円、夜約7000円

中國菜 月泉 ゲッセン

フォアグラやマグレ鴨ら洋素材から加賀蓮根など和素材まで、世界の食材を使ってワインとの相性を求めた攻めの中国料理と、ほっと和む定番料理を織り交ぜ、お客の気分や酒によって即興で提案も行うおまかせコースが評判。

- 住所／大阪府大阪市北区西天満1-6-4
- 電話／06-6366-0055
- 営業時間／18時～23時(21時最終入店)
- 定休日／日曜日、月1回不定休
- 規模／20坪・最大23席
- 客単価／8000円

中国名菜 しらかわ

気軽な定番料理とマニアックな中国料理を両立し、遠方からも常連客を集める。白川シェフは、毎年、テーマを持って中国を訪れており、中国の知人に話題の料理を教えてもらい、「時差のない料理」も提供できる店を目指す。

- 住所／三重県亀山市みずほ台14-318
- 電話／0595-83-0397
- 営業時間／11時30分～14時30分(L.O.14時)、17時30分～21時30分(L.O.21時)
  [日曜日]17時30分～21時30分(L.O.21時)
- 定休日／水曜日、日曜日の昼
- URL／http://www.shirakawa-china.jp/
- 規模／30坪・32席
- 客単価／昼1000円、夜2500円

中国菜 膳楽房 ゼンラクボウ

神楽坂の路地を入った場所に2013年オープン。調味料や肉加工品などできる限り手作りし、オリジナリティのあるメニューで、主に女性客や年配客を集めている。店名は、コンセプトのラボ＝楽房を引っかけたネーミング。

- 住所／東京都新宿区神楽坂1-11-8
- 電話／03-3235-1260
- 営業時間／11時30分～14時30分、17時～23時(L.O.22時)
- 定休日／月曜日、ほか月2回不定休
- URL／https://www.facebook.com/zenrakubou
- 規模／24坪・30席
- 客単価／昼900円、夜7000円

中国料理 天廣堂 テンコウドウ

「日本人に愛される中国料理」をテーマに、オリジナリティのあるメニューを、上質な空間で提供。ランチは主に女性を集客し、ディナーは会社の接待や会食ニーズを掴んでいる。３階にはパーティ向けの個室フロアを用意。

- 住所／千葉県松戸市本町14-14
- 電話／047-382-5250
- 営業時間／11時～15時(L.O.14時30分)、17時30分～22時30分(L.O.21時30分)
- 定休日／第2・4水曜日
- 規模／47坪・46席
- 客単価／昼2500円、夜7000～8000円

中国料理 銀座 芳園 ホウエン

スペシャリテの焼き物はじめ、こだわりの素材を専門技術を駆使して仕上げた皿が、舌の肥えた銀座の客に人気。伝統的な広東料理を軽やかにアレンジし、年配層にも食べやすい中国料理を中心に提供している。

- 住所／東京都中央区銀座7-8-15　第二新橋会館6階
- 電話／03-6274-6568
- 営業時間／11時30分～14時30分(L.O.14時)、17時30分～23時(L.O.22時30分)
  ※土曜日のディナーは～22時(L.O.21時30分)
- 定休日／日曜日、祝日
- URL／http://ginza-hou-en.com/
- 規模／38坪・40席
- 客単価／昼1500円、夜1万円

東京チャイニーズ 一凛 イチリン

全国各地から生産者の顔の見える食材を厳選して取り寄せ、〝五感のすべてを使って楽しめる料理〟を提供。近い距離感でお客と接し、よき食材と空間を共有するように心掛けている。

- 住所／東京都中央区築地1-5-8 樋泉ビル1F
- 電話／03-3542-6663
- 営業時間／11時30分～14時30分(L.O.14時)、17時30分～23時(L.O.22時)
- 定休日／日曜日、祝日、第1月曜日(その他、産地現地研修などで臨時休業あり)
- URL／http://www.whaves.co.jp/ichirin/
- 規模／20坪・28席
- 客単価／昼1200円、夜7500～9000円

中国料理 瑞雪 ズイセツ

広東の海鮮料理をメインに楽しませる店。2016年４月から、夜は鮮魚の姿蒸しが味わえる「おまかせコース」１本に絞り、四季折々の料理を提供。油っぽくなくあっさりした味付けを施し、中高年層の支持を集めている。

- 住所／東京都世田谷区梅丘1-20-13　第六日向ビル2F
- 電話／03-3428-1415
- 営業時間／11時30分～13時45分(L.O.)、18時～20時最終入店
  ※土・日曜日、祝日のランチは12時～
- 定休日／木曜日
- 規模／18坪・15席
- 客単価／昼1620円、夜8000円

唐菜房 大元 ダイゲン

調理師専門学校の講師を22年間務めた経歴を持つオーナーシェフ・國安英二氏が2010年６月にオープン。昼は香港の日常食を、夜は8000円～のお任せコースを提供。中国各地の知られざる料理を紹介する先駆者として知られる。

- 住所／大阪府大阪市北区西天満4-5-4
- 電話／06-6361-8882
- 営業時間／11時30分～14時(L.O.)、18時～22時(L.O.)
- 定休日／日曜日、祝日
- 規模／15坪・14席(1F)、15坪・10席(2F)
- 客単価／昼1000円、夜1万円～1万2000円

中国料理 仙ノ孫 センノマゴ

『龍の子』、目黒雅叙園などで修業した早田哲也氏が、2009年12月に開業。四川・上海の伝統料理をベースに、実家から届く種類豊富な野菜や、長崎直送の活〆鮮魚を取り入れたオリジナルの料理を提供している。

- 住所／東京都杉並区西荻北4-4-2
- 電話／03-3390-4808
- 営業時間／12時～14時30分(L.O.14時)、18時～21時30分(L.O.20時30分)
- 定休日／月・火曜日、水曜日の昼
- URL／http://www.sennomago.com/
- 規模／25坪・36席
- 客単価／昼1000～2000円、夜4000～5000円

老虎菜 ラオフーツァイ

オーナーシェフの花田剛章氏が、前職で出会ったパティシエールの服部萌氏とタッグを組み、インパクトのある中国料理と中国食材を組み込んだ可憐なデザートを2本柱に2009年にオープン。単品料理にこだわりメニュー構成を展開。

- 住所／兵庫県神戸市東灘区魚崎北町5-7-15
- 電話／078-453-5777
- 営業時間／17時～21時（L.O.）［土・日曜日、祝日］12時～14時（L.O.）、17時～21時（L.O.）
- 定休日／水曜日、月1回不定休
- URL／http://lao-fuu-tsaii.com
- 規模／15坪・17席
- 客単価／昼5000円～6000円、夜8000円

なかの中華！Sai サイ

東京・中野に立地する、生小籠包を看板商品にした手づくり点心と蒸し物が名物の一軒。一皿を少量・低価格にすることで、多種類が楽しめる使い勝手のよい店を目指している。

- 住所／東京都中野区野方1-6-1
- 電話／03-6454-0925
- 営業時間／11時30分～14時30分（L.O.14時）、18時～22時30分（L.O.21時30分）
  ※土曜日のランチは12時～
- 定休日／月曜日、日曜日不定休
- URL／https://ja-jp.facebook.com/nakano.sai
- 規模／24坪・28席
- 客単価／昼1000円、夜4000円

龍の翼 リュウノツバサ

店内に設置する生け簀の活魚を豪快に用いる海鮮中華を主軸に、中国産の珍しい野菜を一皿に彩る。厳選した調味料の力で、素材にストレスをかけることなく調理する技法を持ち味とする。豊富な中国酒や中国茶も評判。

- 住所／東京都練馬区豊玉北6-23-13 キョーリンビル1F
- 電話／03-3992-6070
- 営業時間／11時30分～14時30分（L.O.14時）、17時～22時30分（L.O.22時）
- 定休日／不定休
- URL／http://www.dragon-tsubasa.com/
- 規模／10坪・18席+テラス4席
- 客単価／昼1000円、夜4000円

Vel ROsier ベル ロオジエ

ガストロミーの世界に惹かれた岩崎氏が、中華の要素を取り入れた独創的な料理を多皿のコースで展開。繊細な火入れを行う主素材に、さまざまに変化させる副素材を組み合わせ、温度やテクスチャーの対比で楽しませる。

- 住所／兵庫県西宮市樋之池町21-29 ハリマハイツ1F
- 電話／0798-72-6800
- 営業時間／12時～13時、18時～20時30分
- 定休日／水曜日
- URL／http://www.vel-rosier.com/
- 規模／20坪・14席
- 客単価／昼7000円、夜1万7000円

レストラン 冨 フー

平成2年の創業以来、ヌーベルシノワを主体にして女性客の評判を得ている。夜はコース中心。野菜を多用したり、デザートを盛り合わせにしたり、一皿ずつ女性に感動を与える盛り付けや内容を意識している。

- 住所／愛知県名古屋市港区西蟹田702-2
- 電話／052-301-0616
- 営業時間／11時30分～14時、17時～21時
- 定休日／水曜日
- 規模／35坪・36席
- 客単価／昼1000円、夜4000円

Matsushima マツシマ

ミャオ族、タイ族、チワン族など中国の少数民族や辺境の料理を並べ、30～50代を中心に一躍人気に。地下1階にひっそりと佇む店舗はまさに隠れ家。会員制バーのような怪しげな扉の向こうに柔らかな店内空間が広がる。

- 住所／東京都渋谷区上原1-35-6 第16菊地ビルB101
- 電話／03-6416-8059
- 営業時間／18時～23時（L.O.）［日曜日・祝日］17時～22時（L.O.）
- 定休日／水曜日
- 規模／10坪・10席
- 客単価／7000～10000円

伝統×現代
深化する中国料理
Old and New Chinese Cuisine

國安英二 唐菜房 大元
古谷哲也 中華菜房 古谷
荻野亮平 四川料理 巴蜀

旭屋出版

伝統×現代
深化する中国料理

伝統中国料理のもつ不変の新しさ、現代中国料理に息づく珠玉の伝統技術。伝統と現代が交錯し、魅力が深まる中国料理に挑戦する評判3店の料理72品。

國安英二『唐菜房 大元』 古谷哲也『中華菜房 古谷』 荻野亮平『四川料理 巴蜀』 共著

定価 本体3500円＋税
B5判 並製 236ページ

露

【唐菜房　大元】

鮫の舌の和え物　麻辣ソース　麻辣鯊魚舌
豚ガツと漬物の潮州風スープ　胡椒猪肚白果湯
烏骨鶏とフカヒレの蒸しスープ　竹絲鶏燉魚翅
鴨ロースの広東風煮込み　犬鍋仕立て　狗仔燜鴨脯
ボラの潮州式スープ煮込み　明爐烏魚煲
トコブシの煮込み　屋台風　辣酒煮鮑魚仔
鶏の煮込み　貝の塩辛風味　蜆芥姜葱炆鶏
タロ芋と豚バラ肉の重ね蒸し　芋頭扣肉
豚ロースの紅麹揚げ　台湾スタイル　香炸紅糟肉
スペアリブのオリーブ醤炒め　欖角醤焼排骨
潮州風　五目みそ炒め　潮式椒醤肉
海老の炒め物　オリーブとからし菜の佃煮風味　欖菜焗鮮蝦
イカの一夜干しと豚肉の炒め　客家風に　客家小炒雑
豚バラ肉の角煮酢豚　香酢ソース　香醋汁猪腩
重慶式　酢豚　江津招片
紹興酒風味の漢方鶏鍋　香港スタイル　招牌酔鶏鍋
郷愁のラードご飯　猪油撈飯
香港風　海老ワンタン麺　香港雲呑麺
山西風手打ち麺と鶏肉の炒めもの　茴香炒鶏絲
ドラゴンロール　辣醤手抓薄撹
江南風もち米包み蒸し　江南珍珠糯米捲
れんこんとタロ芋の煎り焼き餅　家郷煎蓮根餅
上海風揚げ餅　瑤柱梁飯糕
ナンルークッキー　南乳小餅
マンゴーパンケーキ　芒果班戟

【中華菜房 古谷】

キャベツと春雨の東北炒め　洋白菜粉絲
豆苗と干し貝柱の炒め　瑶柱上湯浸豆苗
竹の子の甘辛炒め　南焼冬筍
ソフトシェルシュリンプの辣鮮露炒め　辣鮮露軟殻蝦
細切り豚肉・香菜の強火炒め　芫爆里脊絲
鶏手羽先の辛味炒め　爆香辣鶏翅
国産和牛のクミン唐辛子炒め　孜然和牛片
ラムラックの強火炒め　フェンネルの香り　茴香爆羊排
スッポンの香味揚げ　葱醤油炒め　炸烹元魚
エリンギ・夏草花・金針菜のスープ煮　濃湯三絲
トマトの煎り煮込み　鍋場西紅柿
仔羊の軟らか煮込み　紅燜羊排肉
牛テールの煮込み　茄汁燜牛尾
牛カルビの軟らか煮込み　中華パン添え　紅焼牛仔骨
ガツの辛味煮込み　干焼肚片
中国産棒湯葉・スルメの蝦子煮込み　蝦子鱿魚腐竹
ナマコの白湯醤油煮込み　葱焼海参
鮮魚の醤油煮込み　紅焼魚
フカヒレの姿　白湯塩煮込み　白扒魚翅
ニラと卵入り　水ギョーザ　韮菜鶏蛋水餃
北京風　ニラと卵のお焼き　糊餅
北京式クレープ　咸食

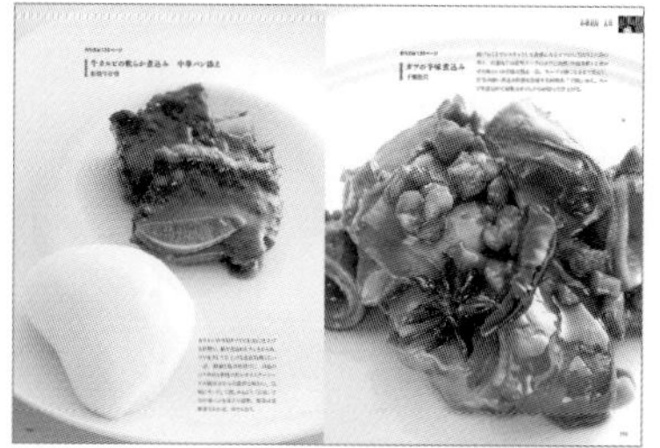

【四川料理 巴蜀】

豚マメの湯引き　特製ソース　秘制腰花
蒸し鶏　新生姜と焼唐辛子の和え物のせ　仔姜鶏
手づくり水豆豉と苦瓜の炒め　水豆豉炒苦瓜
揚げピータンとすりおろしきゅうりのスープ　青瓜皮蛋湯
葱、花椒風味のあたたかい蒸し鶏　葱麻鶏
手づくり豆酥と魚の蒸しもの　豆酥魚
豚肉とあずきあんの重ね蒸し　甜焼白
卵とじゃがいものカラカラ炒め　土豆絲炒蛋
蒸しなすの塩漬唐辛子と豚ミンチ炒めのせ　剁椒茄子
汁なし火鍋　麻辣香鍋
凍りこんにゃくと手羽先の黄色い煮込み　凍魔芋焼鶏翅
豚肉と発酵筍と高菜の客家風煮込み　酸笋焼肉
茶樹茸とガツの軽い煮込み　茶樹菇焼肚子
緑豆クレープと白菜の煮込み　白菜大格扎
牛すねと干しささげの香辛料煮込み　干豇豆焼腱
唐辛子の泡菜と老塩水の牛肉煮込み　酸湯肥牛
雲南少数民族「傣族」風ミントチャーハン　薄荷炒飯
麺帯の汁そば、重慶麻辣味　舗蓋麺（麻辣）
揚げ卵とトマトの汁そば　蕃茄煎蛋湯
四川伝統のおかゆ　担担油茶
揚げワンタンのあんかけ　抄手肉片
四川伝統のえんどうもち　川北涼粉
豆干の焼売　豆干肉丸
四川風あくまき　叶儿粑
四川風きなこもち　三大炮

カルパッチョ!
カルパッチョ!
Carpaccio!
Carpaccio!
カルパッチョ
95品。
和・洋・中華・
韓国・エスニック
旭屋出版MOOK

和牛モモ肉と生ハムのカルパッチョ
3BEBES
サーモンと富有柿のカルパッチョ
馬肉とマッシュルームのカルパッチョ

料理の項目別　索引

前菜・焼き物

肉料理

魚介料理

中国料理 人気メニューと技

27店の現代における表現

発行日　2017年1月21日　初版発行

編　者　旭屋出版編集部(あさひやしゅっぱんへんしゅうぶ)
発行者　早嶋　茂
制作者　永瀬正人
発行所　株式会社旭屋出版
東京都港区赤坂1-7-19キャピタル赤坂ビル8階　〒107-0052
電話　03-3560-9065(販売)
03-3560-9066(編集)
FAX　03-3560-9071(販売)

旭屋出版ホームページ　http://www.asahiya-jp.com

郵便振替　00150-1-19572

●編集　井上久尚　鈴木絢乃
●デザイン　冨川幸雄(スタジオフリーウェイ)
●取材　笹木理恵　佐藤良子　三上恵子
●撮影　後藤弘行　曽我浩一郎(旭屋出版)／川井裕一郎　佐々木雅久
東谷幸一　間宮 博　三佐和隆士　安河内 聡　渡部恭弘

印刷・製本　株式会社シナノ

ISBN978-4-7511-1255-7　C2077